SCHRIFTEN DES SIGMUND-FREUD-INSTITUTS

Herausgegeben von
Marianne Leuzinger-Bohleber und Rolf Haubl

REIHE 2
Psychoanalyse im interdisziplinären Dialog

Herausgegeben von
Marianne Leuzinger-Bohleber, Rolf Haubl
und Stephan Hau

BAND 12
Gisela Greve
Leben in Bildern

Gisela Greve

Leben in Bildern

Psychoanalytisch-biographische
Kunstinterpretationen

Mit 38 Farb- und 15 Schwarzweißabbildungen

Vandenhoeck & Ruprecht

Bibliografische Informationen der Deutschen Nationalbibliothek

Die Deutsche Nationalbibliothek verzeichnet diese Publikation
in der Deutschen Nationalbibliografie; detaillierte bibliografische Daten sind im Internet
über ‹http://dnb.d-nb.de› abrufbar.

ISBN 978-3-525-45185-4

© 2010, Vandenhoeck & Ruprecht GmbH & Co. KG, Göttingen.
Internet: www.v-r.de
Alle Rechte vorbehalten. Das Werk und seine Teile
sind urheberrechtlich geschützt. Jede Verwertung in anderen
als den gesetzlich zugelassenen Fällen bedarf
der vorherigen schriftlichen Einwilligung des Verlages.
Hinweis zu § 52a UrhG: Weder das Werk noch seine Teile
dürfen ohne vorherige schriftliche Einwilligung des Verlages
öffentlich zugänglich gemacht werden. Dies gilt auch
bei einer entsprechenden Nutzung für Lehr- und Unterrichtszwecke.

Bildrecherche und Bildrechteklärung:
Monika Bergmann – picture-worx-koeln.de

Umschlagabbildung: *Venedig vom Portikus Madonna della Salute aus gesehen*
(Ausschnitt), 1835. Öl auf Leinwand, 91,4 x 122,2 cm. Bequest of Cornelius
Vanderbilt, 1899. Acc.n.: 99.31, The Metropolitan Museum of Art New York
© 2010, The Metropolitan Museum of Art/Art Resource/Scala, Florence

Printed in Germany.
Satz: SchwabScantechnik, Göttingen
Druck und Bindung: ⊕ Hubert & Co., Göttingen

Gedruckt auf alterungsbeständigem Papier.

Inhalt

Vorbemerkungen 7

Rebellion und Exekution. Zwei Kriegsbilder
von Francisco de Goya 17

Schreckliche und schöne Welt in
William Turners Landschaftsbildern 41

Edvard Munchs *Lebensfries*. Bilder vom Leben,
von der Liebe und vom Tod 69

Die zwei Welten Lyonel Feiningers 97

Erstarrte Trauer. Elend, Gewalt und Tod
im Nachkriegswerk Max Beckmanns 125

Verborgene Schuld. Über einige Kunstwerke
Anselm Kiefers 158

Literatur 203

Farbtafeln 209

Bildnachweis 233

Vorbemerkungen

»Friedrich Schelling bezeichnet den Künstler als einen ›Seelenforscher‹, denn die bildende Kunst vermag die ›Seele zu versichtbaren‹.«
T. Zembylas (2000, S. 7)

In meinen bisherigen Arbeiten über Kunstwerke und deren Deutungen in einer psychoanalytischen Methodik war es stets mein Hauptanliegen, den interdisziplinären Kontakt zwischen Kunstwissenschaft und Psychoanalyse zu vertiefen. Ich möchte auch mit diesem Buch belegen, dass ein gegenseitiges Verstehen dieser beiden Wissenschaften notwendig ist, um eine vertiefte Interpretation eines künstlerischen Werkes zu ermöglichen. Den Hauptakzent lege ich auf die biographisch-psychoanalytische Deutungsmethode.

Fragen nach den biographischen Hintergründen von Kunstwerken gehören selbstverständlich zur Arbeit der Interpreten. Biographische Deutungen liegen jedoch offenbar zurzeit nicht im Trend. Meist werden solche Überlegungen in Interviews und nach Lesungen kritisiert, möglicherweise abgewehrt. Von Roland Barthes stammt das Wort vom »Tod des Autors« (1968). Es wird dabei vergessen, dass jedes Kunstwerk natürlich nur von einem Menschen mit seiner speziellen Lebensgeschichte geschaffen werden kann.

Ich möchte im Folgenden Zusammenhänge zwischen dem Leben und dem Werk eines Künstlers aufzeigen, und zwar in psychoanalytisch geprägter Blickweise. Die beiden anderen psychoanalytischen Verfahren, die Formdeutung und die Gegenübertragung, sollen in diesem Buch nicht gesondert verfolgt werden, werden aber zwangsläufig in meine Arbeiten mit einbezogen (Greve, 2009). Der Kunsthistoriker Wilhelm Fraenger (1890–1964) betont die Bedeutung der Form. Nach seiner Auffassung geht die seelische Anmutung eines Werkes von der Form aus, ist aber mehr als diese. Der Künstler ist in jedem Strich präsent (vgl. Fraenger, 1922/1986).

Ein künstlerisches Werk ist autonom. Es hat sich von seinem Schöpfer gelöst, es hat seine eigene Subjektivität und seine eigene Geschichte. Seine Autonomie ist jedoch eingeschränkt. Das Werk behält eine Beziehung zu seinem Künstler, mit dem es im Schaffensprozess verbunden war. Diesen Zusammenhang zu erhellen ist das Ziel einer psychoanalytischen Interpretation von Kunstwerken.

Viele Kunsthistoriker deuten Bilder nur anhand des historischen Kontextes. Sie betreiben eine Stilanalyse und machen ein Bild anhand von Zeit und Ort fest. Bei allen Bildern fließt jedoch auch das Persönliche des Künstlers mit in ein Bild ein. Während Heinrich Wölfflin (1864–1945) einer der ersten Kunsthistoriker war, der eine »Kunstgeschichte ohne Namen« (1915, S. VII) forderte und für eine Formdeutung plädierte, sahen die Anhänger der biographischen Methode, zum Beispiel die Kunsthistorikerin Karin Hellwig, eine Ausgrenzung der Künstlerbiographie und eine damit einhergehende Beschränkung auf die Formanalyse als einen »Selbstmord der Kunstgeschichte« an (Hellwig, 2005, S. 188).

Die vorliegenden Aufsätze beziehen sich also speziell auf die Verbindungen zwischen einem Werk der bildenden Kunst und seinem Schöpfer und damit auf die biographische Deutungsmethode. Hier wird soweit wie möglich die Lebensgeschichte des Malers mit ihren bewussten und unbewussten Konflikten untersucht und deren Widerspiegelung in den Werken aufgezeigt. Ebenso kann man, ausgehend vom Bildinhalt, nach den biographischen Wurzeln des Kunstwerks suchen und somit zu einem vertieften Verstehen kommen. Die biographische Interpretation erweitert die Formdeutung des Gemäldes und legt eine wesentliche Dimension des Bildverständnisses frei.

Welche Wege gibt es, biographisch zu deuten? Im Mittelpunkt meiner Überlegungen steht die künstlerische Produktion eines Werkes. Gleichsam als Kondensat lassen sich dazu drei Fragen formulieren:

1. Welche Möglichkeiten gibt es, um die Anwesenheit des Künstlers mit seiner inneren Welt in seinem Werk zu entdecken?
2. Wie verhalten sich Form und Inhalt eines Kunstwerks zur Lebensgeschichte des Künstlers?

3. Könnte eine künstlerische Schöpfung zur kreativen Bewältigung eines unbewussten Problems seines Schöpfers beitragen?

Zur ersten Frage: Aus dem Motiv und der Technik eines Kunstwerks kann man auf Züge aus dem Leben des Künstlers schließen, selbst wenn sie nicht sofort zu erkennen sind. Die deutende Arbeit unterscheidet sich hier nicht wesentlich von der Arbeit der Psychoanalytiker mit ihren Patienten: Aspekte der gewählten Themen des Malers, zum Beispiel Freude, Trauer, Elend, die Art ihrer Bearbeitung oder Hinweise aus der Biographie auf im Bild enthaltene Details können aufgegriffen werden, um das Werk und seine Beziehung zum Künstler besser zu verstehen.

Damit komme ich zur Antwort auf die zweite Frage, die nach der künstlerischen Produktion, mit der die psychischen Vorgänge im Künstler während der Entstehung seines Werkes gemeint sind. Eine schöpferische Idee wird mit Teilen der Lebensgeschichte des Künstlers, mit Erinnerungen – »ohne Erinnerung kein Kunstwerk«, sagt Peter-Klaus Schuster (mündliche Mitteilung, 2002) – vom Künstler bewusst zu etwas Neuem verarbeitet. Außerdem wirken sich unbewusste Konflikte der Künstlerpsyche auf den Schaffensprozess aus, Elemente der inneren Realität, mit der die Psyche während der Arbeit in Kontakt gerät, also Konflikte, Wünsche, Ängste oder Abwehrmöglichkeiten. Sie werden nach außen, in das Kunstwerk, gelegt und in inhaltliche und formale Details transformiert. Das fertige Werk bleibt also, obwohl äußerlich getrennt vom Künstler, mit der äußeren und inneren Biographie seines Schöpfers verflochten.

Ein Beispiel zur Beantwortung der dritten Frage ist das künstlerische Werk von Edvard Munch. Dieser könnte seine Traumatisierungen durch den frühen Tod seiner Mutter, durch das Sterben seiner Schwester sowie durch weitere spätere tödliche Verlusterfahrungen in seiner Familie malerisch dargestellt und auf diese Weise versucht haben, seine seelischen Erschütterungen zu verarbeiten. Vielleicht konnte er dadurch seine Kreativität generell freier entfalten.

Mit Hilfe biographischer Kenntnisse lässt sich auch die jeweils aktuelle Lebenssituation des Künstlers erhellen, die vielleicht eine Aktualisierung des Grundkonfliktes ausgelöst haben mag und zu einem Bewältigungsversuch führte. Ein anschauliches Beispiel hierfür sind der psychische Zusammenbruch und die Depression Max Beckmanns 1915, die sich in seinen Nachkriegsbildern niedergeschlagen haben.

So kann man in einem Werk der bildenden Kunst immer auch einen verborgenen Sinn vermuten, der mit der Biographie seines Künstlers eng verbunden ist. Nach meiner Auffassung sollte eine biographische Interpretation nicht nur eine Ergänzung der beiden anderen Deutungsformen sein. Sie kann zur Überprüfung ihrer Plausibilität beitragen. Vor allem ist sie erforderlich für ein vertieftes Verstehen eines Kunstwerks. Mit ihrer Hilfe können andere wichtige Dimensionen freigelegt werden, die sonst verborgen geblieben wären. Das Spezifische einer künstlerischen Arbeit kann genauer erfasst und das Werk in einen weiteren psychischen Zusammenhang gestellt werden. Auch die Einzigartigkeit des Künstlers kann deutlicher wahrgenommen und gewürdigt werden. Mit Hilfe des biographischen Hintergrundes kann, wie erwähnt, als Grundkonflikt eine Ambivalenz des Malers Francisco de Goya in seinen beiden Kriegsbildern erkannt werden, die vielleicht sonst nur in der Gegenübertragung des Betrachters zu erspüren wäre.

Ein Wort zum Problem des Fehlens biographischer Informationen: Insbesondere bei zeitgenössischen Künstlern, aber zum Beispiel auch bei mittelalterlichen Malern, sind biographische Informationen oft nur eingeschränkt oder gar nicht verfügbar. Das erschwert natürlich eine biographische Deutung erheblich, wenn man freies Spekulieren vermeiden will. Das Fehlen einer Biographie kann nur Fragen aufwerfen und Vermutungen zulassen. Es ist daher besonders schwierig, die Kunst anonymer Künstler aus früheren Jahrhunderten oder sogar aus der Gegenwart zu deuten.

Eine psychoanalytische Werkdeutung kann neue Aspekte erschließen, die sich durch andere Zugänge nicht als Erkenntnis gewinnen lassen. Überschätze ich damit diese Interpretationsmethode? Stilisiere ich sie, die eine von mehren Deutungsmöglichkeiten ist und von manchen Interpreten als überflüssig abgelehnt wird, zum vorherrschenden Modell einer Kunstinterpretation? Die Würdigung einer solchen Deutung setzt voraus, dass ich mich mit einer Kritik daran auseinandersetze. Welche Einwände könnten gegen die Anwendung einer psychoanalytischen Deutung sprechen?

- Eine biographische psychoanalytische Interpretation besitzt nicht in jedem Fall die gewünschte Überzeugungskraft. Unverständnis und Widerstand können bei manchen Betrachtern den Zugang erschweren. Nicht selten wird der Anspruch der Psychoanalyse kritisiert, den einen oder anderen Aspekt eines Kunstwerks mit dem Unbewussten des Künstlers in Verbindung zu bringen. Ablehnungen einer solchen Deutung sind sicher dann berechtigt, wenn das Werk nur als Material zur Künstlerbiographie benutzt und damit zum biographischen Dokument depotenziert wird.
- Die erste Analytikergeneration nach Freud hatte versucht, psychoanalytisches Wissen von unbewussten Vorgängen eines Künstlers mit Hilfe von Kunstwerken zu belegen. Diese Art der Deutungsarbeit ist heute tatsächlich überholt. Wie kann man jedoch einen Widerstand im engeren psychoanalytischen Sinne gegen das biographische Interpretationsverfahren verstehen? So ist zum Beispiel zu lesen, dass biographische Details des Künstlers nur von akzidenteller Bedeutung und bestenfalls Auslösermomente für ein Kunstwerk sind. Hinter einer solchen Feststellung könnte sich eine Idealisierung des Künstlers verbergen, dessen Werke einzig aus genialen Ideen entstehen. Ein Widerstand gegen biographische Deutungen könnte auch mit der Angst erklärt werden, dass das Kunstwerk durch Profanierung entwertet wird und sein Kunstcharakter verloren geht. Dieser Vorstellung möchte ich jedoch widersprechen. Kann man ein Kunstwerk tatsächlich nur fern von aller Biographie genießen, nur dann, wenn sein Schöpfer aus den Gedanken des Betrachters ausgeschaltet bleibt? Biographische Deutungen sollten allerdings nicht übertrieben werden, weil die Gefahr groß ist, das Kunstwerk damit zu schmälern. Biographische Aspekte bedeuten immer nur einen weiteren Blickwinkel, aus dem heraus die Deutung eines unbewussten Konflikts des Künstlers möglich sein kann. Verschieden von Künstler zu Künstler oder von Kunstwerk zu Kunstwerk können biographische Fakten natürlich eine große Bedeutung für eine Interpretationsergänzung haben.
- Die schwache Stelle bei einer Interpretation ist die subjektive Deutungsentscheidung des Interpreten. Nun sind Kunstdeutungen eigentlich immer subjektive Auffassungen, erst

recht natürlich dann, wenn die Gegenübertragung zu ihrem Ausgangspunkt wird. Das müssen wir akzeptieren. Kritik ist aber sicher da berechtigt, wo Deutungen als völlig willkürlich erscheinen und die notwendige Selbstzensur fehlt. Voraussetzung für eine psychoanalytische Kunstinterpretation muss eine breite psychoanalytische Erfahrung sein und auch die Fähigkeit zur Selbstanalyse. Es ist außerdem oft hilfreich, wenn nicht das Gesamtwerk, so doch möglichst viele Werke eines Künstlers zur Deutung heranzuziehen. Eine breite Basis von Werken verringert die Gefahr individueller projektiver Deutungen des Interpreten.

– Woran lässt sich erkennen, ob eine psychoanalytisch orientierte biographische Deutung plausibel und erkenntnisgewinnend oder spekulativ und beliebig beziehungsweise nur reine Interpretationsartistik ohne jede hermeneutische Relevanz ist? Man kann natürlich keinem Interpreten vorschreiben, für welche Deutungsmethode er sich entscheidet. Wenn er ein biographisch orientiertes Verfahren wählt, kann man jedoch von ihm erwarten, dass er es sorgfältig und konsequent anwendet. Vor allem läuft jede psychoanalytische Deutung ohne möglichst genaues biographisches Wissen über den Künstler Gefahr, beliebig zu werden. Wenn außerdem lebensgeschichtliches Material, persönliche Aufzeichnungen, Dokumente oder Briefe nicht existieren, kann eine biographische Interpretation leicht in den Bereich der Spekulation geraten und mit Recht angezweifelt werden. Willkürlich wird eine solche Deutung natürlich dann, wenn eine zu wenig bekannte Künstlerbiographie durch bloße Vermutungen für die Interpretation »passend« gemacht wird. Möglichst genaue biographische Kenntnisse sind also notwendig, um dem Interpreten keinen Spielraum für biographische Phantasien zu lassen. Ein in diesem Sinne unzulässiger Gebrauch des Verfahrens entwertet jedoch nicht die Methode an sich.

– Eine Gefahr, vor der sich ein Psychoanalytiker hüten sollte, ist die des viel zitierten Reduktionismus. Sie besagt, dass auf allzu simple Weise Form und Inhalt von Kunstwerken auf die Psychodynamik des Künstlers zurückgeführt werden. Auch mit psychoanalytischen Konzepten auf der Basis der Künstlerbiographie in andere wissenschaftliche Disziplinen einzudringen

und deren Wissen auf die psychoanalytische Sichtweise zu konzentrieren, ist ein reduktionistisches Vorgehen. Manchmal mögen auch hier kritische Einwände durchaus berechtigt sein.
– Wenn direkte biographische Daten als wissenschaftliche Hilfsmittel für eine ergänzende, bestätigende oder kontrollierende Deutung nicht existieren, ist es, gestützt auf autobiographisches Material oder persönliche Aufzeichnungen, vielleicht möglich, die Deutung des Werks daraufhin zu überprüfen, ob der Künstler ihr beistimmen könnte. Wenn die Lebensgeschichte des Künstlers zu wenig bekannt oder nicht aussagekräftig genug ist, kann eine Deutung leicht im Bereich der Vermutung bleiben.
– Wenn wir als Psychoanalytiker versuchen wollen, einen Menschen zu verstehen, nehmen wir natürlich die biographisch-individuelle Perspektive ein. Sie entspricht unserer psychoanalytischen Weise zu denken und zu arbeiten und führt zu spezifischen Erkenntnissen, die mit keiner anderen wissenschaftlichen Methode zu gewinnen sind. Um das Werk eines Künstlers zu verstehen, plädiere ich ebenfalls für diese Blickrichtung und möchte die Notwendigkeit einer biographischen Deutung noch einmal hervorheben. Dieser Zugang zum Kunstwerk scheint mindestens so aussagekräftig zu sein wie der einer Formdeutung, wenn nicht sogar tiefer gehend. Eine wichtige Prämisse ist natürlich das genaue Wissen um die Lebensgeschichte des Künstlers. Es wäre ein Versäumnis, auf die Untersuchung der inneren Verknüpfung des Kunstwerks mit seinem Schöpfer zu verzichten. Nur ein Beispiel aus der Literatur: Was wäre Goethes Marienbader Elegie ohne das Wissen um die Liebe des 74-jährigen Dichters zu der jungen Ulrike von Levetzow? Sie wäre zwar sicher genauso schön, aber sie wäre wohl nicht so gut zu verstehen. Eine so angelegte Deutung sollte jedoch auch nicht dem Biographismus verfallen und allein die Psyche des Künstlers in seinem Werk sehen. Der Künstler, gleichsam auf die Couch gelegt, ist ja nicht in der Lage, sich gegen die Deutung zu wehren. Bei Beachtung der von mir aufgezählten kritischen Einwände ist diese Gefahr wesentlich verringert.

Ein Kunstwerk kann nach unterschiedlichen Verfahren gedeutet werden (Greve, 2009). Überzeugen kann eine Interpretation am ehesten dann, wenn die verschiedenen Zugangswege zu einer sich gegenseitig bestätigenden Gesamtdeutung kommen. Diese Erfahrungen wären bei der Kunstinterpretation sicher oft sehr von Nutzen.

Die in diesem Buch vorliegenden Arbeiten sind chronologisch nach den Lebensdaten der Künstler angeordnet. Es gehört dabei zur deutenden Aufgabe des Betrachters, sich in die vom Künstler erlebten spezifischen Zeitumstände hineinzuversetzen. Francisco de Goyas lebensgeschichtlich bekannte Ambivalenz drückt sich in seinen beiden Kriegsbildern aus. William Turners Gemälde und Aquarelle unterscheiden sich durch die unterschiedlichen Beziehungen des Künstlers zu seiner »bösen«, psychisch kranken Mutter und zu seinem fröhlichen und hilfreichen Vater. Edvard Munch konnte die oft verzweifelten Umstände in seinem familiären Umfeld malerisch ausdrücken. Lyonel Feiningers Leben durchzieht eine Spaltung in seiner Kindheit aufgrund des Elternpaars und der Ersatzeltern. Diese Spaltung geht durch sein gesamtes künstlerisches Schaffen und durch sein Leben. Max Beckmann gelingt es erst einige Jahre nach Ende des Ersten Weltkriegs, seine Depression und seinen psychischen Zusammenbruch im Krieg in seinen Bildern zum Ausdruck zu bringen. Die Bilder und Skulpturen des Gegenwartskünstlers Anselm Kiefer beinhalten einen verborgenen Aspekt in ihrer künstlerischen Aussage. Für das Verständnis seiner Werke sind bildnerische Dokumente aus seiner Kindheit hilfreich.

Die Mehrdeutigkeit eines künstlerischen Werks wird natürlich nie völlig überwunden. Es kann nicht auf die einzig richtige, wahre Deutung reduziert werden. Das Verstehen eines Werks bleibt ein unabgeschlossener Vorgang. Trotz aller Deutungen wird ein Kunstwerk immer ein Geheimnis bewahren, das zu immer neuen Interpretationen herausfordert.

Die Möglichkeit, meine Deutungen bildnerischer Arbeiten mit Hilfe biographischer Interpretationen fachlich zu diskutieren, verdanke ich vor allem den Mitgliedern des Berliner Psychoanalytischen Instituts (Karl-Abraham-Institut) mit ihrem anhaltenden Interesse und mit fruchtbaren Debatten. Ich danke Dr. Hilmar Frank für anregende und weiterführende Anstöße und

Informationen in zahlreichen kunstwissenschaftlichen Gesprächen, die meine Arbeiten in vielem beeinflusst und unterstützt haben. Für die entscheidende Bildbeschaffung bin ich Monika Bergmann sehr zu Dank verpflichtet. Die editorische Betreuung des Manuskripts hat wieder Frank Gertich übernommen. Mein besonderer Dank gilt Dr. Hans Eicke für zahlreiche ergänzende Hinweise und Korrekturen.

Gisela Greve

Rebellion und Exekution

Zwei Kriegsbilder von Francisco de Goya

»In der Malerei gibt es keine festen Regeln.«
Francisco de Goya, 1792 (nach Hughes, 2004, S. 188)

Leben und Werk im Überblick

Francisco de Goya (1746–1828) ist der Sohn eines angesehenen Vergolders und einer verarmten Landadeligen, das vierte Kind nach zwei Schwestern und einem Bruder. Es folgen nach ihm noch zwei weitere Brüder. Geboren in einem entlegenen spanischen Dorf, Fuendetodos, wächst er in Saragossa auf. Er lernt durch den Beruf seines Vaters sicher schon früh künstlerische und handwerkliche Arbeiten von hoher Qualität kennen. Sein Talent als Maler wird rasch entdeckt, bereits mit dreizehn Jahren, und ab 1760 kommt er zu einem Barockmaler in die Lehre.

Goyas stolzes Ehrgefühl, das ihn auf Unabhängigkeit drängt und Unterordnung schwer ertragen lässt, wird durch die Herkunft seiner Mutter eine erste Begründung erfahren haben. Ihre Auffassung, durch ihre Abstammung eine Aristokratin zu sein, zeigt sich später auch im Leben ihres Sohnes Francisco, zum Beispiel in seiner Vorliebe, sich als Don Francisco »de« Goya zu bezeichnen. Die später in der politischen Einstellung wie in den Bildern offenbar werdende Ambivalenz des Sohnes könnte auch auf das unterschiedliche Wesen seiner Eltern zurückzuführen sein. Es bleibt ein erstaunliches Phänomen, dass Goya später seine inneren Konflikte über Jahrzehnte trotz schwerer Erkrankungen und Belastungen kompensieren konnte. Seine Fähigkeit, Freundschaften aufzubauen, wird ihm dabei geholfen haben.

Der Maler aus der Provinz strebt eine akademische Ausbildung an. 1763 und 1766 beteiligt er sich an Wettbewerben der Academia de San Fernando in Madrid, erhält jedoch keine einzige

Stimme. Goya ist kein früh vollendetes Genie. Über sein Leben nach 1763 ist wenig bekannt. 1770–1772 reist er nach Italien. 1771 taucht dort sein Name auf, und zwar im Zusammenhang mit einem akademischen Wettbewerb. Diesmal gewinnt er eine »lobende Erwähnung«. Nach seiner Italienreise geht es mit seiner Karriere voran. Zurück in Saragossa gehört er bald zu denjenigen Malern, die die meisten Aufträge erhalten und am besten bezahlt werden. Goya erkennt jedoch, dass er, ohne Beziehung zum Hof und ohne Schüler der Akademie gewesen zu sein, keine großen Chancen hat, gefördert zu werden. Nach seiner Heirat 1773 mit der Schwester des Malers Bayeu siedelt er 1774 nach Madrid über. 1784 wird sein Sohn geboren, der als einziges seiner Kinder überlebt.

Goya findet Zugang zur eleganten Welt des Hofes. 1786, mit 40 Jahren, tritt er als Hofmaler in die Dienste des spanischen Königs Karl III., ab 1788 in die Karls IV. Es entstehen zahlreiche Porträts für den Adel und für das spanische Königshaus.

Die 1790er Jahre werden zu einer Zeit der Krise für Goya. 1792/93 reist er nach Cadiz und wird dort nach schwerer Erkrankung taub, was für den Rest seines Lebens anhält. Durch seine Arbeit gelingt es ihm, die Heftigkeit seiner Leiden zu mildern und durch eine schöpferische Selbsttherapie eine lähmende Bedrücktheit zu überwinden. Er erreicht dadurch eine Reifung seines künstlerischen Werkes. Es scheint, dass Goya nach seiner Ertaubung eine Steigerung seiner Sehkraft als seinem wichtigsten Werkzeug erlebt, sein Bewusstsein für Gestik, körperlichen Ausdruck und Farben schärft und seine eigentliche große Form findet.

Die sechzehn Jahre von 1792 bis 1808 bilden die mittlere Phase in Goyas Leben und Arbeit. Sie liegt zwischen zwei großen Katastrophen – einer persönlichen und einer politischen: der schweren Krankheit von 1792 und jener vergeblichen blutigen Umwälzung vom Frühling 1808. Das Land bleibt aber auf sechs Jahre dem napoleonischen Frankreich unterworfen. Das führt überall zu schweren und zu tragischen Auseinandersetzungen.

Die sechzehn Jahre bilden auch insofern die Mitte in Goyas Leben, als zu keiner anderen Zeit die Verflechtung seiner Kunst mit dem Leben der Nation so eng ist. In Künstlerbiographien sind Leben und Kunst oft eng verflochten. Dies ist auch bei Goya der Fall. Das gilt spätestens für die Zeit nach der Berufung zum Hofmaler. Individuelle Schicksale und die Geschicke der Zeit, auf die er verschieden antwortet, durchdringen sich. Ein aufregendes Leben schon in der Jugend, der Aufstieg, zweimal eine schwere Krankheit, die Legende von der Freundschaft mit der Herzogin von Alba, Konflikte mit der Inquisition und später mit dem König, die Auswanderung – all das verdient Aufmerksamkeit. Die Zustände am Hof, die französisch denkenden Aufklärer, der Aufstand und der Bürgerkrieg, die Befreiung Spaniens und die besonders scharfe Restauration, alles das sind die Elemente, die auf Goyas Leben entscheidend einwirken. Ein wichtiges Thema ist auch die Frage, wie sich Goya eigentlich zur Zeit der Französenherrschaft und des Kampfes gegen sie von 1808 bis 1814 verhalten hat. Als Hofmaler festigt er die bourbonische Monarchie, stellt sich aber später auch dem französischen Ersatzkönig zur Verfügung.

1797 ist Goya wieder in Madrid. Es gelingt ihm, seiner Krankheit wegen seine Auftragsarbeiten, zum Beispiel Porträts, zu reduzieren, die ihn jetzt unter belastenden Druck setzen. Er legt aber Skizzenbücher an, die den Ausgangspunkt für seine erste graphische Serie bilden: die *Caprichos*. Es geht dabei um Themen aus Trug- und Traumbildern. Ein Beispiel ist die berühmte Radierung *Der Schlaf (Traum) der Vernunft erzeugt Ungeheuer*. Zum Teil enthalten diese Radierungen eine gesellschaftskritische Tendenz. 1799 werden 72 Blatt zum Verkauf angeboten. Die Jahre um 1800 sind die Zeit der größten Erfolge Goyas am Hofe. Er wird von Karl IV. zum Ersten Hofmaler mit einem Jahreseinkommen von 50.000 Reales ernannt und später von Ferdinand VII. in dieser Funktion bestätigt. Goya ist ein kluger und kultivierter Mann, sonst könnte er als Hofmaler nicht bestehen. Er ist außergewöhnlich produktiv und schafft künstlerische Arbeiten von großer Kreativität und hohem Niveau. Sein Werk umfasst etwa 700 Gemälde, 900 Zeichnungen, 300 Radierungen und zwei große Zyklen von Wandgemälden. Er hat zu seiner Zeit keinen wirklichen Rivalen in der Kunst.

Kaum ein Maler hat sich mit solcher Intensität auf die Schrecken des Krieges eingelassen wie Goya seit Beginn der napoleonischen Kriege in Spanien. Von 1810 bis 1820 arbeitet er an den *Desastres de la guerra*. Es entsteht eine Folge von 82 Radierungen.

Goya zeigt, wie intensiv er sich mit den politischen und sozialen Umständen seiner Zeit beschäftigt. Er schildert die Gräueltaten in dem Guerillakrieg, in dem das spanische Volk einig mit seinem König gegen die französischen Eroberer kämpft. Zahlreiche Arbeiten des Künstlers entstehen nach Beginn dieses Krieges 1808 als Reaktion auf dessen unmittelbare Folgen. Gleich die ersten Blätter der *Desastres* sollen, wie auch Susan Sontag (2003, S. 54) meint, mit ihren dargestellten Grausamkeiten den Betrachter aufrütteln, ihn schockieren. Sie wirken tatsächlich wie ein Aufschrei des Entsetzens über die furchtbaren Untaten.

Goya schildert die erbarmungslosen Kämpfe zwischen den französischen Soldaten und den Einheimischen, er stellt Erschießungen, Erhängungen und grauenhafte Verstümmelungen dar, er beschreibt Leichenhaufen, die an den Orten der Kämpfe zurückbleiben. Goya sieht vor allem das Elend des Volkes und erstaunlicherweise weniger, ob die Täter Franzosen oder Spanier sind. Es kommt ihm darauf an, das Elend des Krieges darzustellen. Mit ihm tritt innerhalb der Kunst ein neues Maß an Empfänglichkeit für Leiden in Erscheinung, ebenfalls Motive, die sich an das Mitgefühl des Betrachters wenden. Die Erschießungen und die Toten wirken wie eine Attacke auf die Sensibilität des Betrachters, der diesen Anblick oft schwer ertragen kann.

Zum Verständnis der weiteren Lebensgeschichte Goyas ist eine kurze Darstellung der geschichtlichen Ereignisse unumgänglich. Zu den Eroberungsplänen Napoleons gehört die Besetzung Spaniens auf dem Weg nach Portugal, dem traditionellen Verbündeten Englands. Spanien interessiert Napoleon außerdem wegen der überseeischen spanischen Kolonien, deren vermuteten Reichtum er beherrschen will. 1807 schickt Napoleon seinen Marschall Murat nach Spanien, das die einmarschierenden Invasoren zunächst als Befreier begrüßt. Die Intellektuellen sehen in den Franzosen Sendboten der Aufklärung, während das Volk Hilfe für den bedrängten Thronfolger Ferdinand erwartet, die jedoch ausbleibt. Napoleons wahre Pläne werden erst bekannt, als dieser Karl IV. und seinen Sohn Ferdinand 1808 nach Frankreich lockt und dort zum Rücktritt zwingt. Napoleon setzt seinen Bruder Joseph zum spanischen König ein. Mit ihm werden die Franzosen auch Besatzer von Madrid. Die Mamelucken, afrikanische Reitersoldaten aus Ägypten, gehören ebenfalls zur französischen Armee. In den wenigen Jahren der Regierungszeit Josephs, von 1808 bis 1813, ist das spanische Land jedoch nie fest in der Hand der Franzosen. In keinem Staat, den Napoleon mit seinen Truppen besetzt, kann er so schlecht Fuß fassen wie in Spanien.

Goya leistet dem französischen König Joseph den Treueeid »Liebe und Gehorsam«. 1811 erhält er von ihm den »Königlichen Orden Spaniens«. Er ist mit den spanischen Aufklärern befreundet, und es ist denkbar, dass er von dieser Position her zunächst mit der Franzosenherrschaft in Spanien sympathisiert. Er vertritt vermutlich den liberalen, aufgeklärten Standpunkt und festigt damit seine Stellung am Hofe Josephs. Man kann davon ausgehen, dass er dessen liberale Verfassungsänderungen begrüßt. Seinen Lebensunterhalt verdient er weiter mit Porträts von Mitgliedern der spanischen Gesellschaft und einzelner Franzosen. Er ist jedoch hin und her gerissen zwischen Franzosen und Spaniern.

Am 2. Mai 1808 erhebt sich das Volk von Madrid gegen die französischen Besatzungstruppen. Goya erlebt selbst den Aufstand des Volkes gegen die Mamelucken, die von Murat zur Puerta del Sol geschickt wurden. Nach kurzem, heftigem Kampf müssen diese sich zurückziehen. Der Aufstand der Spanier wird jedoch schnell niedergeschlagen, und viele der Aufständischen werden am 3. Mai 1808 erschossen. Das löst einen sechs Jahre währenden Guerillakrieg gegen die Franzosen aus, den sogenannten spanischen Unabhängigkeitskrieg.

Die spanischen Intellektuellen sind uneins, zumal König Joseph eine Verfassungsreform erlässt. Sie sind den französischen Freiheitsidealen zugetan, hoffen auf Liberalität und Befreiung Spaniens vom Feudalismus. Das spanische Volk bleibt jedoch Joseph gegenüber feindlich gestimmt.

Goyas eigentliches Hauptthema ist der Guerillakrieg der Spanier gegen Napoleons Soldaten. Der Ausbruch von Grausamkeit ist in seinem Ausmaß neu in der europäischen Kriegsgeschichte. Goya füllt sein Skizzenbuch mit Mord und Folter, überträgt die Szenen auf Radierplatten und wählt 82 Blätter für seinen Zyklus *Desastres de la guerra* aus. Es sind Bilder ohne eine Parteinahme, weder für die Ideale der Französischen Revolution noch für den Ruhm des eigenen Landes. Könnte das auch ein Ausdruck seiner Ambivalenz sein? Franzosen wie Spanier werden hingeschlachtet. Oft ist nicht genau auszumachen, für welche Seite einer tötet oder stirbt. Das ist neu in der abendländischen Kunst. Bis dahin dient die Darstellung von Kämpfen immer der Verherrlichung der Sieger, die ihre Taten verewigt sehen wollen. Hier sind keine eindeutigen Sieger zu sehen. Goya interessiert nur, wie Menschen mit Menschen umgehen, wie ein Kampf aus friedlichen Bürgern Bestien macht.

Goya befindet sich während des spanisch-französischen Guerillakrieges in einer schwierigen Lage. Er zeigt eine hohe Ambivalenz zwischen den spanischen Bourbonen und dem französischen König Joseph, der ihm Unterhalt gewährt hatte, und ebenso zwischen dem spanischen Königshof und dem Volk, dessen Elend ihn rührt. Sein Mitgefühl gilt seinem Volk, insbesondere nach dem Aufstand 1808. Goya kann sich der patriotischen Bewegung, die durch den Madrider Aufstand initiiert wird, schwer entziehen.

Nach Kriegsende und der Flucht Josephs kommt Ferdinand 1814 zurück, wird als König eingesetzt und zunächst als Märtyrer des napoleonischen Krieges gefeiert. Er macht jedoch viele der in ihn gesetzten Hoffnungen zunichte. Nach der Bildung der »Heiligen Allianz« auf dem Wiener Kongress verbündet er sich erneut mit der Kirche und dem Adel und regiert absolutistisch. Es setzt eine Verfolgung aller Liberalen ein, die Joseph unterstützt haben.

Der inzwischen 68-jährige Goya, der das Vertrauen des bourbonischen Hofes wiedergewinnen will, bittet den Regentschaftsrat um finanzielle Unterstützung für sein Vorhaben, die beiden Ereignisse des 2. und 3. Mai 1808 zu malen, was ihm auch bewilligt wird.

Goyas letzte Bilder sind Dokumente der Freundschaft. Nur Menschen aus seinem persönlichen Lebenskreis porträtiert er noch. Sein letztes Selbstbildnis, das Goya noch in Madrid vollendet, trägt eine chronistische Inschrift: »Goya in Dankbarkeit seinem Freund Arrieta für die Sorgfalt, durch die er ihm das Leben bei seiner akuten Krankheit rettete, die er Ende 1819 erlitt, mit 73 Jahren.« Er malte es 1820. Der Arzt hält Goya, der auf diesem Bild ohnmächtig zurückgesunken ist, im Arm.

Als in Cadiz Delegierte des Volkes eine Verfassung ausarbeiten, droht eine Revolution des spanischen Volkes gegen die Herrschaftsform des Königtums. Goya, ebenfalls enttäuscht von der Restauration, zieht sich 1819 vom Hofe zurück und lebt danach überwiegend in Bordeaux. 1828 fällt er, durch einen Hirnschlag gelähmt, in ein Koma und stirbt zwei Wochen später im Alter von 82 Jahren. 1901 wird sein Leichnam nach Spanien überführt und 1919 in der Ermita de San Antonio de la Florida in Madrid, in der Kirche, die er 1788 so wunderbar ausgemalt hatte, beigesetzt.

Die großen Bilder vom Aufstand am 2. und 3. Mai 1808 hat Goya zur Verherrlichung des Freiheitskampfes geschaffen. Er malt sie 1814, als der Krieg beendet, Ferdinand VII. aber noch nicht nach Madrid zurückgekehrt ist. Er stellt in diesen beiden repräsentativen Bildern, die für die Öffentlichkeit bestimmt sind, keine ruhmreichen Führer der spanischen Erhebung dar. Vielmehr sind es namenlos gebliebene Guerillakämpfer, die sich den französischen Eroberern widersetzt haben. Diese beiden Bilder sind Goyas bedeutendster Beitrag zu der neuen Form des Historienbildes, die im späten 18. Jahrhundert entwickelt worden war.

Undokumentiert bleibt der Verbleib beider Werke zwischen der Abgabe an den Regierungsrat 1814 und ihrer ersten Inventarserwähnung im Jahr 1834. Da sich das monumentale Bildpaar, das bei Übernahme der Regierung in königlichen Besitz übergeht, den zitierten Inventaren zufolge im Königlichen Depot befindet, werden die beiden Bilder wahrscheinlich bereits kurz nach Eröffnung des damaligen Museo Reale im November 1819 dort eingelagert und bis 1834 vergessen worden sein. Als Gründe für das Desinteresse Ferdinands an Goyas beiden Bildern gelten politische Motive wie die Darstellung des kämpfenden und zunächst siegreichen Volkes im Zentrum des Kampfes, was sich nicht mit seinem Verständnis des Königtums vereinen lässt.

Der 2. Mai 1808

Bildbeschreibung

(Abb. 16) In einer monumentalen Szene vom Aufstand der Madrilenen gegen die französischen Truppen, einem Zusammenstoß zwischen zwei deutlich zu unterscheidenden Parteien, thematisiert Goya den Beginn des Unabhängigkeitskrieges von 1808 bis 1814. Am 2. Mai 1808 versuchen Teile der spanischen Bevölkerung, die von Frankreich angeordnete Abreise des spanischen Königshauses mit Gewalt zu verhindern. Die Situation eskaliert, auf der Puerta del Sol greift das Volk von Madrid mit Messern und Spießen die berittenen Mamelucken an. Auf beiden Seiten gibt es viele Tote. Die genauen Zahlen bleiben umstritten, wie Robert Hughes in seiner Goya-Biographie berichtet (2004, S. 268).

Goya konzentriert sich bei seinem Bild auf diese Szene und stellt den Aufstand der Madrider Volksmassen gegen die Mamelucken und die französischen Offiziere dar, die der französische General Murat befehligt. In einem blutigen Kampf attackiert die rasende Volksmenge mit Dolchen und Stöcken ihre Gegner, die auf ihren Pferden zu entkommen suchen.

Das Bild ist keine realistisch angelegte Darstellung der Ereignisse vom 2. Mai 1808, sondern eine künstlerische Erfindung Goyas. Der Maler ist kein Kriegsreporter, sondern zeigt die Ergebnisse seiner Vorstellungskraft. Seine Phantasie wird beherrscht von Bedrohungen und Ängsten. Napoleon I. hat Spanien unterworfen, das Königshaus in Madrid muss bereits seine Befehle entgegennehmen und ausführen. Der Oberkommandierende Murat erklärt, dass der Pöbel von Madrid sich zu Revolte und Mord habe hinreißen lassen. Das verlange nach Rache. Jeder Spanier, der mit einer Waffe angetroffen werde, solle sofort getötet werden. Goya malt Bilder, die den Widerstand und das Martyrium des aufständischen Volkes vor Augen führen. Er vermeidet es, die Überlegenheit der Soldaten herauszustellen. Genau besehen, sind die Berittenen hilfloser als ihre wendigen Gegner.

Das Gemälde vom *2. Mai 1808* ist die Darstellung des unmittelbaren Nahkampfes gegen die Mamelucken und gegen die Reiter der französischen kaiserlichen Garde an der Puerta del Sol. Goyas Straßenkampf zeigt einen unentwirrbaren Tumult, der sich hoch auftürmt und die Bildfläche randvoll füllt. Mit Dolchen bewaffnet, stürzen sich die Madrilenen auf die berittenen Mamelucken des Generals Murat. Das Bild präsentiert den Volksaufstand der Spanier gegen die verhassten Invasoren, wobei das Massaker zum Signal für den Aufstand wird, zum Kampf für die Befreiung des Landes, zum Kampf der Bevölkerung gegen die feindliche Armee.

Es ist eine von der Ergriffenheit des Künstlers getragene Massenkomposition: die Franzosen hoch zu Ross, mit geschwungenen Krummsäbeln, angefallen und nahezu eingekreist von der kämpfenden Bevölkerung. In einem blutigen Mann-gegen-

Mann-Kampf attackiert die rasende Volksmenge in Straßen- und Arbeitskleidung mit Dolchen, Spießen und Schrotflinten ihre Gegner, berittene Mamelucken mit ihren Turbanen und roten Pluderhosen und französische Soldaten mit ihren funkelnden Messinghelmen, die unter Austeilung von Säbelhieben auf ihren Pferden zu entkommen suchen. Das Blut der Toten befleckt den Boden, auf dem sich auch die verloren gegangenen Waffen verteilen. In dieser Massenkampfszene springt ein Mann einen Mamelucken an und stößt ihm das Messer in die Brust. In der Bildmitte unter dem Schimmel stellt Goya zwei tote Madrilenen dar. Unter den Hufen der Pferde liegen die Sterbenden und Toten beider Parteien.

Nicht nur die Menschen sind von Todespanik erfasst, auch die Pferde. Sie stemmen sich gegen das Unbekannte, sie wittern die Gefahr. Die Augen der Pferde starren misstrauisch, angsterfüllt und verzweifelt. Es herrscht Chaos durch die Pferdeleiber und Pferdeköpfe. Das vorderste, weiß leuchtende Pferd, das als einziges in ganzer Gestalt sichtbar ist, wird von einem seltsam gebückten Spanier in moosgrünen und altrosa Stofffarben angegriffen, der gerade die Zügel ergreift, die der Mameluckenreiter losgelassen hat, und seinen Dolch in den Leib des Pferdes bohrt. Das schwer verwundete Pferd scheint sich kraftlos gegen die anderen Pferde zu lehnen. Der abgekehrte Blick des Pferdes ist schmerzvoll, von Angst überschattet. Sein Reiter fällt kopfüber zurück. Dadurch kommen seine roten Hosen, als das farblich stärkste Element, in die Bildmitte. Auf dem Schimmel hinter ihm ist ein braungesichtiger Mameluck zu sehen, der seine Waffe drohend zur Abwehr hebt. Der schwarzberockte Mameluck darüber, der im Zurücklehnen senkrecht nach unten zusticht, erscheint wie der Gipfel der Menschenleiber. Das bärtige Gesicht ist von einer Grimasse der Todesfurcht verzogen. Der Mameluck im Hellen hinter ihm und etwas über ihm mit dem geschwungenen Krummsäbel, ein Dragoner mit Helm auf einem Araberhengst und ein Reiter mit Turban auf kastanienbraunem Pferd versuchen zu fliehen. Das verängstigte Pferd im Mittelpunkt der Komposition versucht davonzuspringen, jedoch vergeblich. Ein wenig verborgen von der braunroten Rückenwölbung eines fünften Pferdes hebt sich der Kopf eines Grauschimmels. Aus der silbergrauen Mähne blickt hilfesuchend das große, rötlich umrandete Auge.

Die Männer fallen den Pferden in die Zügel und stoßen mit Messern oder Spießen, ihren einzigen Waffen, verzweifelt zu. Es gibt keine planende Kampfleitung, keine militärische Taktik, sondern nur blindwütigen spontanen Mut, der den weit überlegenen Feind zu bedrängen sucht. Bei den zahlreichen Figuren im Hintergrund des Bildes handelt es sich nicht nur um Männer, sondern auch um Frauen. Sie sind keine Zuschauer, sondern als aktiv Handelnde erstaunlich nahe und drängend am Kampfgeschehen beteiligt.

In der aufgebrachten Volksmenge fällt ein madrilenischer Zivilist auf, der einen Mamelucken aus dem Sattel heben und mit einem erhobenen Dolch in seiner rechten Hand offenbar auf ihn einstechen will. Er ist die Hauptperson des Getümmels und selbst der Wildeste darin, weder Führer der einen noch Mitkämpfer der anderen kämpfenden Partei. Durch sein Verhalten ist er die auffälligste Figur im Bild. In seinem schwarzen Anzug mit kurzer Jacke, dem Aussehen eines Künstlers ähnlich, gehört er zum Bildzentrum. Sein Kopf verfügt über eine deutlichere Individualität als die Gesichter der Mitstreiter. Ich möchte mich Anna Reuter (2002, S. 160, 167 ff.) anschließen, die in dieser Figur ein Selbstporträt Goyas sieht, der sich möglicherweise hier in der patriotischen Rolle des gegen den französischen Eindringling kämpfenden Spaniers darstellt. Goya mischt seine eigenen Gesichtszüge in einer zentralen Position des Bildes unter das revoltierende madrilenische Volk: die breite Nase, die schwarze Lockenpracht zeigen ihn ähnlich dem Selbstbildnis, das nur ein Jahr nach den Maibildern entsteht.

In der genannten Kampfgruppe links wie rechts bei den Kämpfern und bei dem, der das Pferd ersticht, sind lauter knappe, direkte Aktionen zu sehen. Alles ist zusammengehalten durch die Mauer von Köpfen links und die schrägen Pferdeleiber. Die Bürger vom Madrid drängen die berittenen Mamelucken nach rechts in die Flucht.

Aus dem bedrückenden und erschreckenden Bild lässt sich eine Kehrseite herauslesen. Goya stellt auch den Freiheitswillen dar als ein Gegenbild zum Kriegszustand. Er sieht die hereinbrechenden Schrecken des Krieges auf neue Art. Goyas Darstellungen des 2. und 3. Mai 1808 zeigen alles optisch Sichtbare, wie es heute eine Kamera in einem Schnappschuss aufgenommen hätte. Zugleich aber malt er die Schrecken des Menschen in der unmenschlichen Landschaft des Krieges. Goya hat in Farben und Formen das Massenmorden seiner Zeit dargestellt. Er stellt auch in diesem Bild der Rebellion, das für die Öffentlichkeit bestimmt ist, keine ruhmreichen Führer der spanischen Erhebung dar. Vielmehr sind es namenlos gebliebene Guerillakämpfer, die sich in spontaner Aktion den französischen Eroberern widersetzen. Goya glorifiziert sie nicht, er zeigt sie nicht ohne Todesfurcht. Die spanischen Rebellen sind ein verlorener Haufen mit dumpfen Gesichtszügen, von Leiden, hartnäckiger Entschlossenheit und gleichzeitig von Hoffnungslosigkeit gekennzeichnet. Goya hat das Leiden und die Ausdruckskraft der Blicke in ihrer Todesangst gemalt. Auch der Todeskampf zusammenbrechender Pferdeleiber wirkt wie eine zusammengeballte grauenvolle Kraft. Goya malt hier keine mythische Vision, sondern die blutige Szene eines wirklichen Geschehens. Auch die Pferde sind in die Katastrophe einbezogen, erfasst vom Grauen und der Grausamkeit der Menschenwelt.

Psychoanalytische Deutung

Fast das ganze Bild wird von einer dicht gedrängten Masse kämpfender, ineinander verkeilter Menschen eingenommen. Die tödlichen Aggressionen dieser Menschen, ihr Zorn und ihre Furcht haben ihre Identität aufgelöst, sie sind auf ihre primitivsten Affekte reduziert.

Das eindrucksvolle Selbstbildnis Goyas in der Mitte des Gemäldes zeigt trotz seines entschlossenen Ausdrucks eine eher unklare und unentschiedene Haltung des Künstlers. Er steht in seinem schwarzen Anzug unübersehbar als die am meisten auffallende Figur des Gemäldes vor dem Mamelucken, den er offenbar gerade mit seiner linken Hand auf seinem Schimmel festhalten will. Gleichzeitig scheint er mit dem Dolch in seiner rechten Hand auf ihn einstechen zu wollen. Das Bild soll wahrscheinlich den Spaniern demonstrieren, dass Goya als Kämpfer auf der Seite des spanischen Volkes und nicht auf der Seite des antichristlichen französischen Eindringlings steht. Er stilisiert sich als Freiheitskämpfer. Seine Gestik ist jedoch keineswegs eindeutig, sondern drückt Ambivalenz aus. Fühlt Goya sich zu den Madrilenen oder zu den französischen Soldaten gehörig? Er könnte den Mamelucken sowohl zu töten als auch zu retten versuchen, indem er ihn vor dem Pferd am linken Bildrand schützen und nicht darunter geraten lassen will, wie es bei einem anderen am Boden liegenden Opfer im Vordergrund zu sehen ist.

Das Gemälde zeigt generell keine entschiedene Eindeutigkeit, wer Angreifer und wer Verteidiger ist. Eher wird ein chaotisch anmutendes Gemetzel zwischen derben Typen der Madrider Unterschicht und exotischen Mamelucken sowie französischen Offizieren dargestellt. Goya zeigt hier den Volksaufstand der Spanier, wir spüren als Betrachter seine eigene Unentschiedenheit zwischen den beiden kämpfenden Parteien.

Die Augen der Pferde drücken Misstrauen, panische Angst, Verzweiflung und die Suche nach einem Fluchtweg aus. Die Pferdeaugen erschüttern den Betrachter mehr als die Drohgebärden der Kämpfer mit ihren Dolchen und Säbeln.

Die Männer und Frauen im Bildhintergrund wollen offensichtlich mit Macht die Pferde mit den Reitern von links in Richtung zum rechten Bildrand schieben. Durch ihre aktive Präsenz beweisen sie, dass es sich um einen wirklichen Volksaufstand handelt, den Goya gleichsam als Signal für den einsetzenden Guerilakrieg herausstellen will.

Der 3. Mai 1808

Bildbeschreibung

(Abb. 17) In dem berühmten Bild *Der 3. Mai 1808* erhebt Goya das für die Historienmalerei unbekannte Thema der Niederlage erstmals in das Gebiet der hohen Kunst. Das Gemälde schildert das tragische Schicksal der aufständischen Bürger von Madrid, die am Tag vorher gefangen genommen worden waren und jetzt mit dem Tod bestraft werden. Aber es schildert über diesen Anlass hinaus viel mehr. Die Nachwelt sieht in ihm das Monument des Widerstandes einer ganzen Nation gegen ihre Bedrücker.

Goyas Beitrag über die, wie er sagt, »glorreiche Erhebung gegen den Tyrannen von Europa« (Held, 1980, S. 101) zeigt seine Konzentration auf zwei entscheidende und gegensätzliche Augenblicke: auf den Sieg am Tag in der Stadt und auf die Niederlage bei Nacht. Das zweite Bild stellt das Gegenstück zu der Szene des vorangehenden Tages dar. An der Puerta del Sol ist es das Volk von Madrid, das die berittenen Mamelucken nach rechts in die Flucht drängt. Im Gegensatz zur tumultartigen Kampfszene vom 2. Mai präsentiert sich die Erschießung der Gefangenen am Hügel von Principe Pio am 3. Mai 1808 als eine Veranschaulichung der anonymen Grausamkeit des Tötens durch die Gesichtslosigkeit der Soldaten. Französische Soldaten reagieren einzig auf Befehl eines höheren Offiziers.

In dieser Gegenüberstellung ergänzen sich die wichtigsten Momente der Maiereignisse: auf den Sieg des Volkes über die Elitetruppe Murats folgen die nicht minder denkwürdigen Exekutionen in der Nacht. Ihr Schauplatz ist der Principe-Pio-Hügel außerhalb der Stadt, zu dem die Verurteilten, die mit der Waffe in der Hand aufgegriffen wurden, jetzt in die Mitte des Bildes geführt werden. Etwa 400 Bürger, Bettler, Bauern und Mönche werden als Aufständische auf dem Hügel vom Principe Pio zusammengetrieben und erschossen. Die Erschießung präsentiert sich als anonyme Tötung im Rahmen der aktuellen kriegerischen Auseinandersetzung.

Dieses Ereignis greift der 68-jährige Goya in seinem Bild auf. Es ist das Schicksal jedes Einzelnen, es ist das Lebensende des Einzelnen und zugleich ein Kollektivschicksal. Das Geschehen auf dem Hügel präsentiert Goya in kontrastierender Form: auf der einen Seite die Infanteristen der französischen Armee, die, dem Betrachter abgewandt, mit angelegtem Gewehr, Soldatenmantel und hohem Filztschako auf dem Kopf regelrecht eine Mauer bilden, auf der anderen Seite die Opfer, ein verzweifelter Haufen, der hilflos auf seine Erschießung wartet.

Goyas Bild führt den Betrachter dicht an den Schrecken heran. Alles Beiwerk ist weggelassen. Die Landschaft im Hintergrund ist nur Dunkelheit, die alle umschließt. Der Abhang des Hügels zieht sich in hellen, gelbbraunen Tönen von links quer bis über die Mitte des Bildes, vor ihm sind die Opfer aufgereiht. Im Hintergrund dieser kargen Landschaft wird in der Dunkelheit die Silhouette eines Quartiers mit mehreren Häusern und einer Kirche sichtbar. Wie im Schutz dieser finsteren Kulisse ist die eng geschlossene Gruppe der Soldaten aufgestellt. Unerbittlich wie eine Mauer stehen sie da, ihre Beine sind breit gespreizt, und der Umstand, dass ihre Gesichter unsichtbar sind, erhöht noch den Eindruck des schrecklichen Tuns.

Das Ereignis spielt sich wie der auf einen tragischen Moment zusammengedrängte Höhepunkt eines dreiaktigen Dramas ab. Der Gesamtablauf des Geschehens ist dargestellt: in denen, die zu ihrer Erschießung vom Hintergrund aus herankommen, in der Erschießung selbst und in denen, die vorn in ihrem Blut liegen. Die Mitte des Geschehens findet sich in der Gruppe vor den Gewehren, stellvertretend durch den Mann in Weiß und Gelb, der vor dem Exekutionskommando kniet und mit erhobenen Armen trotzig dem Tod entgegensieht. Die Gruppe der Knienden neben der Figur in der Bildmitte besteht aus fünf Männern in verschiedenen Haltungen, im Angesicht des unmittelbar bevorstehenden Todes, mit einem Mönch an der Spitze, in schmutzig-grauem Gewand, die Hände betend gefaltet. Hinter diesem vorgebeugten Mönch kniet ein Mann mit zornigem Gesicht und verzweifeltem Blick, verkrampft in Gesicht, Haltung und Fäusten. Hinter ihm duckt sich ein dritter, als wolle er sich verbergen. Der letzte dieser Gruppe hält die Hände vor sein Gesicht, um das nahende Ende nicht sehen zu müssen. Dahinter, etwas isoliert und in die Dunkelheit gerückt, ist schattenhaft eine Mutter sichtbar, die ein Kind in den Armen hält.

Von unten her wird der lange Zug der Gefangenen herangeführt, der hilflos seine Erschießung erwartet. Die Menschenmasse steht sich nun in zwei zusammengedrängten Gruppen gegenüber, die ihre Rollen als Opfer und Henker getauscht haben. Zunächst fallen die französischen Soldaten der rasenden Volkswut zum Opfer, nun rächen sie ihre Toten in einer gnadenlosen Hinrichtung. Der Zug der zum Tode Verurteilten konzentriert sich auf die im Mittelpunkt dargestellten Personen. Es sind viele, die in der Tiefe der Nacht zum Erschießungshügel getrieben werden. Den Hintergrund nehmen die zurückgebliebenen Frauen und Mütter ein, die den Tod ihrer Männer und Söhne beklagen. Der vorderste Mann in der mittleren Gruppe von sechs Männern hat gerade die Höhe des Schauplatzes erreicht. Er kniet hier in einem weißen geöffneten Hemd und gelben Hosen, mit dunkel geweiteten, erregten und trotzigen Augen, mit erhobenen und direkt auseinander- und hochgerissenen Armen im hellsten Licht und ist die tragende Gestalt der Bildkomposition. Vom zurückgebeugten Körper ist das Gesicht nach vorn geworfen. Das Gegenüber zur hellen Lampe, besonders das Gegenüber zu den Soldaten, die den Tod ausschicken, weist auf ihn hin. Wir wissen nicht, ob an einen Aufschrei des Mannes gedacht ist: Er selbst *ist* Aufschrei. Er ist nicht das erste Opfer der Hinrichtungen. Daneben liegt eine Gruppe Erschossener am Boden, die von ihrem Schicksal schon ereilt worden ist. Ihr Blut bildet eine große Lache vor der Hauptfigur und verbindet diese Toten mit den Herankommenden. Aber der Blick des Betrachters ist auf den im weißen Hemd Knienden gerichtet, der als Nächster fallen wird. Das Blut der Toten verbindet die Hauptfigur der Aufständischen auch mit einer kastenartigen Laterne, die am Boden rechts vor den Soldaten steht und die Quelle der Beleuchtung bildet. Ihr helles Licht fällt auf den Knienden, der mit seinen starken Farben die Szene dominiert und mit entsetztem Gesicht und doch unbeugsam den Todesläufen der Gewehre entgegenblickt, von denen er im nächsten Moment seinen Tod erwarten muss: ein Märtyrer des revolutionären Widerstandes! Der Kniende neben ihm blickt aus dem Dunkel zum Himmel auf.

Goya ruft den Augenblick vor der Todessalve wach und die Angst und den Hass des knienden Mannes. Es besteht wohl kein Zweifel, dass er ihn als Verkörperung des nationalen Widerstandes aufgefasst hat.

Auf der rechten, dunklen Seite des Bildes stehen acht Infanteristen der französischen Armee: das Exekutionskommando. Goya zeigt die Soldaten anonym, sie stehen gesichtslos mit dem Rücken zum Betrachter. Während jedes der Opfer seine eigene Bewegung hat, stehen die Soldaten unbewegt nebeneinander. Sie neigen die Schulter in gleicher Starre, ihre ausgestreckten Arme halten in gleicher Weise die silbrigen Gewehrläufe. Als hätten sich die Krieger umgewendet und ihre Gewehre erhoben, so zielen sie nunmehr in geschlossener Reihe auf die Bürger, ihre wehrlosen Opfer. Das Volk ist diesen bewaffneten, geschulten, disziplinierten Soldaten hilflos ausgeliefert.

Ähnlich wie in der Kampfszene spielt auch in der Hinrichtung die Masse am Principe-Pio-Berg eine wichtige Rolle. Charakterisierte Goya die aufständischen Madrilenen im ersten Bild als zornige und von Wut angetriebene Volksmenge, in die er sogar sein eigenes Bild einfügt, stellt er nun die anwesenden Opfer als verzweifelte und ängstliche Individuen dar, denen der Tod bevorsteht.

Die beiden Mittelfiguren der Bilder, ein Mameluck und ein Aufständischer, übernehmen jeweils eine wichtige Funktion. Während im ersten Bild der Mameluck die beiden Bildhälften der Kampfszene verbindet, verknüpft im zweiten Bild der Todeskandidat durch seine hochgerissenen Arme die Prozession der Todgeweihten mit den bereits Erschossenen.

Der Ablauf einer Hinrichtung in seinen Einzelheiten interessiert Goya offensichtlich nicht. Sonst hätte er zum Beispiel die Gefangenen gefesselt gemalt und den Soldaten mehr Abstand gewähren müssen, denn wohl kaum ein Soldat will seinem Opfer im Moment des Erschießens aus nächster Nähe ins Gesicht sehen. Die durch die Bajonettspitzen angedeuteten Blitze sind als reale Blicke vorstellbar. Fraglich ist nur, inwiefern die für uns unsichtbaren Gesichter, aus denen die Bajonettblitze kommen, für uns überhaupt noch Gesichter sind. Dass die meisten Opfer den Soldaten nicht entgegensehen, ist nicht nur eine Folge ihrer Todesangst, sondern hängt wohl auch damit zusammen, dass sie sich einer Reihe anonymer Blicke gegenüber wissen.

Die Lichtregie ist die Stärke des zweiten Bildes. Auf ihr beruht das unverrückbare Gegeneinander von Tätern und Opfern. Das kalte Licht der Täter fällt aus einer Laterne auf die von Angst und Verzweiflung gezeichneten Opfer. Der scharfkantige Laternenwürfel und die hochgerissenen Arme des Mannes im weißen Hemd – in diesem Gegensatz verdichtet sich das Drama des Geschehens. Rechts das anonyme Kollektiv der Soldaten, wie die Laterne ein funktionierender Apparat, der mechanisch einen Befehl ausführt, links lauter einzelne Individuen, die zusammen einen chaotischen Menschenhaufen bilden. So entblößt sich der natürliche Mensch in seiner Todesangst vor dem künstlichen Menschen, der den Krieg als Vernichtungsaktion betreibt. Zwischen den beiden Polen bildet die horizontale Achse der Gewehrläufe einen zum Instrument verselbstständigten Todesbefehl.

Hier geht es um eine Erschießung der Aufständischen und somit um eine Niederlage der Rebellion. Goya deckt auf, wie der Krieg die Zivilbevölkerung erfasst. Den Menschen als wehrloses Opfer zu zeigen, war bisher der Religion mit den Darstellungen von Märtyrern vorbehalten. Am 3. Mai 1808 treffen Macht und Ohnmacht in Goyas Bild aufeinander.

Der Mann in dem schneeweißen geöffneten Hemd, durch das Leuchtbild aus der bodenlosen Nacht herausgehoben, scheint verlassen und allein zu sein. Die Furcht vor dem Unbekannten spiegelt sich in seinen entsetzensstarren Augen.

Das wichtige Motiv der in einer geschlossenen Front am rechten Bildrand stehenden und schießenden Soldaten hatte Goya schon zuvor in drei Blättern der *Desastres de la guerra* erprobt. Die für die Wirkung des Bildes entscheidende Gegenüberstellung der Soldaten mit einer Gruppe von Opfern und einer hell beleuchteten Hauptfigur ist in einer kleinen Szene unmittelbar vorgebildet. Aus den Grundelementen dieser ergreifenden Schilderungen hat sich das großartige, monumentale Bild des Massakers vom 3. Mai 1808 entwickelt.

Im Gegensatz zur tumultartigen Szene am Vortage präsentiert sich die Erschießung der Aufständischen am 3. Mai 1808 als ein Beitrag zur modernen Kriegsführung. Den beiden Bildern vom 2. und 3. Mai 1808 ist eine in der Bildmitte erscheinende, herausgehobene Opferfigur gemeinsam: Zwar handelt es sich im ersten Bild bei dem vom Rücken seines Pferdes fallenden Mamelucken um eine Feindfigur, seine signalrote Hose zentriert jedoch den Betrachterblick ähnlich stark wie der von der Laterne in ein warmes Licht gehüllte Patriot der Erschießungsszene im zweiten Bild. Sein weißes Hemd und die gelbe Hose nehmen eine ähnliche Position in der Bildmitte ein wie sein exotischer Gegner im Gegenstück.

Psychoanalytische Deutung

Goya formt in der Erschießungsszene das erste Passionsbild des modernen Menschen. Die Gestalt des Mannes mit erhobenen, auseinandergerissenen Armen verbindet ihn gleichsam mit dem gekreuzigten Christus. An der Innenseite seiner rechten Hand trägt der Mann eine auffällige, aber nicht blutende Wunde, so dass seine Erscheinung an den Erlöser denken lässt. Goya benutzt dabei die dem Volk verständlichen Erkennungszeichen. Er deutet vielleicht die Hinrichtung der Spanier in Analogie zum Martyrium Christi. Der Mann in der Mitte ist ein spanischer Christus, aber auch ein Mann aus dem Volk.

Durch den Mönch, der, wie um Gnade bittend, die Hände gefaltet hat und mit dem Volk leidet, ist diese Analogisierung mit dem Leiden Christi noch direkter als ein Glaubensbekenntnis zu verstehen. In die Dunkelheit gerückt, ist schattenhaft eine Mutter sichtbar, die ein Kind in den Armen hält. Über ihren Kopf zieht sich ein schmaler heller Streifen hin. Kann diese Gestalt als ein Hinweis auf Maria verstanden werden? Und dürfen wir in der ganzen Szene einen Anklang an Golgatha erblicken?

Auch wenn diese Details der Erschießungsszene als religiöse Zeichen gedeutet werden können, handelt es sich meines Erachtens um keine christlich-moralische Auffassung des passiven Leidens im Sinne einer christlichen Märtyrerszene. Goya thematisiert die Niederlage. Er schildert schonungslos Leben, Sterben und Tod; er beschreibt die Vergangenheit im Bild durch den am vorderen Bildrand in seiner Blutlache liegenden Toten, die Gegenwart durch die auf seinen Tod wartende Hauptfigur im Zentrum des Bildes und die nahe Zukunft durch die vom rechten Bildrand her vorgeführten Gefangenen.

Die psychoanalytische Deutung des Gemäldes hebt noch andere Gesichtspunkte hervor. Goya will natürlich in beiden Bildern die Schrecken des Krieges darstellen. Man kann in seinem ersten Gemälde teilweise nur schwer erkennen, wer Täter und wer Opfer ist. Das Gemälde *Der 3. Mai 1808* zeigt die Erschießung der aufständischen Spanier in einer nicht zu steigernden Dramatik. Ich greife zunächst nur ein formales Detail heraus: das Gegeneinander von Tätern und Opfern, dargestellt durch die Laterne, die vor den schießenden Soldaten steht und ihr kaltes Licht auf die verängstigten Opfer wirft. Meine erste Deutung bezieht sich hier auf die dargestellte neuzeitliche Art des Tötens und den Schrecken des modernen Krieges durch die unheimlich wirkende Gesichtslosigkeit der Täter, die diszipliniert und mechanisch einen Befehl ausführen.

Eine weitere Deutung ergibt sich aus der Gegenübertragung. Der Betrachter wird in das Bild involviert, er ist vor Entscheidungen gestellt, die das Gemälde als Möglichkeit bereithält. In dem Betrachter kann zum Beispiel eine Identifizierung mit den Opfern oder den Tätern ausgelöst werden. Vielleicht ist der

Betrachter auch ambivalent und wird sich je nach seiner aktuellen Verfassung, nach seiner Persönlichkeitsstruktur oder generell nach seiner Weltsicht entscheiden.

Ein künstlerisches Werk behält bei aller Selbständigkeit eine Verbindung zum Maler und zu dessen Biographie. Daraus ergibt sich als dritter Zugang die biographisch-psychoanalytische Interpretation. Die sichtbare Zwiespältigkeit durch das Gegenüber von Opfern und Tätern lässt sich durch biographische Hinweise über das Leben des Künstlers während der französischen Besetzung Spaniens in einen inneren Zusammenhang bringen. Goya kollaborierte mit den Franzosen unter Napoleon, die Spanien 1808 besetzt hatten. Er blieb jedoch zwischen den französischen Freiheitsidealen und der Parteinahme für das spanische Volk hin und her gerissen, somit also auch zwischen den Opfern und den Tätern in diesem Bild. Nach der Befreiung Spaniens bittet Goya 1814 in einem Brief an den Regentschaftsrat um finanzielle Hilfe, um die heroischen Taten und Ereignisse »unserer glorreichen Erhebung gegen den Tyrannen von Europa malen zu können« (Held, 1980, S. 101).

Der 2. Mai 1808 zeigt den Aufstand des Volkes gegen die französischen Mamelucken, das zweite Bild *Der 3. Mai 1808* stellt die Erschießung der spanischen Widerstandskämpfer dar. Welcher unbewusste Anteil im Künstler könnte den bekannten historischen Hintergrund in diesen erschütternden Szenen zur Darstellung gebracht haben?

Mit Hilfe der biographischen Deutung lässt das Bild zunächst auf ein Bedürfnis des Malers schließen, sich mit den Gemälden zu rechtfertigen, um nicht als Kollaborateur dazustehen. Es könnte sich jedoch auch eine Ambivalenz des Malers in der Konfrontation von Opfern und Henkern zeigen. Wie Freud bemerkt (1915/1967, S. 210 ff.), handelt es dabei um eine gleichzeitige Wirksamkeit widersprüchlicher Gefühlszustände, zum Beispiel um Liebe und Hass in der Beziehung zu ein und derselben Person. Das Ergebnis ist eine deutliche Instabilität. Melanie Klein (1935/1962, S. 44 ff.) gibt der Ambivalenz einen zentralen Stellenwert in ihrem Konzept der depressiven Position. Darunter versteht sie ein Schuldgefühl wegen des Schadens, den man meint, angerichtet zu haben, verbunden mit dem Versuch, wiedergutzumachen, was sich wiedergutmachen lässt.

Goya bleibt Hofmaler bei Joseph und fühlt sich dadurch vielleicht auch den französischen Truppen zugetan. Das teilt er in diesem zweiten Bild den Betrachtern mit. Er verbirgt gleichzeitig seine Ambivalenz. Sein Geheimnis könnte darin liegen, auf der Seite der spanischen Opfer wie auf der Seite der Franzosen zu sein; deshalb stellt er sich selbst in diesem Bild nicht dar und bleibt als Person nicht erkennbar wie die schießenden Soldaten, deren Gesichter im Dunkeln bleiben. Das Gemälde zeigt ein anonymes Mordgeschehen. Eine Individualität ist nur den Opfern vorbehalten.

1819 zieht sich der Künstler vom Hof zurück, aus Angst vor Ferdinand, der die spanischen Liberalen verfolgt und Repressionen gegen Goya selbst ausüben könnte. Seine Verfolgungsangst ist als ein Zusammenbruch der Ambivalenztoleranz im Sinne des Psychoanalytikers Hermann Belands (2009) zu verstehen. Goya verliert seine bisherige Fähigkeit zur depressiven Position, zur Schuldanerkennung und zur Wiedergutmachung. Wir müssen eine paranoid gefärbte Einstellung und eine Spaltung in Hass und Idealisierung vermuten. Goya verbirgt sich zeitweise bei einem Freund und erkrankt schwer. 1824 geht er nach Bordeaux ins Exil. Er fährt 1826 und 1827 wieder nach Madrid, um seine Pensionierung bei Weiterzahlung seines Gehaltes zu erbitten, die ihm auch gewährt wird. Vielleicht trägt ihn aber auch die Hoffnung, nicht ein Verfolgter zu sein und dafür Beweise zu erleben, um seine paranoischen Ängste zu verlieren. 1828 stirbt Goya nach einem Schlaganfall.

Zwei Erschießungsbilder im Vergleich

(Abb. 18) Edouard Manet (1832–1883) malt 1867 das Bild *Die Erschießung Kaiser Maximilians*. Ich möchte es im Folgenden mit Goyas Bild der *Der 3. Mai 1808* vergleichen. Maximilian, Erzherzog von Österreich (1832–1867), ein jüngerer Bruder des Kaisers Franz Joseph I., war Befehlshaber der Marine der Donaumonarchie und Generalgouverneur des Königreiches Lombardei-Venetien. Im Jahr 1863 beschloss eine mexikanische Versammlung, diesem europäischen, in Regierungsgeschäften erfahrenen Prinzen auf Vorschlag Napoleons III. die Krone eines neuen Kaiserreiches Mexiko anzutragen. Maximilian folgte 1864 diesem Ruf.

Der idealistische Habsburger ist jedoch der politischen Lage in dem von den Franzosen besetzten Land, in dem ein Bürgerkrieg tobt, nicht gewachsen. Als der wankelmütige Napoleon III. seine Truppen 1866 aus Mexiko zurückzieht, ist Maximilians Schicksal besiegelt. Er bleibt jedoch freiwillig im Land. Die Anhänger des alten Diktators Juarez sind die Sieger und lassen Maximilian und seine letzten beiden Generäle am 19. Juni 1867 erschießen.

Manet war mit Politikern wie Clemenceau befreundet, hatte selbst aber keine politischen Interessen. Auch im Krieg von 1870/71 bleibt er äußerlich unbeteiligt. Als er von der Erschießung des Kaisers in Mexiko erfährt, ein Ereignis, das den Sieg der Revolutionäre und die Abwendung einer drohenden Kolonialisierung des Landes und damit ein Ende des Krieges ausdrückt, nimmt er jedoch Anteil. Der Gegensatz der beiden Exekutionsbilder von Goya und Manet wird von den beiden Malern in ihren unterschiedlichen Darstellungen verdeutlicht.

Bei Goya werden die Gefangenen in ihrer Welt erschossen, in freier Landschaft vor dem Schattenriss der Stadt Madrid. Bei Manet stellt man die Verurteilten in irgendeinem Hof an die Wand. Manets Zuschauer sind eine gesichtslose, teilnahmslose Masse. Goyas Besiegte bewegt noch das große Pathos ihres Kampfes. Der Siegesruf des Zukunftsglaubens mischt sich mit Todesröcheln. Bei Manet stirbt man stumm. Goya nimmt unmittelbar emotionalen Anteil am Geschehen in seiner Stadt. Manet scheint das Geschehen eher aus großer Distanz zu dokumentieren. Eine der Fotografien, die Manet als Quelle für sein Bild benutzte, blieb erhalten (Abb. 1). Auf ihr ist zu sehen, dass Maximilian und seine zwei Generäle vor einer Mauer stehen, durch große Abstände voneinander getrennt. Im Vordergrund reihen sich Gewehrschützen aneinander, denen ein Anführer gerade den Schießbefehl erteilt. Am unteren Bildrand drängen sich zahlreiche Zuschauer.

Manet verändert die auf der Fotografie vorgegebene Bildszene. Aus der langen Reihe der Gewehrschützen wird eine kleine Gruppe von Soldaten in korrekt gemalten Uniformen, die sich diagonal ins Bild drängt. Manets Soldaten sind anonym. Keiner zeigt sein Gesicht. Im Gegensatz dazu wird ein Offizier darge-

Abbildung 1: Erschießung Maximilians, des Kaisers von Mexiko. Fotografie.

stellt. Sein ausdrucksvolles Gesicht dreht sich ins Halbprofil. Im Rücken der schießenden Soldaten hantiert er mit seinem langen Gewehr.

Die drei Verurteilten stehen direkt vor den Gewehrläufen. Der Kaiser hält die beiden Generäle, die mit gespreizten Beinen etwas hinter ihm stehen, an den Händen. Das ist aus meiner Sicht das einzige sichtbare Zeichen von Emotionalität in Manets Bild. Will der Kaiser seine beiden Generäle solidarisch stützen, oder ist es ein Ausdruck seiner Angst? Die Soldaten schießen gerade, vor ihren Gewehren wird Pulverdampf sichtbar. Der General links bricht zusammen. Der Kaiser und der zweite General stehen noch.

Schauplatz der Szene ist ein Erdboden, der das untere Drittel des Bildes einnimmt. Er stößt an eine hohe graue Mauer. Über ihr sind das Grün der Zypressen, ein Streifen freier Landschaft und Zuschauer zu sehen.

Immer wieder wird Manets Erschießungsbild auf Goyas Bild *Der 3. Mai 1808* zurückgeführt. Seine Komposition scheint Manet tatsächlich von Goyas Gemälde entlehnt zu haben.

Vergleicht man Goyas Bild noch einmal mit Manets Gemälde, so stehen die auf Maximilian schießenden Soldaten eher ungeordnet und in deutlich gelockerter Formation. Sie sind ebenfalls anonym. Was sie tun müssen, geschieht offensichtlich in großer Gelassenheit, die Erschießung scheint eine Sache der Routine zu sein. Der Leiter dieses Erschießungskommandos mit einer roten Kappe, dessen Gesicht sogar gut erkennbar ist, zielt nicht auf die drei Opfer, sondern hält sein Gewehr nach oben gerichtet und lädt es möglicherweise gerade für den Gnadenschuss. Auch er wirkt unbeteiligt.

Sicher werden die Betrachter dieser Bilder zu unterschiedlichen Deutungen kommen. Goya hat zu allem, was er sieht und erlebt, eine eigene, ganz persönliche Sicht, manchmal in großer Leidenschaftlichkeit wie in den beiden Gemälden. Sie fesseln den Betrachter durch die Intensität ihrer Empfindungen, die sie vermitteln. Vor allem durch die expressiven Bilder kommt Persönliches vom Künstler in das Bild. Manets Gemälde zeigt ein Erschießungskommando, das seinen Auftrag offenbar in Gleichmut, ja in Gefühllosigkeit ausübt. Auch ihre drei Opfer stehen gefasst vor ihren Mördern. Könnte ihre Haltung der Gleichgültigkeit des Malers Manet entsprechen, den der Tod des Kaisers relativ unberührt lässt?

Es gibt jedoch auch eine Übereinstimmung in beiden Bildern, die sich, bedingt durch die unterschiedliche Mentalität der beiden Künstler, unterschiedlich deuten lässt. Eine Gemeinsamkeit ist die gesichtslose, anonyme Darstellung der beiden Soldatengruppen. In Goyas Bild könnte das, wie schon gesagt, auch als Zeichen seiner ambivalenten Einstellung interpretiert werden. Manet scheint mit seiner emotionslosen, anonymen Abbildung des Exekutionskommandos aus einer großen inneren wie äußeren Distanz in Anlehnung an Fotografien das Geschehen ganz bewusst zu akzentuieren.

Goyas Opfer zeigen eine den Betrachter erschreckende Emotionalität, eine leidenschaftliche Ergriffenheit voller Entsetzen und Todesangst. Bei Manet sterben die drei Opfer ohne erkennbare Gefühle, Kaiser Maximilian in einer straffen Haltung und mit einem Hut auf seinem Kopf.

In Goyas beiden Gemälden gibt es keine Zuschauer des dramatischen Geschehens. Einzelne Gestalten, die ihren eigenen Tod vor Augen haben, bedecken im Gemälde *Der 3. Mai 1808* ihr Gesicht oder ringen ihre Hände. In Manets Bild dagegen sehen

Zuschauer über die Mauer. Sie sind eine gesichtslose Gruppe von Figuren, die das Geschehen beobachten und dabei teilnahmslos wirken. Sie lassen kein Entsetzen erkennen. Nur eine Person hält sich ihre Ohren zu.

Auch eine politische Parallele fällt sofort ins Auge. Es handelt sich in beiden Darstellungen um Erschießungsszenen nach Aufständen des Volkes. Die Ausstellung der Erschießungsbilder beider Maler wird von ihren jeweiligen Herrschern – Ferdinand VII. und Napoleon III. – verboten, weil sie deren monarchischer Auffassung widersprechen.

Goya hinterlässt ein Werk, in dem er bereits weit vor dem Aufkommen der modernen Psychologie die Urängste und pathologischen Gewaltausbrüche der Menschen zum Gegenstand seiner Kunst macht. Seine Bilder behalten bis in unser Zeitalter hinein, das von nicht enden wollenden Kriegen und Grausamkeiten bestimmt ist, eine unveränderte Aktualität.

Schreckliche und schöne Welt in William Turners Landschaftsbildern

»Wenn ich ein andres Wort für Musik suche, so finde ich immer nur das Wort Venedig.«
Friedrich Nietzsche, Ecce Homo

William Turner (1775–1851) ist einer der großen, vielseitigen Landschaftsmaler seiner Zeit, ein Farbendichter, ein ausgesprochen produktiver Künstler. Er hinterlässt nicht weniger als 267 Skizzenbücher, 19.000 Zeichnungen oder Aquarelle und rund 300 Ölgemälde.

Turners erste Landschaftsgemälde zeigen eine deutliche Abhängigkeit von seinem Vorbild Claude Lorrain (1600–1682), ein Zusammenhang, auf den ich weiter unten noch eingehen werde. In seiner folgenden künstlerischen Arbeitsphase haben schicksalhafte Ereignisse, die bis zum Katastrophenartigen gehen, den Vorrang. Die nächste Arbeitsperiode wird vorwiegend beherrscht von der Auseinandersetzung mit historischen und mythologischen Themen. In seinen späten Werken steht vor allem Venedig als Motiv im Zentrum seiner Kunst. Hier stellt sich uns Turner feinsinniger und empfindsamer als in seinen früheren Arbeitsphasen dar. Durch seine neuartige, vielfach formauflösende Wiedergabe von Lichtwirkungen gehört er zu den Vorläufern der Impressionisten. Er zeigt als erster eine Landschaftsmalerei, welche nicht die Gegenstände unmittelbar darstellt, sondern den Eindruck, den diese unter gewissen Lichtverhältnissen machen. Impressionisten wie Claude Monet lassen sich später von Turners Lichtdarstellungen inspirieren und lösen in ihren Bildern die Gegenstände auch in Farbe auf. Turners Lichtmalerei gibt ihnen die entscheidenden Impulse.

Inhalt und Form von Turners Werken

Darstellungen von Katastrophen

Ich beginne mit einigen frühen Bildern Turners. In den ersten Jahren seiner künstlerischen Arbeit bereist Turner seine eigene Heimat, Süd- und Nordengland, Wales und Schottland. Es entstehen dabei vorwiegend Aquarelle und Graphiken. Seine Hauptreiseziele sind später vor allem die Schweiz, Holland, Deutschland, Österreich, Frankreich und Italien. Er unternimmt auch Reisen die Flüsse Europas entlang, wie den Rhein, die Mosel oder die Donau.

Das Bild *Pier in Calais (mit französischen Poissards, die ausfahren wollen: Ankunft eines englischen Paketbootes)* (1803) mit seinen entfesselten Naturgewalten und dunklen Wolken hat Turner vermutlich aus eigenen Erlebnissen bei der Landung in Calais auf seiner ersten Reise zum Kontinent gestaltet. Das Gemälde stellt uns die Gewalt eines aufkommenden Sturms und der tobenden Wassermassen so unmittelbar vor Augen, dass wir uns geradezu in die Wirbel hineingezogen fühlen. Turners Kritiker sind einerseits von der technischen Brillanz und von der Bewegung der Elemente beeindruckt und verwirrt, andererseits durch die scheinbare Unfertigkeit des Bildes schockiert.

Auch das Seestück *Der Schiffbruch* (1805) ist eins der ersten großen Gemälde Turners. Hier bemühen sich Fischerboote, die Besatzung zu retten. Auch in diesem Bild spiegeln sich wohl Erlebnisse eigener Seereisen Turners wider. Die Kompositionen mit den wilden, wirbelnden Strudeln bringen eine völlig neue Unmittelbarkeit in die Darstellung, sie machen manchen Betrachter schwindeln und lassen ihn den Boden unter den Füßen verlieren.

Der Künstler fühlt sich ebenfalls zu den Bergen hingezogen. Seine Bilder mit diesem Motiv zeigen ein auf den Augenblick gebrachtes Drama. Für seine Inszenierungen braucht Turner meist wenig Personen. Ihm genügen die Naturgewalten, die auf ihn eine magische Anziehung ausüben. Er reduziert das Drama auf den Kampf von Licht und Dunkel, auf den Widerstreit der Elemente Nebel und Schnee, Regen und Sturm. Ich meine, letztlich geht es dabei um den Kampf von Leben und Tod. Hilflos scheinen die Menschen den erschreckenden Naturgewalten preisgegeben.

1802 bereist Turner zum ersten Mal den Kontinent, vor allem die Schweiz mit ihrer grandiosen Bergwelt. Ein Motiv, mit dem er sich in mehreren Arbeiten intensiv befasst und das besonders geeignet scheint, die bedrohliche Erhabenheit der Berge zu zeigen, ist das des Abgrunds und der Schlucht.

In dem Bild *Die Teufelsbrücke am St. Gotthard* (um 1803) schaut rechts im Bild ein Soldat schaudernd in die Tiefe, während ein anderer wie ein Seiltänzer zur Überquerung der Brücke ansetzt. Ohne Geländer führt die Brücke über die tiefe Schlucht, durch die sich das reißende Wasser seinen Weg bahnt. Dunkle Wolken kündigen Regen oder Gewitter an. Das Bedrohliche und gleichzeitig Faszinierende der Natur ist hier ins Bild gesetzt. Der Betrachter scheint über der dunklen Tiefe zu schweben wie ein über der Schlucht schwebender Vogel.

Das Bild *Niedergang einer Lawine in Graubünden* – auch unter dem Titel *Von einer Lawine zerstörte Hütte* (1810, Abb. 19) – ist ein düsteres, schreckliches Bild mit einem verheerenden Schneesturm und niederstürzenden Felsen. Die Schneemassen haben Felsbrocken gelöst, einer davon wird durch die Luft geschleudert, der größte wird soeben über eine Hütte gewälzt, die gleich unter ihm wie eine Holzschachtel zusammenbrechen wird. Die Darstellung wirkt gewaltsam, weil ein blindes Naturgeschehen vorgeführt wird. Turner lässt jegliche Figuren weg und macht nur den Betrachter zum geborgenen Zuschauer. Mit geradezu beängstigender Direktheit vermittelt dieses Gemälde die zerstörende Kraft der Lawine. Wahrscheinlich wird Turner durch einen Zeitungsbericht auf das tragische Ereignis der Lawinenkatastrophe 1808 aufmerksam, das davon berichtet, dass eine Berghütte mit ihren Bewohnern verschüttet wurde und alle Bewohner ums Leben kamen.

Unmittelbar auf der Reise über die Alpen entsteht 1829 ein Aquarell mit dem Titel *Die Herrschaften Reisenden bei ihrer Rückkehr aus Italien (mit der Postkutsche) in einer Schneewehe auf dem Mont Tarare, am 22. Januar 1829* (Abb. 20).

Turners Kutsche erleidet einen Unfall im Schnee nahe Grenoble. In einem Brief vom 16. Februar 1829 schildert Turner die Reise seinem Freund Eastlake: »So war ich bald durch und durch nass, bis die Postkutsche in einem Graben landete und 6 Ochsen nötig waren, […] um sie herauszuziehen.« Und weiter heißt es nach dem Umsteigen in einen anderen Wagen: »Wir biwakierten drei Stunden im Schnee am Mont Tarare an Feuern, die drei Stunden lang brennen mussten, während die Postkutsche aufgerichtet und ausgegraben wurde« (zit. nach Wilton, 2006, S. 146). In einer eigentümlichen Verbindung bringt Turner in diesem Bild die Kälte des Schnees und die Unwirtlichkeit der eisigen Alpenlandschaft in Kontrast zur Glut des Feuers, an dem sich die Reisenden wärmen. Angeblich hat sich der Maler in der Gestalt des mit dem Rücken zum Betrachter sitzenden Mannes mit Hut selbst im Bild verewigt, gleichermaßen als Betroffener, Beobachter und Darsteller der Szene.

Offensichtlich fesselt es Turner auch in späteren Jahren, Katastrophen zu schildern. Den Höhepunkt seiner Faszination von stürmischen Meeresszenen wie seine Beschäftigung mit dem Motiv des Dampfschiffs stellt ohne Zweifel das Ölbild mit dem Titel *Schneesturm – ein Dampfschiff vor einer Hafeneinfahrt gibt Signale in einer Untiefe und bewegt sich nach dem Lot. Der Autor befand sich in diesem Sturm in der Nacht, als die Ariel aus Harwich auslief* (1842, Abb. 21). Turner betitelt seine Gemälde häufig mit langen Erklärungen. Dieses Bild zeigt den stark gefühlsbetonten Künstler von seiner leidenschaftlichsten Seite. Dem Betrachter wird ein Strudel tobender Energie dargeboten, eine Darstellung dessen, was es heißt, auf See in einen Sturm – noch dazu in einen Schneesturm – zu geraten. Kaum ist das Schiff noch zu erkennen in dem sich drehenden Wirbel schmutzig-grau, graugrün und graubraun hingestrichener Farbe der Naturgewalten. Die Welt verliert ihren sicheren Grund, die Gegenstände verlieren ihr greifbares Material.

Das Gemälde stellt die gesamte Fläche wie durchwühlt vom Wechsel großer dunkler und heller Massen dar. Nur zur Bildmitte hin erscheint ein leichtes Hellblau – wie ein kurzer Blick auf das aufreißende Gewölk am Himmel. Den hellsten Akzent bildet die weiße Mittelfläche, die von dem nach links gebogenen Mast durchschnitten wird: Es ist ein Schneeschauer, der in den für Augenblicke durchbrechenden Sonnenstrahlen aufleuchtet. Auf ein Boot verweist nur ein vager, dunkler Umriss. Strudelförmig sich im Kreis drehend, sind Wasser, Schnee und Dampf zu einer einheitlichen atmosphärischen Erscheinung verschmolzen. Die Wildheit des Geschehens ist in der ungestümen Art der Pinselführung zu spüren. Zwischen den Gegensätzen von Abstraktion und gegenständlicher Darstellung, von Beobachtung und innerer Vision versucht Turner, ein Gleichgewicht herzustellen. Hier gelingt es ihm mit größtem Erfolg. Angeblich veranlasst er die Seeleute, ihn an den Mast zu binden, damit er die stürmische See beobachten könne. Er soll – wie Odysseus, allerdings aus einem anderen Grund – vier Stunden lang angebunden gewesen sein und erwartete nicht, mit dem Leben davonzukommen.

Dieses Bild stößt auf heftige Kritik. Mit seiner Darstellung gibt der Maler alle Muster einer traditionellen Komposition auf und überfordert damit das Vorstellungsvermögen seiner Zeitgenossen vollkommen.

Turner sucht offenbar die Katastrophen und Sensationen in der Natur. Er ist jedoch kein Berichterstatter, er bleibt ein Visionär. Wenn er ein Naturereignis auf die Leinwand überträgt, geschieht das nie mit beschreibenden Mitteln. Sein visuelles Gedächtnis bewahrt den Gesamteindruck des Geschehens. Details sind ihm unwichtig und bleiben verschwommen, sie lösen sich auf.

Zu diesen Gemälden fallen einem verschiedene Überlegungen ein, und dem Betrachter stellen sich manche Fragen: Weshalb malt Turner Katastrophen? Warum wird das Reisen sein entscheidendes Motiv? Sucht er die tödlichen Gefahren, die er gleichzeitig fürchtet? Es wäre das Thema der Bedrohung des Menschen durch die Natur, das malerisch dargestellt wird, durch Lawinenkatastrophen, durch extreme Wetterbedingungen in den Bergen oder auf Schiffen in stürmischer See. Turner könnte die äußeren Erscheinungen der Naturgewalten als malerische Umsetzung seiner eigenen Todesängste erkennen lassen, als seine Ängste vor Vernichtung oder als Gedanken an den Tod seiner 1804 verstorbenen Mutter. Turners Reisebilder, die sich entweder durch die fast völlige Abwesenheit von menschlichen Figuren oder durch das Auftreten von Menschen in Massen auszeichnen, tragen dazu bei, eine Bindungshemmung bei dem Künstler zu erahnen.

Die Ängste, die Turner auf seinen Reisen erlebt, haben vermutlich ihre Wurzeln in seiner frühkindlichen Vergangenheit, und seine künstlerische Darstellung von lebensgefährlichen Katastrophen könnte auch der Bewältigung schwerer persönlicher Konfliktsituationen dienen. Sigmund Freud führt den Begriff »frühkindliche Gefahr- und Angstsituationen« ein (Freud, 1926/1968,

S. 111 ff.), die sich in den verschiedenen Lebensphasen verändern. Er bestätigt die Wichtigkeit des Phantasie- oder des Realitätsgehalts, der die Angst verstehbar macht. Melanie Klein eignet sich Freuds Bezeichnung »frühe Angstsituationen« an und konzentriert sich, Freud folgend, auf den Inhalt der Angst (Klein, 1946, S. 101 ff.). Nach ihrer Auffassung könnte es entweder um eine depressive Angst vor dem Verlust eines Liebesobjekts gehen oder um die Angst vor dem Angriff eines verfolgenden Objekts. Diese Angst wird als Furcht vor Vernichtung empfunden, als Furcht, von einem unkontrollierbaren, überwältigenden Objekt zerstört zu werden. Turner könnte also in manchen Bildern Katastrophen darstellen, die ihm in früher Kindheit und auch noch als Erwachsener in unterschiedlicher Gestalt widerfahren sind. In ihnen mag oft eine Verfolgungsangst verborgen und gleichzeitig dargestellt sein, eine Angst, die mit seiner Beziehung zu seiner Mutter zusammenhängen könnte. Ich komme darauf zurück.

Themen aus Geschichte und Mythologie

Zwischen den Jahren 1810 und 1835 bestimmen die Darstellungen der europäischen Landschaft Turners Schaffen. 1817 reist er erneut zum Kontinent. 50 Aquarelle entstehen allein von der Rheinlandschaft.

Turner malt hier das Bild Schneesturm: *Hannibal überquert mit seinem Heer die Alpen* (1812, Abb. 22). Dieses Gemälde mit seinem historischen Thema stellt den Höhepunkt von Turners Auseinandersetzung mit den Alpen dar. Über einige verstreute Felsblöcke hinweg öffnet sich der Blick auf einen Talboden, von dem aus sich nach rechts und zur Mitte hin steile Berghänge erheben. Dichte Wolken verdunkeln den Ort. Die Sonne im Hintergrund, niedrig und blass, ist von dichtem Schneetreiben getrübt. Schemenhaft ist der Zug der Karthager rechts unten und ganz links angedeutet. Vorne rechts wehrt eine männliche Gestalt einen Krieger ab, der seinen Dolch gegen eine zusammengebrochene Frau erhoben hat. In dieser kleinen Bildszene könnte sich eine Ambivalenz des Malers in der Beziehung zu einer Frau als ein geheimes Hauptmotiv des Bildes ausdrücken.

Einige Gestalten liegen erschöpft am Boden, einige sind in der

Tiefe zu Tode gekommen. Das zentrale Geschehen auf diesem Bild ist nicht das Heer, sondern der schreckliche, verheerende Schneesturm. Auch dieses Gemälde lässt ähnlich wie andere seiner Bilder Todesgedanken des Malers erkennen. Die Details des ziehenden Heeres bleiben unklar. Sie gehen in das Geschehen des Schneesturms über.

Schon zwei Jahre später, 1819, bereist Turner zum ersten Mal Italien, ein Land, dem schon von jeher sein Interesse gegolten hatte. Venedig fesselt ihn erst später, im Mittelpunkt seiner Reise steht zunächst Rom. Ein Jahr danach, 1820, malt er ein Bild, das mit seiner Vielschichtigkeit keinen Vorläufer in Turners Kunst besitzt.

Es ist eine öffentliche Äußerung persönlicher Gefühle. Turner widmet das Bild Rom und Raffael. Sein Titel ist: *Rom vom Vatikan aus gesehen. Raffael bereitet in Gesellschaft der Fornarina seine Malereien zur Dekoration der Loggia vor* (Abb. 23). Raffael war 1520, also 300 Jahre vorher gestorben. Im April würde Raffaels 300. Todestag begangen werden. Im April ist aber auch Turner geboren. Beide Künstler haben also den gleichen Geburts- und Todesmonat. Raffael hatte 1515 begonnen, für Papst Leo X. die Loggia des Vatikans mit Fresken auszugestalten. Diese Szene stellt Turner als Erinnerung an Raffael in seinem monumentalen Gemälde von 177 x 335,5 cm dar. Raffael lehnt hier an der Brüstung, neben ihm die Fornarina, seine legendäre Geliebte aus Trastevere. Links stehen zwei Bilder an der Mauer – wahrscheinlich ist mindestens ein Gemälde, und zwar das Landschaftsgemälde, von Turner, denn Raffael hat nie ein Landschaftsbild gemalt, außerdem ist ein Madonnenbild von Raffael zu sehen. Selbstbewusst scheint Turner den Auftritt von Raffael mit der Fornarina zur Selbstdarstellung zu nutzen. Turner ist wie auch Raffael unverheiratet geblieben, beide sind aber den Frauen sehr zugetan. Turner könnte mit Raffael in seinem Gemälde nicht nur den berühmten Künstler meinen. Das Bild mag auch eine Gleichsetzung von ihm und Raffael bedeuten. Turner möchte vielleicht mit seinem Bild Raffael ehren und gleichzeitig auf sich selbst verweisen.

Das Gemälde *Rom vom Vatikan aus gesehen* wird von den meisten Kunstkritikern gelobt und findet schnell einen Käufer. Auch das Bild *Hannibal überquert mit seinem Heer die Alpen* findet große Anerkennung. Bis zum Ende von Turners Leben hält jedoch auch ein Gegeneinander von begeisterten und bösartigen Kritiken seiner Bilder an. Zuletzt will niemand mehr seine Gemälde verstehen. Eine Ausnahme ist John Ruskin, von dem noch zu sprechen sein wird.

Bei dem Bild *Regulus bricht von Rom auf* (1828) geht es um das Unglück der Blindheit. Das Gemälde gehört in Turners Zyklus der Geschichte von Karthago. Der römische Feldherr Regulus, der von den Karthagern gefangen genommen worden ist, wird nach Rom zurückgesandt, um Friedensverhandlungen einzuleiten. Das Thema des Gemäldes ist der Moment der Wiedereinschiffung nach Karthago in der Gewissheit, dass Regulus seiner Verweigerung zur Friedensverhandlung wegen dort umgebracht wird. Zu seiner Strafe gehört auch das Abschneiden der Augenlider. Man darf annehmen, dass das blendende, zerstörerische Gleißen des Sonnenlichts in dem Gemälde dieses Schicksal gleichsam vorwegnimmt. Das Licht dieser Szene wird zu einer Intensität gesteigert, als wolle es auch den vor dem Bild stehenden Betrachter blenden.

Weitere Gemälde von Turner sind von überschwänglicher Phantasie geprägt. Eines ist *Blendung des Polyphem* (1829). Der Mythos besagt, dass Odysseus bei seiner Fahrt auf den Riesen Polyphem trifft, der ihn und seine Gefährten in größte Lebensgefahr bringt. In seiner Not macht Odysseus ihn betrunken, sticht einen Pfahl in sein einziges Auge und verspottet nach gelungener Flucht Polyphem in seiner Blindheit. Die gewaltige Gestalt des Riesen hebt sich im Bild nur wenig von seiner Umgebung ab oder verschwindet fast in ihr. Deckt man seinen Kopf versuchsweise ab, so ist sein Körper kaum noch zu sehen. Schulter und Hüfte des Riesen erweisen sich als eine felsige Bergspitze hinter dem Schiff. Die Gefährten des Odysseus beobachten von der Takelung ihres Schiffes aus ihr schmerzverzerrtes Opfer.

Dieses Bild lässt sich mehrfach deuten. Muss Turner die Katastrophe der Blindheit in seinen Werken festhalten, um seiner eigenen Angst zu entgehen, sein Augenlicht zu verlieren? Eine zweite Deutung könnte sein, dass Turner die Blindheit der Kritiker verspottet, die seine Kunst verhöhnen. Eine dritte Deutung betrifft Turners zahlreiche Reisen durch Europa. Erlebt er sie zum Teil auch als ihn ängstigende Irrfahrten, wie der Mythos des Odysseus sich auf dessen Irrfahrten gründet? Odysseus wird von Homer als kleinwüchsig beschrieben und als gehemmt, wenn er öffentlich reden musste. Ebenso kleinwüchsig ist Turners Gestalt, ebenso gehemmt sein Verhalten in seinen Vorlesungen in der Royal Academy. Obwohl nicht beweisbar, lässt das Gemälde an eine Identifizierung Turners mit Odysseus denken.

Eine Vorbildfigur für Turner ist der Aeneas des Vergil als eine der zahlreichen mythologischen Bildgestalten. Dieses Motiv hat Turner mehrfach dargestellt. Turner verehrt die antike Sagengestalt Aeneas und dessen Liebe zu seinem Vater Anchises, den er, auf den Schultern tragend, aus dem brennenden Troja rettet. Auf seinen Irrfahrten gelangt Aeneas zur Königin Dido, die Karthago aufgebaut hatte. Er verlässt sie jedoch, weil er die Pflicht, Rom zu gründen, über seine private Leidenschaft stellt. In diesen Eigenschaften erkennt Turner wohl seine Liebe zu seinem Vater und sein eigenes Pflichtgefühl wieder.

Während Turner in seinen meist frühen Bildern schreckliche Ereignisse, denen er auf seinen Reisen ausgesetzt war, in düsteren Farben schildert, stellt er in späteren Werken, in Metaphern und Legenden verkleidet, seine persönlichen Gefühle und sein künstlerisches Selbstverständnis dar. Die Bilder lassen sich als Schlüsselbilder deuten mit einer verborgenen Übereinstimmung mit mythologischen oder historischen Gestalten. Durch sie mag Turner vielleicht darstellen, was er sonst verschweigt: zum Beispiel die katastrophale Angst zu erblinden wie Polyphem oder Regulus oder Vernichtungsphantasien, die bei Hannibals Überquerung der Alpen durch einen Mordversuch an einer Frau zum Ausdruck kommen. Könnte Turner dabei an seine eigene Mutter denken? Aeneas zeigt die Liebe eines Sohnes zu seinem Vater; die Darstellungen von Raffael oder Canaletto – auf ihn gehe ich gleich noch ein – lassen den Wunsch des Malers nach einer ebenso großen Begabung erkennen.

Der Betrachter fühlt mit dem Künstler seine Einsamkeit, wenn dieser seine Ängste durch seine Malerei zu bannen sucht. Turner hat eine »düstere Seele«, so formuliert es David d'Angers (zit. nach Schmied, 2004, S. 65). Dem Betrachter ist es jedoch möglich, die Katastrophen, die auch ihn ergreifen, von Ferne zu betrachten und seine eigene Furcht durch die Kunst des Malers aufzufangen.

Die Bilder irritieren offenbar die Kritiker, die Turners Bilder als »Verrücktheit« und Turner als einen »Irren« bezeichnen.

Venedig als Motiv

Turners erste Reise 1819 nach Italien verändert ihn und seine Kunst in vielerlei Hinsicht. Mit seinen späten Aquarellen und Gemälden von Venedig hat er Anteil an dem großen, im 19. Jahrhundert stattfindenden Prozess der Verselbständigung der Farbe. Er gibt die gegenständliche Malerei immer mehr auf und malt Bilder zunehmend abstrakt in einer für seine Generation einzigartigen Art, in denen Gegenstände nur bedingt erkennbar sind.

Turner betreibt auch immer häufiger Lichtstudien, die er in der Aquarell- und in der Ölmalerei verwertet. Das Goldgelb der Sonne verändert seinen Blick auf die Natur. Alles wird in einer überflutenden Gelbfärbung gemalt. Turner entdeckt jetzt auch die »Stimmungslandschaft«, das heißt den Eindruck, den das Landschaftsbild auf den Betrachter macht. Die Stimmung hängt bei Turner mehr von Form, Farbe oder Licht ab, weniger von den Gegenständen des Bildes. Er malt als erster die Landschaftsmalerei, welche nicht die Gegenstände selbst, sondern ihren Eindruck unter bestimmten Verhältnissen von Licht, Farbe und Formen darstellt.

Die Eindrücke von Venedig hält Turner in zahlreichen Aquarellen fest. Er erkennt in der speziellen Technik der Aquarellmalerei eine Anregung für die Ölmalerei und schafft dadurch einen neuen Stil. Diese Neuerung als stärkere Abwendung von der gegenständlichen Malweise findet jedoch in der Öffentlichkeit nicht gleich den gewünschten Anklang.

Venedig wird für Turner zum eigentlichen künstlerischen Italienerlebnis. Ein Besuch dieser Stadt bringt für ihn eine Hinwendung zu größerer Farbigkeit und zum strahlenden Licht. Der Schleier seines verschönernden Lichts verklärt ihm die Wirklichkeit. Venedig scheint auf ihn zu wirken wie ein erträumtes Paradies.

Während Turner bei den Seebildern oder bei den Darstellungen von Schneestürmen in den Bergen schon Anfang der 1830er Jahre zu weitgehend abstrakten Farbkompositionen gekommen war, ist es in Venedig das überwältigende Licht, das zum eigentlichen Bildinhalt wird. Erst die späteren Venedig-Bilder sind ganz von der Farbe her konzipiert und meist in sehr hellen Tönen, in Weiß, Gelb und Blau gehalten. Turner kommt so im Spätwerk zu einer äußersten Steigerung der ihm eigenen Malerei. Auch in seinen Aquarellen aus der Lagunenstadt geht er deutlich über die eher konventionelle Form hinaus: Ganz stark tritt immer mehr die Farbe in den Vordergrund, zum Teil entstehen reine Farbstudien, die so gut wie jeder Gegenständlichkeit entbehren.

Seine beiden letzten Italienreisen in der ersten Hälfte der 1830er Jahre und 1840 führen William Turner nur noch nach Venedig. Vor allem in seinen späten Bildern stellt der Betrachter fest, dass das Licht Venedigs es dem Künstler angetan hat. Sein spätes künstlerisches Werk bildet damit einen starken Kontrast zu seinen frühen dunkelfarbigen Katastrophenbildern.

Im Folgenden möchte ich die späten Venedig-Bilder genauer betrachten. Turner, dessen erste Werke schon von Claude Lorrain (1600–1682) beeinflusst waren, sieht Italiens Licht jetzt mit dessen Augen. Turners Bilder wirken wie eine Art Idealkonkurrenz mit dem berühmten, fast 200 Jahre früher verstorbenen Maler Lorrain.

Zwei von dessen Gemälden möchte ich beschreiben. Bei dem Bild *Hafen bei untergehender Sonne* (1639) wird der Blick des Betrachters von der tiefstehenden Sonne über dem Horizont angezogen. Als einer der Ersten wagt es Lorrain, den direkten Blick in die tiefstehende Sonne zu malen. Die Fassaden und Schiffsmasten treten wie Kulissen zur Seite, um den Blick zum Horizont freizugeben. Personengruppen beleben den Vordergrund.

Beim nächsten Bild von Lorrain, *Seehafen bei aufgehender Sonne*, spiegelt sich die Sonne im Wasser. Der zarte Morgendunst durchdringt den gesamten Bildraum. Der Betrachter schaut direkt in die aufgehende Sonne und wird doch nicht geblendet. Gar nicht selten sehen wir die Sonne in diesen Bildern, die aufgehende und die untergehende. Die Erfahrung des Lichts ist für Lorrain von besonderer Bedeutung. In seinen Bildern erscheint es wie ein schimmernder Dunst. Durch die ihm eigene Behandlung des Lichts betont Lorrain den emotionalen Charakter seiner Landschaftsbilder. Dieses Gestaltungsmittel hat vor ihm noch kein Künstler benutzt. Es macht ihn in ganz Europa berühmt. Auch William Turner will diesen Lichteffekt der Sonne erreichen. Man fragt sich, ob er Claude Lorrain nicht nur bewundert, sondern seine Bildsprache auch imitiert. Er verfügt in seinem

Testament, dass ein eigenes Bild von ihm in der National Gallery neben einem Gemälde von Lorrain hängen solle. Man kann es bis heute dort sehen.

Turner findet jetzt das Licht, das er immer gesucht hatte, das Sonnenlicht des Mittelmeeres, ein Gegenstück zum leicht grauen Licht Englands. Seine frühen Licht- und Farbstudien weisen voraus auf die Aquarelle der 1830er und 1840er Jahre, in denen die genaue Wiedergabe von dargestellten Gebäuden kaum noch eine Rolle spielt. Licht, Luft, Wasserspiegelungen und Dunst sind die Elemente, die Turner immer stärker interessieren. Wasser und Himmel nehmen immer mehr Raum in seinen Blättern ein.

In Venedig bevorzugt Turner heitere und häufig nur knapp skizzierte Sujets. Im Kontrast zu den frühen schreckenerregenden Bildern zeigen die Venedig-Bilder eine unvergleichliche Schönheit. In ihnen wird deutlich, welchen eigenständigen Wert Licht und Farbe für Turner gewonnen haben. Ausgehend von der ihn umgebenden Welt der greifbaren Dinge erreicht er eine Freiheit im Umgang mit der Farbe, die es ihm erlaubt, ihr den Vorrang vor den Gegenständen einzuräumen.

In seinen früheren Darstellungen von Venedig fängt Turner weniger die Stadt ein, sondern legt vielmehr den Schwerpunkt auf die besondere Atmosphäre. Diese Bilder stehen in auffallendem Gegensatz zu den späten Venedig-Ansichten, die die Stadt vom Wasser aus zeigen.

Turner besucht Venedig insgesamt dreimal (1819, 1833 und 1840). Sein Verständnis für Lichtwirkungen wird durch die Zeit, die er in Italien und vor allem in Venedig verbringt, deutlich gesteigert. Das kennzeichnet den Beginn seiner letzten und zugleich bedeutendsten künstlerischen Phase. Verschiedene Bilder sind unter Vernachlässigung architektonischer Einzelheiten ganz dem Studium von Licht, Wasserspiegelungen und atmosphärischen Stimmungen gewidmet. Auch Boote und Menschen erscheinen undeutlich, eher als Sinnestäuschung denn als Realität.

Als erstes Gemälde entsteht 1833 *Seufzerbrücke. Palazzo Ducale und Dogana. Venedig: Canaletto beim Malen* (Abb. 24). Es ist auffällig, dass die Seufzerbrücke an erster Stelle genannt wird, obgleich sie im Bild selbst nur eine untergeordnete Rolle spielt. Die Seufzerbrücke ist eines der beliebtesten Motive der Venedig-

Bilder. Turner spielt hier auf Canaletto an, den venezianischen Vedutenmaler Antonio Canale (1697–1768), der links am Ufer an seiner Staffelei zu erkennen ist. Als früher Vertreter des Klassizismus spezialisiert sich dieser in seiner Malerei auf die topographisch genaue Wiedergabe des Stadtbildes und ist zu seinen Lebzeiten für seine akkuraten und detailliert ausgearbeiteten Stadtansichten berühmt. Turners Gemälde sind ein Gegensatz zu denen Canalettos und gleichzeitig eine Huldigung an ihn.

Die Stadtsilhouette erscheint blassrosa und hellgelb. Kräftige Farben liegen nur auf den Schiffen in der schattigen Zone des Vordergrunds. Trotz dieser zahlreichen Schiffe empfindet der Betrachter keine Betriebsamkeit. Auch wenn die Boote und was auf ihnen zu sehen ist nicht völlig unbelebt sind, kontrastiert die geringe menschliche Aktivität auf dem Bild doch mit der Vorstellung von Venedig als bedeutender Handelsstadt.

Die Paläste und Gebäude spiegeln sich im Wasser, sie sind rosa, weiß, die Boote braun, der Himmel blau. Nur ein Gondoliere bewegt sich mit seinem Boot auf dem Wasser. Sonst kennzeichnen Stille und fehlende Lebendigkeit die Stimmung des Bildes, das nichts mit den exakt gemalten Veduten Canalettos gemeinsam hat. Licht in der Verbindung mit den Farben bildet die typische Turner'sche Atmosphäre des Bildes.

Ein weiteres Bild, das Turner unter diesem Eindruck malt, ist das Gemälde *Venedig vom Portikus Madonna della Salute aus gesehen* (1835, Abb. 25 und Buchcover). Die Stufen von Madonna della Salute zur Rechten sind der Standort, von dem aus die Szene zur Linken eingefangen wird.

Turner ist klug genug, auch konventionelle Bilder zu malen, um die Balance mit der Kritik an seinen Bildern zu wahren und sein Einkommen zu verbessern. Im Gegensatz zu diesem Gemälde fällt zum Beispiel die Darstellung *Annäherung an Venedig* auf (1844), die über die früheren Bilder hinausgeht und sich stärker von der topographischen Realität löst. Venedig scheint sich hier in seinem Glanz aufzulösen.

Ein Aquarell mit einem Venedig-Motiv ist das Bild *Venedig: Blick nach Norden vom Hotel Europa aus, mit den Türmen von San Marco, San Moise, Santo Stefano* (Abb. 26). Es entsteht bei Turners letztem Venedig-Besuch im Verlauf der langen Europareise von 1840, die eine Reihe exquisiter Bilder bringt. Viele entstehen von seinem Hotel aus, dem Hotel »Europa«. Turner schildert die Stadt mit meisterhafter Virtuosität in einem Spektrum atmosphärischer Stimmungen. Dieses Aquarell zeigt einen Blick über die Dächer Venedigs vom Hotel aus mit Turners Verwendung leuchtender Gelb-, Blau- und Rosa-Töne als seinem charakteristischen Merkmal. Es könnte die lichterfüllte Darstellung eines Sonnenuntergangs oder die eines Sonnenaufgangs sein. Von dieser Zeit an triumphieren in seinen Werken die lichtvollen Farbstudien so vollständig, dass sich alles in ihrem Leuchten auflöst. John Constable (1776–1837), ebenfalls ein bekannter Landschaftsmaler in jener Zeit, formuliert es so: »Späte Turners sind wie mit getöntem Dampf gemalt« (zit. nach Beckett, 1995, S. 266).

Das Aquarell *Venedig: Einfahrt in den Canal Grande aus der Ferne gesehen* von 1840 setzt sich aus blauen, roten und hellgrünen Farbflecken zusammen, aus denen die schemenhafte Architektur der Stadt hervorscheint. Es ist Abend, und die Umrisse der Dogana und der Santa Maria della Salute an der Mündung verschwimmen schwerelos im leuchtenden Dunst. Assoziationen zu Himmel, Wasser und Sonne sind zwar gegeben, aber auf eine dem natürlichen Motiv entrückte Weise; dennoch ist gerade in diesem Bild die besondere Atmosphäre Venedigs gegenwärtig. Turner will auch hier Licht und Atmosphäre als ein abstraktes Farbspiel erfassen.

Die Aquarelle können als selbständige Arbeiten verstanden werden, vielleicht auch nur als Ausgangspunkte für Gemälde. Sie mobilisieren Turners Phantasie. In seinen Bildern bleiben immer Unschärfe, Uneindeutiges oder Vieldeutiges. Turner malt nicht das zeitgenössische Venedig mit seinen verfallenden Palästen. Während in den früheren Katastrophenbildern eine schreckliche Welt gezeigt wird, soll in den Venedig-Bildern umgekehrt nur die Schönheit der Stadt in einer abstrakten Form festgehalten werden.

Turners längster Venedig-Besuch beginnt im Jahr 1840. Er verbringt etwa zwei Wochen damit, die Stadt und die Lagune in jedem Licht und zu allen Tages- und Nachtzeiten zu zeichnen. Einige Zeichnungen werden zu Ölgemälden ausgearbeitet.

In dem Ölgemälde *Venedig, Seufzerbrücke* (1840, Abb. 27) dominieren wuchtige Architekturfassaden. Links liegt der Dogenpalast, während rechts von ihm das Gefängnis zu sehen ist, das durch die passend getaufte Seufzerbrücke mit ihm verbunden ist. Oben stehen Gebäude, unten führen Treppen zum Wasser. In dem vor dem Palast gelegenen Bereich befinden sich nur wenige Boote, während der Raum vor dem Gefängnis nur so von ihnen wimmelt, mit Menschen ohne Gesichter. Den Bereich vor der Seufzerbrücke lässt Turner leer. Er kümmert sich nicht um die Lagune, er konzentriert sich auf den Dogenpalast, auf das benachbarte Gefängnis, auf Menschenansammlungen und Schiffe.

Turners Technik findet sich auch in dem Gemälde *Dogana mit Santa Maria della Salute, Venedig*, datiert 1843. Die Palette wird immer heller, gelbliches Weiß beherrscht die Szenerie. Die Malweise wird immer diffuser und verschwommener. Die Stadt scheint sich in ihrem Glanz aufzulösen und zu verschwinden. Wie diesig das Licht auch sein mag, wie sehr der Himmel auch flimmert, ganz wird die Kuppel von Santa Maria nicht untergehen, denn längst ist sie Teil von Licht und Himmel. Sie wirkt angesichts der Lichtreflexe und der dunstigen Atmosphäre wie eine sich jeden Moment verflüchtigende Luftspiegelung. So zahlreiche Illusionen Venedig wecken mag, die Stadt selbst ist aber Realität, obwohl sie hier im Nebel verschwimmt. Sie wirkt wie das Traumbild einer Stadt zwischen Himmel und Wasser.

Alles, was ich in den vorherigen Bildern herausgearbeitet habe, die Farbe, das Licht, das Atmosphärische überhaupt, die Architektur, die Stadt, das Träumerische, zeigt sich für mich besonders eindrucksvoll in dem Gemälde *Venedig mit Santa Maria della Salute*, entstanden zwischen 1840 und 1845. Dessen Motiv löst sich fast gänzlich in einem Schleier aus weißgelben und bläulichen Farbnebeln auf. Die Kuppel der Kirche ist in ihrem Umriss nur zu ahnen. Das immer stärker werdende Interesse des Malers an Licht, Luft und Atmosphäre nähert die fertigen Bilder einander immer mehr an.

Turner weist den Menschen, die er in seinen Landschaften darstellt, nie eine entscheidende Rolle zu. Er lässt die Figuren mehr und mehr in der dargestellten Landschaft aufgehen. Ein Beispiel ist das Gemälde *Festliche Lagunenszene* (1843). Menschliche Gestalten fahren in Booten der Stadt zu, die vernebelt, verschwommen und unwirklich wie das himmlische Jerusalem in der Ferne liegt. Es gibt kein individuelles, Abstand wahrendes Gegenüber der Menschen. Die Grundfarben Gelb, Rot und Blau sind in einem diese Farben aufhellenden Weiß eingearbeitet.

Umrisse und Formen sind fast völlig aufgelöst in eine atmosphärische Farbmalerei. Wie der Bildtitel sagt, verliert Turner hier nicht den Blick für das Leben der Menschen in Venedig und speziell für dessen Bedeutung als Ort ausgelassener Feste und des Karnevals. Als Individuen scheinen sie den Maler jedoch gar nicht zu interessieren.

Venedig wird für Turner zum eigentlichen Erlebnis. Licht und Atmosphäre werden zum Hauptinhalt der Bilder. Der Betrachter soll die Stimmung der in Lichtmalerei dargestellten architektonischen Einzelheiten in sich aufnehmen. Von dieser Zeit an bis in sein hohes Alter triumphiert in Turners Werken das Licht so vollständig, dass sich alles in seinem Leuchten auflöst. Der Maler sieht in Venedig ein Ideal, das von der Größe des alten Venedig verkörpert wird. Früher eine mächtige, reiche Stadt, die das Mittelmeer und die Handelswege beherrschte, muss Venedig nach und nach alles aufgeben, weil die Türken das östliche Mittelmeer und den Balkan bis in die Nähe Wiens erobern. Die Republik Venedig ist schließlich so schwach, dass sie sich auch nicht gegen Napoleon wehren kann. Turners Beschäftigung mit atmosphärischen Erscheinungen und Lichteffekten verbindet sich hier mit seinem Geschichtsverständnis.

Turner stellt Venedig immer ungegenständlicher dar. Viel ist über diese Undeutlichkeit in seinen Bildern geschrieben worden, und oft wird sein Ausspruch einem Käufer gegenüber zitiert: »Sagen Sie dem Herrn, Undeutlichkeit ist meine Stärke« (zit. nach Schmied, 2004, S. 71). Turner setzt in seinen Darstellungen die Undeutlichkeit als Mittel zur Anregung der Phantasie des Betrachters ganz bewusst ein.

Eines der zauberhaftesten Venedig-Bilder ist das Gemälde *Annäherung an Venedig* (um 1843, Abb. 28). Turner malt es wahrscheinlich bei seinem letzten Aufenthalt in der Stadt. Als Spätwerk geht es über seine früheren Venedig-Bilder hinaus und löst sich sogar noch stärker von der topographischen Realität.

Ich werde zunächst das Bild beschreiben und dann von seinen vielfachen Deutungen einige aufzählen und sie erläutern:
- Dunkelheit zieht auf. Über der untergehenden Sonne hat Turner ein Himmelsgewölbe aus hellem Gelb und Blau geschaffen. Diese Farbakzente des Gemäldes lassen den Eindruck entstehen, dass die Farben des Sonnenuntergangs noch nicht den

Gipfel der Intensität erreicht haben, bevor sie schließlich verblassen. Die Andeutung von Wolken ist leicht über eine glatte Oberfläche hingeworfen, und Turner hat eine wunderbare Übergangsstimmung geschaffen, während der Himmel vom Tag in die Nacht voranschreitet.

– Der Übergang vom Tag zur Nacht meint wohl mehr als nur den Zeitwechsel. Es sind die Tag- und Nachtseiten von Gegenwart und Zukunft, die eine ist noch da, die andere deutet sich schon an. Die Sonne ringt mit der Nacht, die der bereits aufgegangene Mond ankündigt. Sie streiten um den Wechsel vom Diesseits zum Jenseits, um Leben und Tod. In einem schwebenden Zustand verweilen Tag und Nacht im Übergang miteinander.

– Auch hier in der Darstellung der zwischen Himmel und Wasser schwebenden Stadt lässt Turner seine persönlichen Gefühle erkennen: Er wählt seinen Blickpunkt vom Wasser aus, er sieht Venedig aus der Ferne und sucht sich ihm anzunähern, während sich Venedig offenbar immer weiter zurückzieht und unerreichbar wird.

– Der Betrachter fährt mit anderen Booten auf die unwirkliche, verschwommene Stadt zu, die noch etwas von ihrer Helligkeit zeigt und von ihrer Diesseitigkeit, gleichzeitig aber auch etwas von einer sterbenden Stadt hat. Wir erleben die Annäherung an die Stadt Venedig nicht nur mit dem Blick auf die untergehende Sonne, sondern meinen auch leise musikalische Klänge zu hören. Das Bild ist wie eine gemalte Musik. Beide, Malerei und Musik, haben eine emotionale Sprache. Die gefühlshafte Wirkung der Farbe ist unbestritten, sie hat jedoch nie die Evidenz der Musik. Wenn die Farbe in Analogie zum Ton steht, muss sie auch eine ähnliche Wirkung haben. Die harmonischen Bilder in ihrer Farbensprache mit den hellen, mediterranen Farbtönen werden zu Träumen, die sich mit musikalischen Klängen vermischen. Solche Bilder kann man nicht beschreibend malen; man kann sie fühlen, sie sind jedoch äußerst schwer zu erklären.

Turner hat nur Menschen ohne Gesichter und nur mit schwachen Konturen gemalt. Sein Spätwerk dokumentiert auf ergreifende Weise seine bis zum Ende unerschöpfliche Kreativität. Ob er sein Bild Venedig, Morgen, Mittag oder Nacht nennt, ist vollkommen gleichgültig, denn man kann ohne weiteres das eine wie das andere in ihm lesen. Die Abstraktion vom Motiv ist so groß, dass man erst später erkennt, was dargestellt wird.

Bei den späten Bildern wird Turner zu jener Zeit vor allem wegen seiner sich vom Gegenständlichen lösenden Farbkompositionen von der Kritik angefeindet. Nur John Ruskin (1819–1900), britischer Schriftsteller und Kunstkritiker, der das Kunstleben seiner Zeit stark beeinflusst und ein glühender Verehrer von Turners Kunst ist, schreibt 1843, dass das Ziel des großen erfinderischen Landschaftsmalers darin bestehe, nicht das Bild des Ortes selbst, sondern dessen Geist darzustellen und zu erfassen (siehe Wilton, 2006, S. 140). Venedig ist für Turner nicht allein das melancholische Symbol eines vergangenen Ruhmes, sondern eine Stadt, deren ruinöser Zustand dennoch Schönheit und Lebenskraft ausstrahlt.

Abstraktionen

Turner hat so viele stark abstrahierende Bilder gemalt wie keiner seiner Zeitgenossen. Bei diesen Bildern ist die Form nicht mehr wichtig, sondern die ihr innewohnende Dynamik der Natur, zum Beispiel beim Wasser oder bei den Wolken. Turner zeigt nicht einfach mehr einen Gegenstand, den man wiedererkennen kann, sondern den Gegenstand unter dem Aspekt der aller Natur zugehörigen Bewegtheit. Diese kommt zum Ausdruck durch den lebhaften Pinselstrich wie in dem Bild *Schneesturm, ein Dampfer vor der Hafeneinfahrt*, der alles andere in den Hintergrund drängt. Die Akzentuierung der Dynamik führt zur Abstraktion. Sie macht eine Eigenschaft in einem Maße sichtbar, wie wir es sonst nicht erlebt haben. Die Bewegung ist ein Phänomen allen Lebens. Turner erspürt es vor allem im Schneesturm und im Wasser.

Der Grad der Abstraktion ist von Fall zu Fall verschieden und kann so weit reichen, dass sich die Bilder einer gegenständlichen Lesbarkeit vollständig entziehen. Formen, Farben und Linien in Turners Bildern hören auf, Gegenstände darzustellen, und werden im Bild nur noch als Farben und Linien wahrgenommen.

Ein schönes Beispiel ist das frühe Aquarell *Colour Beginning* (1819, Abb. 29). Hier ist die Abstraktion so weit getrieben, dass es selbst bei genauem Hinsehen nur schwer möglich ist, das Dargestellte wirklich zu verstehen. Das Bild hat keine gegenständliche Deutlichkeit, nur eine starke räumliche Wirkung, die allein aus den Farben Blau, Rosa und Braungelb besteht, die in horizontalen Streifen übereinandergelegt sind. Doch je länger man das Bild ansieht, desto verschiedenartigere Konkretisierungen eröffnen sich. Ich sehe den unteren Gelbbraunstreifen als Sandfläche, auf der sich der Betrachter befindet; dahinter zeichnet sich das ferne, offene Meer gegen den helleren Himmel ab. Der Blick wird immer weiter in die Tiefe geführt. Von dem hellen Himmel hebt sich ein dunkler Streifen ab. In einer anderen Deutung dieses Bildes steht der Betrachter auf einer Anhöhe und blickt über ein mit Nebel erfülltes Tal auf das offene Meer.

Von dem umfangreichen Lebenswerk Turners müssen die Farbsymphonien seines Spätwerkes in höchstem Maße irritierend auf seine Zeitgenossen gewirkt haben. Seine Bilder stellen eine Kunst des Ausdrucks dar, die alles Gewohnte unbeachtet lässt. Sie regen die Phantasie des Betrachters an, der die gegenständliche Unklarheit mit eigenen Assoziationen zu kompensieren versucht. Die verschiedenartigen Abstraktionen in Turners Bildern entfalten also ihre Wirkung auf den Betrachter, so dass das visuelle Verstehen des Bildes gehemmt wird. Der Betrachter kann nicht sofort feststellen, was dargestellt wird. Er kann nur versuchen, Motive in ein Bild hineinzusehen.

Biographische Elemente und ihre Deutungen

Zum vertieften Verständnis von Turners Kunst sind einige Kenntnisse über seine frühen Kindheitserfahrungen hilfreich. Turner wird vermutlich am 23. April 1775 in London als Sohn eines Barbiers geboren. Drei Jahre nach ihm kommt seine Schwester auf die Welt. Nach einer Krankheit stirbt sie 1785 im Alter von sieben Jahren. Wahrscheinlich um ihn während Krankheit und Tod der Schwester aus dem Haus zu schaffen, muss Turner, ein zurückgezogener, introvertierter Einzelgänger, vorübergehend 1785 sein Elternhaus verlassen und wird zu seinem Onkel, einem Fleischer, nach Brentford geschickt, wo seine große zeichnerische Begabung erkannt wird.

Turners Leben in seiner Kindheit wird als traumatisch beschrieben. In der engen Wohnung seiner Eltern ist er eingeschränkt und eingesperrt, die Atmosphäre ist unerträglich. Seine Mutter, Tochter eines Fleischers, eine Frau von unbeherrschtem Temperament, neigt zu erschreckenden Wutanfällen und ist zeitweise depressiv. Sie macht ihrer Familie das Leben schwer. Es ist unwahrscheinlich, dass sie ihre Kinder in der frühen Kindheit umsorgen und eine gute, einfühlsame Mutter sein konnte. Der Sohn muss in einem verkrampften Familienleben schwere emotionale Belastungen ausgehalten haben. Die Mutter, wie ihr Sohn William ungewöhnlich klein, wird zunehmend ein Opfer ihrer Gemütskrankheit, die das Zusammenleben mit ihr unzumutbar und schließlich so unmöglich macht, dass man sie in ein »Irrenhaus«, ein Hospital, einliefern muss, wo sie 1804 stirbt. Sie bleibt lebenslang eine innere Last für ihren Sohn, der höchst sensibel und sehr verletzlich bei einer Erwähnung ihrer Person ist. Sein furchtsames Verhalten mag schon früh sowohl durch eine schwierige Beziehung zwischen den Eltern als auch zwischen Mutter und Sohn und der Verfolgungsangst des Kindes vor seiner Mutter erklärt werden. Eine ständig ihn beunruhigende Vorstellung ist die Angst, er könne etwas von dem reizbaren Wesen seiner Mutter geerbt haben. Er bewahrt stets eine emotionale Verteidigungshaltung, solange er nicht absolut sicher ist, dass er Menschen vertrauen kann. Wann immer ein Kritiker seine Bilder als »mad«, verrückt, bezeichnet, trifft ihn das schlimmer als alle anderen Formulierungen.

Der Einfluss des Vaters ist umso stärker, als Turners Mutter nur wenig Respekt beanspruchen kann. Der Vater ist stolz auf seinen Sohn. Er, der in seinem Beruf als Barbier und Perückenmacher selbst der Verschönerung des Menschen dient, zeigt die Zeichnungen des Zwölf- bis Vierzehnjährigen in der Auslage seines Geschäftes und verkauft sie auch. Seinen Kunden erklärt er: »Mein Sohn wird ein Maler.« Er unterlässt nichts, um ihn zu fördern. Er ist zum Glück der Mann, der die durch seine psychisch kranke Frau heraufbeschworenen Probleme bewältigen und seinen begabten Sohn in allen künstlerischen Ambitionen unterstützen kann. Er ist angeblich immer fröhlich und hat oft ein Lächeln um den Mund. Sein glückliches Temperament kann die Anfälle seines Sohnes von schlechter oder misstrauischer Stimmung neutralisieren. Die unerschütterliche Treue, die ihm der Vater lebenslang beweist, bindet die beiden in vieler Hinsicht, praktisch und gefühlsmäßig, aneinander. Auch für William Turner senior ist der künstlerische Erfolg seines Sohnes von ausschlaggebender Bedeutung. Ihre enge Beziehung beruht auf gemeinsamen Prioritäten.

Psychoanalytisch ausgedrückt sind bei Turner das gute und das böse Objekt strikt voneinander getrennt; der junge William baut früh eine Spaltung in ein inneres ideales und ein inneres »böses« Objekt als Abwehr gegen seine depressiven und Verfolgungsängste auf (vgl. Klein, 1946, S. 101 ff.). Die Spaltung von einem guten väterlichen und einem bösen mütterlichen Objekt mit ihren destruktiven Impulsen wird auch in Turners künstlerischem Werk sichtbar, vor allem in den Katastrophenbildern und in den sonnigen Bildern von Venedig.

Das wesentliche Paradox seiner Laufbahn sind die gewaltigen Ziele William Turners einerseits und sein bescheidenes und anspruchsloses Leben andererseits. Die beiden kontrastierenden Facetten von Turners Persönlichkeit könnten meines Erachtens durch seine Eltern als seine inneren Objekte vertreten sein: Einerseits ist er fleißig und auf Erfolg erpicht, andererseits ein exzentrischer Eigenbrötler.

Von 1789 bis 1793 ist Turner Schüler der Royal Academy, er beginnt eine Ausbildung als Zeichner und erlernt die Regeln der Perspektive. 1799 verlässt er endgültig das elterliche Haus und zieht in einen anderen Stadtteil Londons. 1804 eröffnet er eine eigene Galerie. 1807 wird er zum Professor für Perspektive an der Royal Academy ernannt.

William Turner könnte eine Resilienz aufweisen, das heißt eine Widerstandsfähigkeit und eine psychische Stärke, mit der er trotz widriger Bedingungen und traumatischer Erlebnisse in der Kindheit keine pathologische Entwicklung zeigt, sondern bei seiner kreativen Begabung sich kontinuierlich entwickelt und ein erfolgreicher Künstler wird. Er schafft dies durch seine gute Beziehung zu seinem Vater als einem liebevollen Objekt, das er als Kind in sich aufnimmt (vgl. Mächtlinger, 2008).

Turner verbringt einen großen Teil seines Arbeitslebens auf Reisen durch Europa und hält zahlreiche Motive in seinen Skizzenbüchern fest. 1819 reist er nach Italien und nach Rom, wo er ein Bild malt, das er Raffael widmet. In dem Bild *Blendung des Polyphem* geht es, wie gesagt, vielleicht um eine Identifizierung Turners mit Odysseus. Turner hat Angst vor eigenen Irrfahrten, wie er sie von Odysseus kennt. Beide erleben ähnliche Fahrten auf See. Sein Selbstbewusstsein und seine Zielstrebigkeit sind jedoch außerordentlich, ebenso seine hohe Begabung und die Überzeugung, das zu können, was er anstrebt.

In seinen späten Jahren wird über einen zunehmenden Alkoholmissbrauch berichtet. 1851 klagt Turner über Herzbeschwerden und stirbt am 19. Dezember 1851 mit 76 Jahren in London.

Exkurs: Claude Lorrain, ein künstlerisches Vorbild William Turners

Biographische Details

Über Claude Lorrains Leben (1600–1682) wissen wir nur sehr wenig. Schriftliche Selbstzeugnisse fehlen ganz. Sein erster Biograph ist der Frankfurter Maler Joachim von Sandrart, der in Rom mit Lorrain befreundet ist. Er berichtet später (Sandrart, 1675, 2. Teil, 3. Buch, S. 311, zit. nach Bergmann, 1999, S. 90), dass Claude Gellée in einer kinderreichen armen Bauernfamilie in Lothringen zur Welt kommt. In der Schule lernt er schlecht, so gibt man ihn zu einem Pastetenbäcker in die Lehre. Nach dem frühen Tod der Eltern geht er zu seinem älteren Bruder, einem Intarsienschnitzer, und lernt bei ihm das Ornamentzeichnen. Als Zwölfjähriger kommt er nach Rom in das Haus und in die Werkstatt des Malers Agostino Tassi. Ein Versuch, wieder in der Heimat zu arbeiten, verläuft nicht glücklich, und so kehrt Claude 1627, also mit inzwischen 27 Jahren, nach Rom zurück, das er nicht mehr verlässt. Er macht sich nun als Maler selbständig und nennt sich Claude Lorrain. Seine Bilder finden Gefallen, er wird zum reichen Landschaftsmaler, lebt aber zurückgezogen, ganz seiner Arbeit und dem Studium der römischen Landschaft hingegeben. Wie kein anderer zeichnet er die Schönheit, Heiterkeit und Vielgestaltigkeit der Landschaft um Rom. Lorrain entwickelt sich in Italien zum bedeutendsten französischen Landschaftsmaler des 17. Jahrhunderts. Er heiratet nie, nimmt aber ein Adoptivkind,

Agnese, in sein Haus auf. Sein Bruder sorgt für sein Hauswesen. Claude Lorrain stirbt 1682 in Rom.

Lorrains Bildsprache

Welche Wirkung haben Lorrrains Bilder? Wenn wir seinen Namen hören, so steigen Vorstellungen in uns auf von paradiesisch schönen Landschaften mit großen, hochgewachsenen Bäumen, dunstigen Fernen oder von Meereshäfen mit leicht gekräuselten Wellen und prächtigen Gebäuden. Der Umfang des Lorrain'schen Schaffens in Gegenständen und Motiven ist nicht groß. Er malt sein Leben lang nur Landschaften. Es ist die italienische Landschaft, die Lorrain malt, genauer gesagt, die Landschaft um Rom. Es fehlt vor allem an großen Gegensätzen und Spannungen, an allem stark Bewegten und Stürmischen. Bei Lorrains Bildern gibt es keine Ausbrüche der Leidenschaft, kein Bekenntnis zu Abgründen. Dennoch kann man ihm keine Eintönigkeit, keinen Mangel an Phantasie und keine zu geringe Erfindungsgabe vorwerfen.

Lorrain beginnt mit dem Malen der Ferne und des Mittelgrundes. Der Vordergrund wird häufig frei gelassen. Alles Bedeutsame wird an den Rand geräumt. Das Gegenständliche beherrscht seine Malerei. Lorrain ist mehr durch seine Begabung als durch seine ungenügende Schulung ein einsamer Künstler. Seine Welt ist friedlich. Alles löst sich in Ruhe auf. Hinter seinen Bildern ahnt man aber das Unendliche.

Lorrain steht für sich. Er bildet keine Schule, hat aber Nachahmer, die ihn zu imitieren versuchen. Den gutmütigen Lorrain scheinen Betrüger auf harte Proben zu stellen. Seine Bilder werden schon früh kopiert und nachgeahmt. Um sich gegen Unredlichkeit zu schützen, beginnt Claude Lorrain um 1636 ein Bildgedächtnisbuch zu führen, sein »Liber Veritatis«. Es ist wohl das erste Œuvre-Verzeichnis eines Malers, von dem wir wissen. In ihm hält Lorrain die Kompositionen der Bilder nachträglich als Zeichnungen zum Schutz vor Fälschungen fest. In diesem Album sind von 1637 bis zu seinem Tod 200 Blätter, also praktisch alle seine Gemälde gezeichnet.

Lorrain ist seiner besonderen Begabung wie seinen künstlerischen Absichten nach ein Landschaftsmaler, und die Jahrhunderte nach ihm haben ihn als den größten Meister in diesem Fach gefeiert. Sein Thema scheint jeweils nur eine Beigabe zur Landschaft zu sein. Er ist kein geschickter Figurenmaler. Einmal soll er scherzhaft gesagt haben, er verkaufe nur die Landschaften, die Figuren darin gebe er kostenlos dazu.

Lorrain idealisiert die Natur. Dadurch erscheinen seine Landschaftsbilder so ruhig und oft geradezu majestätisch. Sie zeigen einen beglückenden Frieden. Seine Gemälde werden in Rom gemalt, während bei uns in Deutschland der Dreißigjährige Krieg wütet.

Licht und Farbe

Lorrains Bilder sind von Licht und Sonne geradezu erfüllt; sein meisterhafter Umgang mit dem Licht bringt auch die Fassaden Roms zum Leuchten. Der Maler steht früh auf und arbeitet bis zum Sonnenuntergang, um die Lichtstimmungen genau festhalten zu können.

Das Wunder in seinen Bildern neben dem des Lichts ist das der Farbe. Lorrain wagt sich in die Umgebung Roms, um »nach dem Leben« zu zeichnen. Lorrain macht vor der Natur Farbskizzen, damit er die Röte des Tages, den Auf- und Untergang der Sonne recht natürlich wiederzugeben lernt. Tatsächlich zeichnen sich seine Bilder durch atmosphärisch gebrochene Lichtwirkungen aus, wie sie niemand vor ihm gemalt hat.

Lorrains dunstige Fernen existieren wirklich. Der Maler hat sie nicht erfunden, sondern ist ganz nah an der Realität geblieben. Seine Landschaften werden vom Glanz des südlichen Lichts durchflutet. Als einer der Ersten wagt er es, den direkten Blick in die tiefstehende Sonne zu malen. Auf allen seinen Bildern kommt das dunstige Morgenlicht von links, das warme Abendlicht von rechts. William Turner bewundert später Lorrains Licht und die Sonne in seinen Bildern. Lorrain bleibt für ihn zeitlebens ein Vorbild, mit dem sich zu messen ihn reizt und das er unentwegt übertreffen will.

Ein Vorbild für Turner könnte das Gemälde *Hafen bei untergehender Sonne* (1639, Abb. 30) von Lorrain sein. Die Fluchtlinien lässt Lorrain im Zentrum des Bildes nahe der Sonne zusammenlaufen. Magisch wird der Blick des Betrachters von der tiefstehenden Sonne über dem Horizont angezogen. Zum ersten Mal erscheint hier in einem von Lorrains Hafenbildern ein Palast – eine Erinnerung an die Villa Medici? Personengruppen beleben den Vordergrund: Zwei Männer schirmen ihre Gesichter gegen die Sonne ab, zwei andere prügeln sich. Einen Kontrast bildet die friedlich wartende Reisegesellschaft. Ein Mann vertreibt sich die Zeit mit Lautenspiel. Schon das 17. Jahrhundert vergleicht die Musik gern mit den Farbklängen der Malkunst. Diesen Vergleich findet man auch bei den späten Werken von William Turner und fragt sich, ob Turner Claude Lorrain auch hier nicht nur bewundert, sondern auch imitiert.

In dem Bild *Seehafen bei aufgehender Sonne* (1674, Abb. 31) schaut der Betrachter direkt in die Sonne. Der zarte Morgendunst mildert das Licht, das dennoch den ganzen Bildraum durchdringt.

Ein weiteres Beispiel für den Einfluss von Lorrain auf William Turner könnte auch die *Italienische Küstenlandschaft im Morgenlicht* (1642) sein. In einer idyllischen Landschaft vor der Meeresküste spielt ein junger Schäfer die Flöte, eine auf einem Felsblock sitzende Hirtin hört ihm zu. Weiter hinten geht ein Mann mit geschultertem Stock über die Brücke, an deren hinterem Ende weitere Figuren zu sehen sind. Man sieht das typische Lorrain'sche Repertoire: Ruinen, große Bäume, Hirsche im Mittelgrund und das klare, weiche Morgenlicht. Lorrains Welt ist ruhig und neigt immer wieder zur Idylle.

Claude Lorrain in seinen Bildern

Philipp Otto Runge beschreibt das besondere Wesen Lorrains: »Er war ein feiner und natürlicher Mann, dessen stilles, zartes Gefühl von dem unsichtbaren Reiz der Harmonie in der Natur durchdrungen war, und der nie ruhete, bis er durch unglaublichen Fleiß die sanfte, schimmernde Zauberey der Luftwürkung über seine Werke ausgebreitet hatte. – Man sieht in dem Bilde von ihm […] die wunderbare Schwebung, die wie ein leichter Geist über den kräftigsten Farben spielt, und die in der blauen Luft sich reiner und glänzender zeigt« (Runge, 1805/1840, S. 57 f.).

Lorrain ist ein harmonischer, bescheidener Mensch, der auf Zurückhaltung und gütigen Vergleich mit anderen bedacht ist. Stundenlang sitzt er in der Natur. Er ist sehr nachdenklich und hat ein intuitives Gespür für biblische und mythologische Themen, die er in einfühlsame bildliche Szenerien umsetzt. Ein eindrucksvolles Beispiel ist das Bild *Küstenlandschaft mit Acis und Galatea* (1657, Dresden). Man erkennt auf diesem Gemälde von rechts nach links die Nereiden, die Gefährtinnen Galateas, die Staffage bleiben. Man erkennt das Vorgebirge über dem Meer und den rötlich schimmernden Ätna. Die Figuren des Acis und der Galatea sind in ihrem Zelt vor dem vollkommen ruhigen, sonnendurchfluteten Meer geborgen. Auf halber Höhe des Hügels rechts ist der kaum bemerkbare einäugige Riese Polyphem sichtbar, der inmitten seiner Herde auf der Flöte spielt. Das Gemälde wird zu allen Zeiten bewundert. Es inspiriert Turner, der es 1835 als Thema übernimmt, das er aber in völlig anderer Weise gestaltet.

Es ist ein ruhiges, stilles Bild, Polyphem ist ein friedlicher Mensch – welch ein Gegensatz zu dem viel späteren Bild von William Turner: *Die Blendung des Polyphem*! Turner hält die Katastrophe von Polyphems Blendung in seinem Bild fest, vielleicht, wie oben schon gesagt, um seiner Angst zu entgehen, sein eigenes Augenlicht zu verlieren. In Lorrains Gemälde spielt dagegen ein friedlicher Polyphem inmitten seiner Herde auf der Flöte. Die beiden Bilder zeigen die entgegengesetzten Charaktere der beiden Maler.

Das Bild *Landschaft mit Flucht nach Ägypten* (1647, Dresden) ist in der Lebensmitte Lorrains gemalt. Das biblische Thema ist in diesem Bild ganz an den Rand gerückt und für Lorrain lediglich ein Anlass, sich mit der Landschaft auseinanderzusetzen. Maria und Joseph sind mit dem Kind auf der Flucht nach Ägypten. Allerdings sind die Fliehenden kaum zu erkennen. Sie verschwinden fast im Waldesdunkel links im Bild. Lorrain hebt das Fluchtthema ins Allgemeine; er vermeidet eine Verdeutlichung und eine Dramatisierung des Geschehens. Es geht ihm um das Hirtenidyll im Vordergrund und um die Schönheit der Natur. Lorrains eigenes Wesen spricht aus jedem seiner Bilder. Auch hier: Welch ein Kontrast zwischen den friedlichen Bildern von Lorrain und den Katastrophenbildern von Turner!

Gemalte Wünsche

In einem letzten Abschnitt meiner Betrachtung von Turners Bildern möchte ich versuchen, mich in die geheime Wunschwelt dieses Künstlers einzufühlen. Wie schon beschrieben, gibt Turner in seinen späten Kunstwerken die gegenständliche Malerei immer mehr auf. In einem in seiner Generation einzigartigen Umfang malt er Bilder, in denen Gegenstände kaum erkennbar sind. Jede Ansicht von Venedig ist von blendendem Sonnenlicht durchflutet. Turner idealisiert die Stadt mit ihrem vollen Licht. Er deckt mit Licht und Farbe die hässlichen Seiten Venedigs zu, denn sie gilt damals als eine vom Verfall gezeichnete Stadt. Es entspricht wohl seiner Persönlichkeit, in konflikthaften Situationen häufig alles Negative durch Idealisierung zu verleugnen. So vermeidet er es auch, den alten und verkommenen Teil der Stadt gestaltend einzubeziehen. In Turners frühen Katastrophenbildern war es ihm dagegen gelungen, das unausgeglichene, pathologische Wesen seiner Mutter als ein »böses« Objekt kreativ zu verarbeiten.

Aus den späten Venedig-Bildern spricht jedoch Turners gemalter Wunsch: über der verfallenden Stadt ihre unvergessliche traumhafte Schönheit, ihren bedeutungsvollen Reichtum und ihre Stärke, wie sie das alte Venedig prägten, wieder sichtbar zu machen. Turner malt Venedig also so, wie er die Stadt sehen will. Er entwirft hier das Traumbild einer zeitlosen, in ein strahlendes, südliches Licht getauchten Stadt zwischen Himmel und Wasser. Er lenkt damit auch die Gefühle des Betrachters in eine ideale Welt.

In dem Bild *Annäherung an Venedig* mag Turner einen nur in farbigen Tönen ausgedrückten Wunsch nach einer lebensfrohen Welt am anderen Ufer des Wassers malerisch darstellen. Der Blick des Malers auf die untergehende Sonne über der fern liegenden Stadt könnte den Betrachter jedoch vermuten lassen, dass in dem Künstler dabei auch ein Jenseitswunsch mit anklingt, obwohl kein direktes Indiz dafür spricht. Turners Bild mit seinem Projektionsraum deutet vielleicht den Wunsch des Malers an, über das hinaus zu gelangen, was er tatsächlich wahrnimmt.

Man könnte vermuten, dass hinter den Bildern von Venedig mit ihrer Lichtgestaltung auch ein Wunschtraum des Künstlers nach einem »guten« menschlichen Objekt verborgen ist, sei es väterlich oder mütterlich. Turner mag sich mit diesem guten Objekt eine harmonische Existenz wünschen mit einem Zustand der Ruhe und der Ausgeglichenheit. Denn er hat immer wieder Angst, wie seine psychisch kranke Mutter als geistesgestört zu gelten, was seine Kritiker ihm bei vielen seiner Bilder vorwerfen.

Turners beispiellose Karriere macht ihn tatsächlich zu einem der berühmtesten Maler Englands. Er bietet zu Lebzeiten ein in mancher Hinsicht rätselhaftes Bild, in seinem künstlerischen Werk wie in seinem Leben, dessen private Seite er der Öffentlichkeit so zu verbergen versteht, dass die späteren Biographen sie mühsam aus Legenden und Anekdoten rekonstruieren müssen.

William Turners schwierigen, konflikthaften Persönlichkeitsanteilen lässt er manifest nach außen keinen Raum. Sie könnten jedoch seinen zeitweiligen Alkoholkonsum erklären. Ich möchte zwei kurze Urteile von Zeitgenossen zitieren, die seinen Charakter beschreiben. John Ruskin schreibt 1840 in sein Tagebuch: »Turner wurde immer als geistlos und vulgär beschrieben. Ich fand in ihm einen etwas exzentrischen und scharfsinnigen, nüchternen Gentleman, offensichtlich gutmütig, offensichtlich reizbar, jedem Schwindel abgeneigt, gewitzt, vielleicht etwas egoistisch, hoch intellektuell« (zit. nach Wilton, 2006, S. 185). Walter Thornbury, ein Biograph Turners, sieht 1861 in ihm »Rechtschaffenheit, Großzügigkeit, Zartheit des Herzens, Hartnäckigkeit und Reizbarkeit« (zit. nach Wilton, 2006, S. 10). Turners Reizbarkeit wird hier von beiden Autoren betont, ebenso seine Gutmütigkeit als die beiden wesentlichen Züge seines Charakters. Vielleicht zeigt sich darin die Verschiedenheit in der Beziehung zu seinen Eltern, zu dem ihn akzeptierenden, liebevollen Vater mit seinem sonnigen Gemüt und der psychisch kranken, völlig unausgeglichenen Mutter.

Venedig war für Turner nicht allein ein melancholisches Symbol vergangenen Ruhms, sondern auch eine Stadt, deren Zustand Schönheit und Lebenskraft ausstrahlt. Alles wirklich Wichtige über den Maler offenbart sich in seinem Werk und ist gleichzeitig darin verborgen. Das Zwiespältige in Turners Wesen, das in seinen idealisierenden Bildern von Venedig vorhanden ist, kommt in den beiden Zitaten zum Ausdruck. Was diesen Künstler vielleicht am meisten charakterisiert, sind die Extreme in seinen Darstellungen der frühen und der späten Bilder: das Schreckliche und das Schöne.

Edvard Munchs *Lebensfries*

Bilder vom Leben, von der Liebe und vom Tod

»Man soll etwas nicht so malen, wie man es sieht,
sondern so, wie man es gesehen hat.«
Edvard Munch (zit. nach Buchhart, 2007, S. 26 f.)

Fries. Motive aus dem modernen Seelenleben, so nennt Edvard Munch die Zusammenstellung einiger seiner Hauptwerke, bevor sie als *Lebensfries* berühmt werden. Die Motive der zwischen 1893 und 1930 entstandenen Gemälde, Pastelle und graphischen Blätter kreisen um die großen menschlichen Tragödien zwischen Eros und Tod. Sie variieren einige Themen der Vorläufer des Expressionismus in einer bis dahin nicht gesehenen psychologischen Direktheit. Munch setzt sich zum Ziel seiner Kunst, das Menschliche, das Lebensgefühl an sich, in den Mittelpunkt zu stellen. Die existentiellen Fragen von Liebe, Sehnsucht und Erfüllung, von Lebensangst, Krankheit und Tod kehren bei ihm immer wieder – überschattet von einer tiefen Melancholie, die in Munchs Œuvre den vorherrschenden Grundton bildet.

Munchs Leben und Werk sind von Krisen und Brüchen begleitet. Um 1900 ist ein Seelenleben modern, das an der Welt, am Leben, an der Liebe, am Selbst leidet. Je intensiver die Künstler der Avantgarde ihr Leiden zur Schau stellen, desto mehr entsprechen sie dem sich neu ausbildenden Ideal des sensiblen Künstlers, der aus dem eigenen Leiden die Inhalte seiner Kunstproduktion schöpft.

Biographischer Überblick

Munchs eigene Lebensgeschichte könnte man in seinem Werk gespiegelt sehen. Er wird am 12. Dezember 1863 als zweites von fünf Kindern auf dem Hof Engelhaugen in der Hedmark in Norwegen geboren. Wenige Monate danach zieht die junge Familie in die Hauptstadt Christiania, seit 1925 Oslo. Edvards Vater Dr. Christian Munch (1817–1899) ist ein tief religiöser Militärarzt, die 20 Jahre jüngere Mutter (1838–1868) stirbt mit 30 Jahren an Tuberkulose, als Edvard fünf Jahre alt ist. Er erlebt mit dem Tod der Mutter sein erstes großes Trauma, dessen spätere Verarbeitung eines der Hauptthemen seiner Kunst wird. Die Erinnerung an dieses Erlebnis seiner frühen Kindheit muss stets in ihm wach gewesen sein: Ein übersensibles Kind ist mit dem Tod konfrontiert worden, der ihm das Wichtigste, die geliebte Mutter, nimmt.

Die Schwester der Mutter, Karen Björstad, übernimmt jetzt den Haushalt. Edvards ein Jahr ältere Schwester Sophie stirbt 1877 im Alter von fünfzehn Jahren als nächstes Familienmitglied an Schwindsucht. Edvard leidet unter dem Unvermögen, ihren Tod aufzuhalten. Diese Traumatisierungen versucht er in einer Reihe von Sterbe- und Todesszenen bildnerisch zu verarbeiten. Sein Leben lang setzt er sich mit den schmerzhaften Erfahrungen in Variationen von Themen wie *Das kranke Kind*, *Am Totenbett* und *Tod im Krankenzimmer* auseinander. Das Gemälde *Das kranke Kind* habe er, so Munch, bis zum letzten Schmerzensschrei durchlebt.

Nach dem Tod seiner Frau wird Edvard Munchs Vater zunehmend depressiv und entwickelt eine krankhafte Religiosität, die an Wahnsinn grenzt, wenn er tagelang im Zimmer auf und ab geht und dabei Gott anruft. In Edvards Überzeugung versäumten es Gott und der Vater, Sophie zu heilen. Aus seiner unversöhnlichen Sicht trifft seinen Vater und seinen Gott gleichermaßen die Schuld an Sophies Tod. Edvards jüngere Schwester Laura entwickelt eine religiöse Übersteigerung, die zu einer Geisteskrankheit wird. Munchs Kindheit überschattet der Tod seiner Mutter, das Ende seiner Schwester Sophie, die Schwermut seines Vaters und seine eigene angegriffene Gesundheit. Edvard ist ein kränkliches Kind, das oft unter Bronchitis und Gelenkrheumatismus leidet. Sein Leben ist gezeichnet von Höhenflügen und Abstürzen seiner Stimmung, die an ein manisch-depressives Krankheitsbild denken lässt. Er entwickelt jetzt vor allem ein Gefühl der Schuld, das man als Überlebensschuld bezeichnen kann, weil Sophie gestorben ist und nicht er, obgleich er ebenso oft krank gewesen ist. Die Kluft zwischen Vater und Sohn vertieft sich zunehmend durch seine eigenen Schuldgefühle und die möglicherweise dem Vater zugewiesene unbewusste Schuld zum Zeitpunkt von Sophies Tod.

Edvard erholt sich von einem Schwindsuchtanfall und wird wieder gesund. Ihm prägt sich nicht das Mitleid seines Vaters am stärksten ein, sondern die menschliche Ohnmacht angesichts einer tödlichen Krankheit. Von den fünf Geschwistern heiratet nur der Bruder Andreas, der wenige Monate nach der Hochzeit ebenfalls stirbt. Die Schuld an seinem Tod trägt, nach der unerschütterlichen Auffassung der Familie, die ungeliebte Ehefrau des Verstorbenen. Das Haus des Vaters ist ein Haus der Krankheit und des Todes. Vor dem Tod der Mutter spielt im Familienkreis Christian Munch ganz die Rolle des liebenden Vaters, aber auch die des gestrengen, gottesfürchtigen Patriarchen. Er erzieht seine Kinder mit Güte und mit eiserner Disziplin, wobei er militärisches Pflichtgefühl und Gehorsam mit einer übermäßigen Gläubigkeit verbindet. Nach dem Tod der Mutter verändert sich der Vater. Er ist nicht länger der liebevolle Beschützer seiner Kinder, der ihnen wunderbare Geschichten erzählt, sondern wird zu einem trübsinnigen, melancholischen Glaubenseiferer, der häufig in gewalttätige Temperamentsausbrüche verfällt.

Es sind die Eindrücke von Krankheit, Tod und Trauer, zu denen Munch in seiner Kunst als Thema immer wieder zurückkehrt. 1879 beginnt er auf Wunsch des Vaters an der technischen Hochschule in Christiania ein Ingenieurstudium, dem er krankheitsbedingt häufig fernbleibt. Er zeigt eine starke Begabung zum Zeichnen und fasst 1880 den Entschluss, Maler zu werden. Ab 1881 besucht er die Königliche Schule für Kunst und Gestaltung in Christiania, wo er als fortgeschrittener Student eingestuft und von zeichnerischen Übungen nach Gipsabgüssen freigestellt wird. Er lernt jetzt das Zeichnen nach dem lebenden Modell. Im Juni 1883 zeigt Munch als Maler zum ersten Mal seine Arbeiten öffentlich. 1885 ist er zu einem Studienaufenthalt in Antwerpen und von 1889 bis 1891 in Paris, wo er auch den Louvre besucht. 1889 erreicht ihn in Paris die Nachricht von dem plötzlichen Tod seines Vaters. Er stürzt in eine tiefe Krise voller Einsamkeit und Melancholie. Am Ende des Jahres entsteht das Gemälde *Nacht in St. Cloud* (1890), das er in mehreren Versionen wiederholt. In diesem Bild steigert sich der Eindruck des Betrachters zu einem Gefühl von Trübsinn und Melancholie. Das Bild zeigt eine einsame Figur in einem kargen, dunklen Interieur auf einem Sofa; diese blickt, in Gedanken versunken, durch das Fenster hinaus auf die Seine. Bläuliches Licht bildet die einzige Beleuchtung, ein Widerschein von Schnee, Wasser und Eis projiziert die Form des Flügelfensters mit dem doppelten Fensterkreuz auf den kahlen Fußboden. Das Bild ist für Munch eine symbolische Darstellung des Todes und der Melancholie als Ausdruck seiner eigenen Schwermut. Der Mann mit Zylinder scheint sich im Dunkel der Nacht aufzulösen. Leere, Finsternis und Kreuzform verweisen auf Tod, Trauer und Einsamkeit.

Zu seiner emotionalen Abkapselung kommt eine künstlerische Isolation hinzu, weil Munch neue Wege in der Kunst versucht und mit völlig neuen Ausdrucksformen experimentiert, die vielleicht Parallelen im französischen Symbolismus finden. Die anderen norwegischen Künstler halten weitgehend am Naturalismus fest. Seine Einsamkeit, jetzt durch Alkoholkonsum noch verstärkt, führt Munch an den Rand eines Nervenzusammenbruchs.

Dann muss er wegen eines weiteren rheumatischen Schubs zwei Monate im Spital verbringen. Im Mai 1890 kehrt er nach Norwegen zurück und setzt seine intensive Tätigkeit der letzten Wochen fort. Wieder vereint mit der Familie, gewinnt er sein altes Selbstvertrauen zurück und verliert seine tiefe Schwermut. 1899 fährt Munch nach Norditalien und Rom, wo er die Kunst der Renaissance studiert.

Im November 1901 zieht Munch nach Berlin. Im Frühjahr 1902 zeigt er dort auf Einladung Max Liebermanns erstmals seine Gemälde in den Räumen der Berliner Secession zu den Themen Liebe, Angst und Tod unter dem Titel *Fries. Darstellung einer Reihe von Lebensbildern*. 1903 stellt er in Leipzig seine Bilder zu einem *Lebensfries* zusammen.

Zwischen 1902 und 1908 verbringt Munch den Winter in Berlin und den Sommer in Norwegen. Von 1909 bis zu seinem Lebensende lebt Munch wieder in Norwegen, wo er endlich einen durchschlagenden Erfolg und große Anerkennung erlebt.

Drei frühe Meisterwerke

Von seinem ersten Hauptwerk, dem vielleicht bedeutendsten Bild, *Das kranke Kind* (1885/86, Abb. 32), existieren insgesamt sechs Fassungen. Kein anderes Motiv beschäftigt Munch mit derart obsessiver Regelmäßigkeit. Dieses erste Meisterwerk kann vom Inhaltlichen hergeleitet werden. Munch malt ein todkrankes Mädchen. Er versucht vermutlich zum ersten Mal, den Tod seiner Schwester Sophie darzustellen, das heißt in einem großen Gemälde biographisch ihn Belastendes zu verarbeiten. Die formale Bewältigung und inhaltliche Durchdringung dieses Sujets könnte für ihn eine Art Befreiung von seiner Melancholie sein, gleichzeitig steht das Werk für alle sterbenden Mädchen, für alle verzweifelten Mütter. Im Miteinander der Figuren fühlt man zugleich die Entrücktheit zweier Menschen an der Schwelle des Todes.

Bestimmte Themen malt Munch immer wieder neu, so auch diese. Das Motiv ist unkonventionell gemalt. Nicht nur die Kritiker, auch die Malerkollegen zeigen Unverständnis und Spott. Alles Anekdotische wird verbannt, um sich ganz auf das Wesen des sterbenskranken Kindes zu konzentrieren. Das kranke Mädchen mit den roten Haaren sitzt im Bett, aufgerichtet durch ein dickes Federkissen, das es im Rücken stützt. Der Kopf ist zur Seite gewendet, wo bei ihm, fast zu seinen Füßen, eine Frau sitzt oder kniet. Es hält den Kopf gesenkt, so dass man sein Gesicht nicht erkennen kann. Die rechte Hand des Kindes liegt erschöpft auf der grünlichen Decke, die die Beine bis zu den Hüften bedeckt. Der Raum ist links begrenzt durch eine Kommode, auf der eine Flasche steht. Ganz im Vordergrund rechts steht auf einem Tischchen ein halb gefülltes Glas. Das Bild wirkt sehr streng. In der scheinbaren Einfachheit dieser Inszenierung zeigt sich Munchs Meisterschaft. Wir begegnen hier einer Raumauffassung, die den Innenraum zum Gefängnis werden lässt.

Als Munch das Gemälde 1886 erstmals öffentlich präsentiert, folgt ein Sturm der Entrüstung. Vom Publikum wird das Bild als »unfertige« Schmiererei kritisiert. In dem Bild spürt man Munchs frühe Auseinandersetzung mit einem neuen Stil. Munch schreibt darüber: »Im ‚Kranken Kind' habe ich neue Wege gefunden, es war ein Durchbruch in meiner Kunst. Das meiste, was ich in späteren Werken zum Ausdruck brachte, wurde mit diesem Bild geboren. Kein Gemälde hat in Norwegen solchen Anstoß erregt. Als ich am Tag der Ausstellung in den Saal kam, in dem das Bild hing, standen die Menschen in Scharen vor dem Bild. Man hörte sie schreien und lachen. – Im Lauf eines Jahres zeichnete ich das Bild viele Male, veränderte es mehrmals, kratzte es weg, und versuchte immer wieder, den ersten Eindruck zu erzielen, die durchsichtige bleiche Haut, den bebenden Mund, die zitternden Hände« (zit. nach Stang, 1979, S. 98).

1889 bekommt Munch ein Staatsstipendium, aufgrund dessen er in den drei darauf folgenden Wintern in Frankreich studieren kann. Die meisten Gemälde dieser Periode sind von einer impressionistischen Formsprache geprägt, mit Monets und Pissaros Kunst als direkten Vorbildern. Munch sieht jedoch ein, dass die Forderung der Impressionisten, den Eindruck des Augenblicks direkt wiederzugeben, im Prinzip nicht möglich ist. Auch der Impressionismus bleibt letztlich eine Kunst der Erinnerung.

Das Kranke Kind stellt den Abschied vom Leben dar. Im Kontrast dazu steht das Bild *Pubertät* von 1893, das den Beginn des Lebens schildert und ein Vorläufer für die Reihe »Erwachende Liebe« ist. Auch dieses Bild behandelt persönlich Erlebtes und ins Allgemeingültige Erhobenes aus der eigenen Familie. Das hochformatige Bild zeigt ein frontal gesehenes scheues, nacktes, halbwüchsiges Mädchen, das in der Bildmitte auf dem Rand eines Bettes sitzt, befangen, mit gekreuzten Armen und weit aufgerissenen, schreckerfüllten Augen. Sie geben eine Ahnung davon, was das Ausgeliefertsein an die erwachende Sexualität für das junge Mädchen bedeutet. Es erwacht zur Frau. Munch vertieft die Stimmung der Angst noch dadurch, dass er einen großen phallusähnlichen Schatten auf die Wand hinter ihr projiziert, der auf unbewusste sexuelle Phantasien verweist. Er könnte auch als Selbstanteil dieses Mädchens verstanden werden, wodurch sich der Schatten selbst zur Figur materialisiert.

Zu dieser Bildbeschreibung passt ein Zitat des polnischen Schriftstellers Stanisław Przybyszewski: »Sie ahnte es; sie verstand es nicht. […] Sie konnte nicht denken, sie fühlte nur den wilden, begehrlichen Schauer durch ihren Körper zucken. Sie stemmte beide Hände zwischen die Knie, beugte sich vornüber und zog die Beine an sich. So saß sie zusammengekauert auf dem Rand des Bettes und horchte mit ängstlichem Schmerz auf das Unbekannte, Furchtbare« (Przybyszewski, 1895, zit. nach Buchhart, 2007, S. 73). Hier wird die problembeladene Entwicklungsphase zwischen Kindheit und Erwachsensein wiedergegeben, die Angst eines Mädchens vor der Zukunft. Es könnte gerade aus einem Alptraum erwacht sein, der im Schatten hinter ihm noch nachklingt.

In Munchs Aufzeichnungen von 1890 ist das Phänomen des Schattens eindringlich beschrieben: »Wenn ich im Mondlicht spazieren gehe – erschrecke ich vor meinem eigenen Schatten – Wenn ich die Lampe angemacht habe, sehe ich plötzlich – meinen enormen Schatten über die halbe Wand bis zur Decke hinauf – Und in dem großen Spiegel über dem Ofen sehe ich mich selbst – mein eigenes Gespenstergesicht. Und ich lebe mit den Toten – meiner Mutter – meiner Schwester – meinem Großvater und meinem Vater – am meisten mit ihm – Alle Erinnerungen, die kleinsten Dinge – steigen auf « (zit. nach Bischoff, 2005, S. 34). Während in dieser Passage der Schatten Ausdruck der erinnerten Vergangenheit mit den selbst erlebten Todesfällen in der Familie ist, könnte die dunkle Form des vergrößerten Körperschattens des jungen Mädchens eine Bedrohung durch befürchtete Todesfälle in der Familie ausdrücken.

Das Gemälde *Der Tag danach* (1894) zeigt ein Mädchen oder eine junge Frau nach einer durchzechten Nacht im Rausch wie leblos auf dem Bett liegend. Was geschehen ist, zeigen die im Bildvordergrund auf einem runden Tisch stehenden Flaschen und Gläser sowie das Bett: Es hat eine Nacht des Alkohols und der sexuellen Aktivitäten gegeben. *Der Tag danach* ist ein Motiv aus dem Leben der sogenannten Christiania-Boheme, einer Bewegung von Studenten, Künstlern und Intellektuellen, die für eine bessere Gesellschaftsordnung kämpfen und gegen die Konventionen des Bürgertums Stellung nehmen. Man tritt für die Gleichheit der Geschlechter ein, was vielleicht auch das Gemälde beweist. Das in hellen Brauntönen gemalte Bild ist konventioneller und sorgfältiger gemalt als das Bild *Pubertät*. Für Munch ist die Boheme-Zeit ein inspirierendes Durchgangsstadium, das er schließlich hinter sich lässt.

Der *Lebensfries*

Bis zum Beginn der 1890er Jahre wird Munch noch als Impressionist eingeordnet. 1891 schreibt sein Freund Emanuel Goldstein, ein dänischer Dichter und Kunsttheoretiker, an Munch: »Ich brauche nur an den Realismus und Naturalismus zu denken, schon wird mir übel. Die Erlösung könnte der Symbolismus bringen, eine künstlerische Richtung, in der der Künstler zum Herrscher über die Realität wird. Der Symbolismus ist die Kunst, die Stimmungen und Gedanken über alles andere stellt und die Wirklichkeit nur als Symbole verwendet […] Gefragt ist nicht länger eine Abbildung äußerer Wirklichkeit, sondern vielmehr eine Verbildlichung dessen, was sich im Innern abspielt. Die auf diese Weise dargestellte Wirklichkeit wird häufig aus Symbolen für Gedanken und Gefühle bestehen« (zit. nach Heller, 1993, S. 42). 1892 schreibt Goldstein dagegen mit teilweise anderen Wertungen: »Der Symbolismus hat sich über die Leichname des Naturalismus und des Impressionismus hinausgewagt und schließt diese vorausgegangenen Richtungen beide in sich. Ohne den Naturalismus und den Impressionismus ist der Symbolismus steril und farblos. Der Naturalismus hat uns gelehrt, mit den Füßen auf dem Boden zu bleiben. Der Impressionismus lehrt uns, dass es mehr Sinn macht, unsere Eindrücke während einer bestimmten Geistesverfassung wiederzugeben. Jetzt wird uns der Symbolismus dabei behilflich sein, eine subjektive Ausdrucksform zu finden. Man sollte sich die Wirklichkeit verbildlichen, die sich im eigenen Innern abspielt« (zit. nach Heller, 1993, S. 45).

Munch hat offenbar eine Form gefunden, sich unabhängig von bestimmten Stilvorstellungen auszudrücken. Das Äußere in seinen Bildern steht für das Innere der Gestalten im Bild, es geht bei Munch ausschließlich um den Ausdruck. Die Idee zu dem sogenannten *Lebensfries* wächst in ihm heran. In seinen Notizen finden sich erste Studien zu diesen Themen. 1888 bis 1889 beginnt er mit ihnen und arbeitet mit Unterbrechungen etwa 30 Jahre lang daran. Es ist sein Versuch, ein alle Bereiche des menschlichen Lebens umfassendes Bild zu malen. Seine Hauptwerke zum *Lebensfries* schafft er in den 1880er und 1890er Jahren – die meisten entstehen in den 1890er Jahren. Bildfindungen wie *Stimme, Kuss, Madonna, Vampir, Der Schrei, Melancholie* – diese

Werke rufen noch heute starke Emotionen hervor. 1902 und 1903 werden erstmals Munchs Bilder in systematischer Folge zu einem *Lebensfries* zusammengestellt. Die genaue, endgültige Zahl der Bilder steht nicht fest, da der Zyklus nie als abgeschlossen erklärt wird. Munch dürfte letztlich mehrere Dutzend Arbeiten dazu gezählt haben. Er stößt darin in die persönlichsten Gefühle der Angst, der Verzweiflung und der Einsamkeit vor. Sechs von den Gemälden vereint er im Dezember 1893 erstmalig in einem Zyklus unter dem Titel *Die Liebe,* der zum Kernstück seines späteren *Lebensfrieses* wird. Die Aufteilung der Ausstellung in vier Wände bewegt Munch zu folgender Themengliederung: »Erwachende Liebe«, »Erblühen und Vergehen der Liebe«, »Angst vor dem Leben« und »Tod«. Zwei Jahre später ist der Zyklus auf 14 Werke angewachsen, die in Berlin ausgestellt werden. Der Maler sieht ein, dass seine Bilder besser zugänglich sind, wenn sie nicht als Einzelwerke betrachtet werden, sondern im Zusammenhang, dass sie dann leichter zu verstehen sind – sie handeln alle von Liebe und Tod.

Noch bevor die Folge von Bildern 1905 in Prag erscheint, findet 1904 in Christiania eine weitere Präsentation statt. Die Auseinandersetzung mit dem Unbewussten, die Erforschung von Seelenzuständen durch die sich gerade von Sigmund Freud als Wissenschaft etablierende Psychoanalyse eröffnet Munch bislang unbekannte Elemente der Selbsterkenntnis von Angst und Einsamkeit.

Erwachende Liebe

Die Hauptthemen des Lebensfrieses möchte ich nun im Einzelnen behandeln.

Das Bild *Die Pubertät* wird, wie gesagt, zum Vorläufer für die Reihe Erwachende Liebe«. Ein Motiv, *Die Stimme* (ca. 1893), bildet dann den Anfang dieser Bildfolge. Das Bild ist Munchs erster Versuch, die Psyche in der Pubertät symbolisch wiederzugeben. Kompositionen wie *Pubertät* oder *Die Stimme* lassen die Gefährdungen der Frau bereits im Mädchen erahnen. Das Thema der Adoleszenz lässt den Maler offenbar nicht mehr los. Innerhalb der *Lebensfries*-Bilder kehrt eine bestimmte Landschaftskonstellation wieder: die Horizontale der Strandlinie, die Vertikalen der Baumstämme und die Mondspiegelung. Munchs erster Biograph, der polnische Schriftsteller Stanisław Przybyszewski, schreibt über eine lockende, rätselhafte Stimme am nächtlichen Strand: »Nun erst wusste ich! Das war die Stimme, die aus den Augen blutete, nach denen ich suchte. Das Meer war es […], die Stimme des Meeres« (zit. nach Schneede, 2005, Nr. 14). Aus diesem Beieinander scheint Munch die verlockende, die anziehende und zugleich todbringende Stimme des Meeres bezogen zu haben; das Mädchen wirkt mit seinem Liebesangebot wie eine Verlockung zum Tod.

Das Bild *Kuss* (1892), das Munch ab 1895 in verschiedenen Fassungen gestaltete, zeigt ein liebendes Menschenpaar. Ihm hat Munch im *Lebensfries* vielleicht den größten Platz eingeräumt. Das Bild gehört fast schon in die nächste Gruppe der Werke. Es ist eine Reduktion und Konzentration der gleichzeitigen Fassung aus der Nationalgalerie in Oslo. Als realistischen Hintergrund kann man eine Abschiedsszene erkennen: Ein Mann küsst eine Frau in einem Raum, der deutliche Ähnlichkeit mit Munchs Zimmer in St. Cloud aufweist. Vor allem die zur Seite gehängte Gardine, der Vorhang und das Fensterkreuz sind aus vielen Skizzen und vor allem aus dem Bild *Nacht in St. Cloud* (1890) gut bekannt. Zwischen der hellblauen Gardine, die das gelbe Licht der hell erleuchteten Straße nur zur Hälfte verdeckt, und der dunkelbraun-roten Wand auf der rechten Seite sieht man ein in seinen Umrissen kaum klar voneinander geschiedenes Paar im Kuss vereint. Die beiden Körper sind wie ein großer, dunkler, steiler Berg vor dem Fenster aufgerichtet. Die beiden Köpfe gehen ineinander über.

In dem Bild überlagern sich mehrere Deutungsebenen: eine Abschiedsszene, vielleicht mit autobiographischem Charakter, die Vereinigung, die dem Betrachter in diesem Augenblick vor Augen geführt wird. Das Verschlingen. Der Liebe ist für Munch immer schon die Zerstörung eingeschrieben. Hart an den Bildrand gedrängt, als wären sie durch ihre Leidenschaft dem Alltag auf der Straße hinter dem großen Fenster entrückt, verschmelzen ihre Körper zur ununterscheidbaren Einheit, während ihre Gesichter zu einer einzigen Form zerfließen. Stanisław Przybyszewski hat das Motiv poetisch beschrieben: »Man sieht zwei Menschengestalten, deren Gesichter ineinander verschmolzen sind.

Es gibt nicht einen einzigen erkennbaren Zug: man sieht nur die Verschmelzungsstelle, die wie ein Riesenohr aussieht und in der Ekstase des Blutes taub wurde« (zit. nach Bischoff, 2005, S. 40).

Der Titel des Bildes *Vampir* (1893/94) scheint den Bildinhalt eindeutig zu klären. Eine Figur saugt einer anderen das Blut aus, der Mann ist das Opfer, die Frau bezieht ihre beherrschende Kraft aus ihm. Die kräftige Verklammerung durch den nackten Arm der Frau hat etwas Einschnürendes und Beängstigendes, aber der Mann sucht auch Anlehnung und Zuflucht. Das Bild zeigt eine Frau, die ihre blutroten Haare und die Arme wie ein erotisches Symbol um den wie betäubt wirkenden Mann schlingt. Munch schreibt 1933: »Es ist in Wirklichkeit nur eine Frau, die den Nacken eines Mannes küsst« (zit. nach Arnold, 1986, S. 50). In dieser rätselhaften, geheimnisvollen Beziehung wird eine Sehnsucht nach Vereinigung und gleichzeitig die Angst vor der zerstörerischen Kraft der Liebe dargestellt. Die starke Ambivalenz springt dem Betrachter ins Auge. Durch den Bildtitel und die Haltung der Figuren wird die Frau als Männerblut saugendes Ungeheuer dargestellt. Ist der Mann das Opfer und begräbt sein Gesicht in den Schoß der Frau? Fühlt er zwei brennende Lippen auf seinem Nacken? Das Verderbliche an der Frau ist für Munch auch die Zurschaustellung ihrer Reize. Liebt sie den Mann oder will sie ihn vernichten? Ich lasse die Fragen offen.

Erblühen und Vergehen der Liebe

Auf der *Lebensfries*-Ausstellung in Leipzig 1903 beginnt die Reihe der Bilder, die vom »Erblühen und Vergehen der Liebe« handeln, mit der *Madonna* (1894/95). Das Bild gehört zu den rätselhaften Gemälden innerhalb der *Lebensfries*-Thematik. Eine Frau gibt sich hin – mit einer leidenden Schönheit. Welche der fünf gemalten Fassungen damals ausgestellt war, lässt sich nicht sagen. Das Gemälde 1893 ist bei seiner ersten öffentlichen Präsentation mit einem Rahmen versehen, der dem Frauenakt durch die auf ihm dargestellten Spermien eine Bedeutung gibt, die auf Empfängnis hinweist. Kompositorisch auffälligstes Merkmal ist der eigentümlich schwebende Zustand, in dem sich der bis zur Scham geneigte nackte Körper befindet. Durch die Armhaltung – der rechte, fast in den Farbtönen versinkende Arm ist hinter den Kopf gelegt, während der linke wie festgebunden hinter der Taille verschwindet – werden Brust und Bauchpartie etwas nach vorne gebogen. Der Schwebezustand zwischen Schlaf und Wachheit, zwischen Liegen und Stehen, zwischen Auftauchen und Versinken, zwischen Zeigen und Verbergen der *Madonna* oder der *Liebenden Frau*, wie sie auch betitelt wird, macht bis heute den Zauber dieser berühmtesten Bilderfindung von Munch aus. Der fast zu einer schmalen Kappe geschrumpfte, leuchtend rote Schein liegt wie eine Gloriole um den Kopf und ist über dem pechschwarzen schulterlangen Haar ein bildbestimmender Farbkontrast.

Außer dem Gemälde *Madonna* schafft Munch drei Lithographien seiner Geliebten, von denen die *Dame mit Brosche* eine seiner schönsten Graphiken überhaupt ist. Verträumt schaut Eva Mudocci, eine Geliebte Munchs, vor sich hin, ihr schönes Gesicht ist von den Ranken ihrer gelösten langen Haare dekorativ umgeben, die weich und wellig über die Schultern fallen. Der Kopf ist leicht gesenkt und die Augenlider halb geschlossen. Sie bleibt bekleidet. Das ganze Augenmerk des Betrachters gilt dem Kopf mit den melancholischen Augen.

Neben die *Madonna* hat Munch in der Leipziger Ausstellung ein Bild gehängt, das in seinem Deutungsspektrum zu den rätselhaftesten innerhalb der *Lebensfries*-Thematik gehört: das Bild *Asche* (1894, Abb. 33), das an der Stirnwand zwischen der *Madonna* und dem *Schrei* in Oslo seinen Platz gefunden hat. Mehr noch als bei anderen Werken Munchs erinnert der Charakter der Szene an eine Bühnenlandschaft. Der wehrlos in unterwürfiger Demutshaltung hockende Mann auf mehreren Bildern Munchs ist wohl ein verborgenes Selbstporträt. Es begegnet uns auch auf dem Bild *Asche*. Während im linken Vordergrund der gebeugte Oberkörper der schwarz gekleideten Männerfigur in verzweifelter, trauernder oder melancholischer Pose kauert, wird das Bildzentrum von der leicht nach rechts gerückten, aufrecht stehenden Frauenfigur besetzt. Die frontal mit geöffnetem Kleid dargestellte Frau ist mit dem abgewendeten, den Kopf angstvoll bergenden Mann durch die aufgelösten Haare verbunden. Die Haarsymbolik vereinigt Mann und Frau. Das teilweise aufgeknöpfte weiße Unterkleid der frontal dem Betrachter zugewandten Frau lässt an seiner Öffnung am Oberkörper das leuchtend helle Rot des

Unterhemdes sichtbar werden. Ihre Hände sind hinter dem Kopf verschränkt. Das lange braunrote Haar fließt rechts und links am Körper herab und geht auf der linken Seite in eine kräftige Linie über, die Kopf, Nacken und Rücken des Mannes einfasst. Ihr Gesicht wirkt erstarrt, die Augen sind weit geöffnet. Der Schauplatz lässt sich als ein nächtlicher Strand beschreiben. Das eigentümlichste Detail ist der beinahe den ganzen unteren Rand ausfüllende Baumstamm, der in eine am linken Bildrand vertikal aufsteigende Rauchsäule übergeht. Munch erklärt den Bildtitel: »Die Alten hatten recht, wenn sie, wie einen Aschenhaufen auf dem Boden liegend, die Liebe mit einer Flamme vergleichen, denn die Liebe hinterlässt, genau wie die Flamme, auch nur einen Haufen Asche. Ich fühlte unsere Liebe wie einen Aschenhaufen auf dem Boden liegend« (zit. nach Arnold, 1986, S. 50).

Dieses Bild stellt also das Verblühen einer Liebe dar. Die Szene am Strand ließe sich auch als scheiternde Liebesbeziehung zweier Menschen deuten, einem verlöschenden Feuer vergleichbar. Kompositorisch entspricht der in Asche übergehende Baumstamm dem Knochenarm auf Munchs berühmtem *Selbstbildnis mit Skelettarm* (1895).

Das monumentale Gemälde *Die Frau in drei Stadien* (um 1894), wird als Hauptwerk des *Lebensfrieses* gesehen und bildet 1902 in Berlin das Zentrum der *Lebensfries*-Wand mit dem Titel »Erblühen und Vergehen der Liebe«. Zwischen düsterem Wald und hellem Meeresstrand stehen drei Frauen: am Wasser die hell gekleidete junge Frau, daneben eine unbekleidete Frau, schließlich die schwarz gewandete Frau, in der sich vielleicht Munchs früh verstorbene Mutter spiegelt. Man erkennt in den drei Frauen nicht das Porträt von drei verschiedenen Frauen, sondern versteht das Bild als Visualisierung von Vorstellungen im Kopf des Mannes über die verschiedenen Existenzweisen der Frau. Die Frau am Wasser links mit dem weißen Kleid entspricht dem Typ der unschuldigen Jungfrau, die, ganz dem Wasser zugewandt, sich dem männlichen Werben entzieht. Ihr wallendes Haar verbindet sich mit den Formen von Meeresufer und Wellen. In der Mitte steht eine große nackte Frau, die die Hände hinter den Kopf hält, die Beine gespreizt hat und den Betrachter ansieht. Direkt neben ihr, jedoch ganz in die Dunkelheit des Waldes zurückweichend, hat Munch die dritte Frau postiert. In ihr könnte man sowohl eine schwarz gekleidete Nonne oder auch die trauernde Schwester Inger oder die früher geliebte Milly Thaulow erkennen. Der glockenförmig die Füße bedeckende dunkle Rock spricht für die Ähnlichkeit mit einer Nonne. Die tief verschatteten Augen geben dem Antlitz das Aussehen einer Toten. Die kräftige schwarze Linie umfasst die Figur wie eine Trauerrahmung. Im letzten Viertel des Gemäldes sieht man eine männliche Figur im Dunkel des Waldes zwischen zwei Bäumen, die wohl an dieser Widersprüchlichkeit und Vielgestaltigkeit der Frauen leidet. Könnte der Maler sich hier selbst dargestellt haben? Der gesenkte Kopf, die vereinfachten Gesichtszüge, die helmartige Haarfrisur nehmen den Männertypus aus dem Bild *Melancholie* wieder auf. Die Schrittstellung des Mannes deutet auf seine Entfernung hin, er wendet sich von den Frauen ab.

Bei der Leipziger Ausstellung hat Munch das eben betrachtete Bild ersetzt durch das inhaltlich eng verwandte Gemälde *Der Tanz des Lebens* (1899/1900). Dieses Bild ist enger mit den Ereignissen in Munchs persönlichem Leben verknüpft als die Bilder der Folge »Die Liebe«. Dieser Deutung kommt eine Beschreibung Munchs entgegen: »[…] in der Mitte das große Gemälde, das ich diesen Sommer malte. Ich tanzte mit meiner ersten Liebe, es war eine Erinnerung an sie« (zit. nach Heller, 1993, S. 105). Herein kommt die lächelnde, blond gelockte Frau. Auf der anderen Seite ist eine Frau in Schwarz gekleidet und schaut in Kummer auf das tanzende Paar. In der linken Bildhälfte schwebt das magische, um nicht zu sagen phallische Symbol der »Mondsäule«. Alle Faktoren unterstützen die Darstellung der Mittelgruppe, in der Munch selbst in den Armen der in Rot gekleideten Frau tanzt und die ganze Aufmerksamkeit des Betrachters auf sich zieht. Mit maskenhaft geschlossenen Augen sind die beiden Menschen in ihr verträumtes Tun versunken. Man kann dieses Bild als ein Hauptwerk der *Lebensfries*-Bilderfolge betrachten. Dazu Munchs eigene Erläuterungen: »Der Fries des Lebens ist als eine Reihe zusammengehörender Bilder gedacht, die zusammen ein Bild des Lebens geben sollen. Durch den ganzen Fries zieht sich die weitgeschweifte Strandlinie, hinter der das ewig bewegte Meer brandet; der Fries wird als ein Gedicht vom Leben, von der Liebe und vom Tod empfunden« (zit. nach Bischoff, 2005, S. 50).

Die Reihe vom »Erblühen und Vergehen der Liebe« schließt

mit dem Bild *Melancholie* (1894/95, Abb. 34), dem ersten symbolistischen Bild der norwegischen Malerei.

In diesem Gemälde ist Munchs Freund Jappe Nilssen dargestellt mit auf der Hand aufgestütztem Kopf, einer typisch melancholischen Haltung. Die sitzende männliche Gestalt, möglicherweise ist sie auch ein verstecktes Selbstporträt Munchs, ist in die rechte Bildhälfte gerückt. Der Blick des Mannes richtet sich über die Felsblöcke hinweg auf das Meer. Nur der schwarz gekleidete Oberkörper und die Hände sind zu sehen.

In einer Bucht liegt ein hellbraunes Boot. Das Ufer scheint sich in einer diagonalen Linie von links unten nach rechts oben zu ziehen. Dahinter wird eine Strandlandschaft sichtbar, deren Felsen, deren Bäume mit einem einzelnen weißen Haus dahinter und Wolkenstreifen darüber in unterschiedlichen Farben die melancholische Verfassung des einsamen Menschen unterstreichen. In der Vereinfachung von Linie, Form und Farbe sucht Munch den intensivsten Ausdruck zu erreichen. Mit der Einheit von Figur und Landschaft ist die bildliche Darstellung eines Seelenzustandes gelungen. Das Bild verkörpert eine neue Kunst, die sich direkt an die Seele des Betrachters wendet und sie mit seiner bewegenden schwermütigen Stimmung erreicht.

Angst vor dem Leben

Von hier aus ist es nur noch ein kleiner Schritt zu einer Reihe von Bildern mit dem Thema »Angst vor dem Leben«. Wie bei *Melancholie* stellt Munch dem Betrachter seine Gestalten meist frontal gegenüber als eine Ausdrucksform für Isolation und Einsamkeit. Zwischen 1892 und 1894 entstehen Werke, die sich mit Angst und Verzweiflung auseinandersetzen. Die dem Betrachter entgegenkommenden Passanten haben weit aufgerissene Augen, sind als Schemen charakterisiert. Auf dem Bild *Abend auf der Karl-Johann-Straße* (1892) zeigt Munch den zentralen Boulevard in Christiania als Schauplatz für sein Drama von Einsamkeit, Angst und Entfremdung. Dadurch, dass Munch die vorderen Personen des Menschenstromes, der dem Betrachter entgegenfließt, vom unteren Bildrand teils in Brust, teils in Taillenhöhe abschneidet, erzeugt er den Eindruck einer bedrängenden Nähe. Munch lässt hier die bürgerliche Gesellschaft auftreten: die Männer in Zylindern, die Frauen in eleganten Hüten. Ihre Gesichter sind trotz der weit aufgerissenen Augen verschlossen. Drei hochformatige Fenster sind direkt über dem Zylinder des Mannes mit dem Gesichtsausdruck eines Totenschädels zu sehen. Das Bild verkörpert das angstvolle Gefühl der unüberwindlichen Bedrohung des Einzelnen durch die vordrängenden anonymen Menschenmassen. Wir erkennen die einzelne Rückenfigur, die allein auf der leeren Fahrbahn an dem Strom vorbei, genauer: gegen den Strom geht. Ihre Bedeutung ist leicht zu erraten; Tagebuchnotizen Munchs bestätigen unsere Vermutung: »Alle die Vorübergehenden sahen ihn so eigenartig und seltsam an, und er spürte, dass sie ihn so ansahen – ihn anstarrten – alle diese Gesichter – bleich im Abendlicht – er wollte einen Gedanken festhalten, aber es gelang ihm nicht – er hatte das Gefühl, in seinem Kopf sei nichts als Leere – und dann versuchte er, seinen Blick auf ein hoch oben liegendes Fenster zu heften – und wieder kamen ihm die Vorübergehenden dazwischen – er zitterte am ganzen Leib, der Schweiß brach aus ihm aus« (zit. nach Bischoff, 2005, S. 53).

1893 malt Munch sein berühmtes Bild *Der Schrei* (Abb. 35), von dem außer der Hauptfassung von 1893 über 50 weitere Versionen existieren. Munch dreht die Figur von der Landschaft weg und wendet sie dem Betrachter zu. In die Mitte des Bildes gerückt, erhebt die Figur im Vordergrund ihre Hände zum Kopf, während in dem weit geöffneten Mund und den aufgerissenen Augen ein extremer Schockzustand zum Ausdruck kommt. Man sieht den Menschen in seiner Angst und Einsamkeit innerhalb einer Natur, die nicht tröstet, sondern den Schrei auffängt und über die weite Bucht hinweg gewissermaßen bis in den blutigroten Himmel weiter trägt. Die verzweifelte Gestalt ist ein geschlechtsloses, gespensterhaftes Menschenwesen, das in der unteren mittleren Bildhälfte steht, dem Betrachter frontal gegenüber. Aus seinem Totenkopfgesicht dringt ein panischer Schrei. Man kann ihn nicht hören, aber man kann den geöffneten Mund sehen. In diesem Bild als einem Gemälde personifizierter Lebensangst erfährt der Ausdruck von Gefühlszuständen eine höchste Steigerung. Auffallend ist die Diagonale, die von rechts unten nach links oben mit dem Brückengeländer geführt wird. Auch wenn die parallel sich nach oben verjüngenden und in eine Straße übergehenden Farblinien auf dem Boden des Stegs und die Konturen der Geländerbalken den Eindruck eines Tiefensogs vermitteln, so haben sie doch keinesfalls die Dynamik und Gewalt der in die Tiefe rasenden Striche des *Schreis*.

Munch hat in seinem Tagebuch weitere Notizen hinterlassen: »Ich ging mit zwei Freunden die Straße hinunter. Die Sonne ging unter. Der Himmel verwandelte sich in ein blutiges Rot. Und ich fühlte einen Hauch von Schwermut. Ich blieb stehen, lehnte mich, todmüde, an das Geländer. Über dem schwarzblauen Fjord und über der Stadt liegt der Himmel wie Blut. Meine Freunde gehen weiter und ich stehe allein, bebend vor Angst. Ich fühlte ein großes, endloses Geschrei, das durch die Natur hallte« (zit. nach Bischoff, 2005, S. 53). Zu einer 1895 geschaffene Lithographie mit diesem Motiv schreibt Munch auf Deutsch: »Geschrei. Ich fühlte das große Geschrei durch die Natur.« Im Hintergrund drücken die beiden Freunde Munchs eine starre Ruhe aus, die in scharfem Kontrast zur Erregung der Vordergrundfigur steht. Auf dem Ölgemälde von 1893 haben die Figur und die Landschaft jetzt eine mit braunen Streifen durchsetzte blaugrüne Tönung. Auch der Himmel besteht aus wogenden, grellroten und gelben Streifen, die mit fahlem Blau durchsetzt sind. Es gibt keine Unterscheidung zwischen Landschaft, Himmel und Figur. Alles scheint miteinander verschmolzen.

Der Schrei ist Munchs ausdrucksstärkstes und damit zu Recht berühmtestes Werk. Eine solche Übereinstimmung von Form und Inhalt wird von späteren deutschen Expressionisten selten erreicht. Die Umwelt ist hier Spiegel des Psychischen, die Farbgestaltung der Landschaft drückt die innere Landschaft aus. Innen und Außen sind ungetrennt. Die äußere Welt und das innere Erleben hängen zusammen. Dieses Werk kann nur aus eigenem Erleben, aus Munchs persönlicher Existenzangst heraus gestaltet worden sein.

1892, nachdem er Weihnachten gefeiert hat, versucht Munch, in einem Werk mit dem Titel *Verzweiflung* sein inneres Erleben in Farbe umzusetzen. Auf einer diagonal nach links oben führenden Brücke steht ein an das Geländer seitlich zu sehender Mann mit Hut – Munch selbst –, er wird vom Mittelgrund in den Vordergrund gerückt und starrt mit leerem Gesicht auf eine Fjordlandschaft. Der Steg als Symbol der Ausweglosigkeit und Verzweiflung ist von Munch häufig dargestellt worden, man denke nur an das Bild *Angst* (1894), das den Tiefensog der Landschaft und den bedrohlichen Himmel in dem Bild *Schrei* wiederholt. Dieses gibt die Stimmung völliger Verlassenheit wieder, wenn der Tag schwindet und einen in Blut verwandelten Himmel sowie eine Landschaft zurücklässt, die sich in bodenlose Leere verwandelt hat. Munch gelingt es, die feinsten Seelenvorgänge darzustellen, die der Betrachter mit ihm in schmerzhafter Weise empfindet.

1893 entsteht das Gemälde *Der Sturm*. Es hat einen realen Hintergrund. Jens Thiis, der damalige Direktor der Nationalgalerie in Oslo, berichtet von einem schrecklichen Sturm, der in Aasgaardstrand gewütet hat. Die Szene spielt am Meer. Aus naturalistischen Bestandteilen (Sturm, Frauengruppe und Haus) formt der Künstler ein neues Bild: wieder eine Seelenlandschaft. Die Anzeichen eines Sturmes sind auf die Personen und den sich dramatisch nach links biegenden Baum vor der festlich erleuchteten Strandvilla konzentriert. Das große Haus bildet den sicheren Ort, aus dem soeben einige Frauengestalten hervorgetreten sind. Sie gehen auf die Mole zu. Aus dieser Gruppe hat sich eine Frau in weißem Kleid gelöst. Ebenso wie die anderen Frauen hat sie, vergleichbar der Hauptfigur im Gemälde *Der Schrei,* die Hände auf die Ohren gelegt, um das Geheul des Sturmes nicht hören zu müssen. Ist es eine Braut? Deuten die hellen Fenster auf ein Hochzeitsfest? Aus dem Bild wird es nicht klar. Absichtlich hat Munch den ganzen Vorgang ins Dunkel der Nacht gehüllt. Die Gestalten sollen nicht vortreten, ihre Mienen sollen nicht sprechen: Der Sturm und seine gewaltige Natursprache sind das Wesentliche. Die Hände sollen nicht nur den Lärm des tobenden Windes dämpfen. Die Gruppe veranschaulicht zugleich den inneren Druck, die psychische Verfassung einer Gesellschaft, die zum Explodieren gespannt ist. Das heißt, der Sturm spielt sich auch im Haus und in den einzelnen Menschen ab, gleichsam draußen und im Innern der Personen. Es ist ein extrem angsterregendes Bild. Die Frau in ihrem weißen Kleid fühlt das Geschrei durch den Sturm und psychisch durch ihre Isolation. Sie steht, leicht aus der Mitte gerückt, im Zentrum des Bildes.

Tod

Die letzte Reihe, das Schlussthema des *Lebensfrieses,* ist dem Tod vorbehalten. In Berlin hatte Munch unter diesem Thema die Gemälde *Todeskampf, Sterbezimmer, Tod, Leben und Tod, Der Tod und das Kind* ausgestellt, in Leipzig ein Jahr später sind es nur die drei Bilder *Tod im Krankenzimmer, Am Sterbebett* und *Tote Mutter und Kind.*

Mit dem Bild *Am Sterbebett* (1895) hat Munch direkt an sein frühes Meisterwerk *Das kranke Kind* (1886) angeschlossen. Jedoch ist nicht mehr die Kranke selbst Gegenstand der Darstellung. Im Mittelpunkt stehen vielmehr die aus einer schwarzen Farbzone mit ihren Köpfen und Händen hell hervortretenden Familienmitglieder. Indem Munch das Krankenbett in sehr flacher, perspektivisch verkürzter Aufsicht wiedergibt, macht er den Betrachter zum unmittelbaren Zeugen, ja Besucher im Sterbezimmer. Der fahle Bettkasten steht unter dem kräftigen Rotbraun der Wandbemalung. Rechts drängt der dunkle Schatten des Todes, aus dem sich nur die hellen Antlitze der Angehörigen abheben, an das Bett der Kranken heran. Die Identität der Personen ist nur angedeutet. Dennoch erkennt man deutlich den inbrünstig betenden Vater. Der Künstler selbst könnte neben dem Vater stehen. Ob mit den Frauenfiguren die Tante Karen Bjølstad, die Munchs wichtigste Stütze geworden ist bei der Entscheidung, Maler zu werden, oder im Hintergrund die Schwestern Inger oder Laura gemeint sind, lässt sich nicht mit Sicherheit feststellen.

1893 wird Munchs dritte Berliner Ausstellung eröffnet. Sie besteht aus sechs Bildern, die er eine Studie über »Die Liebe« nennt. Der Betrachter sieht darunter ein großes neues Bild: *Tod im Krankenzimmer* (1895, Abb. 36). Das Bild zeigt die quälende Enge des von der Außenwelt abgeschlossenen Krankenzimmers. Hier ist noch einmal das Sterben Sophies verarbeitet. Dieser Tod ist eine Visualisierung des Seelenzustandes der Überlebenden. Der Korbsessel mit sehr hoher Rückenlehne verbirgt den Blick auf die tote Person. Deutlich sind die Schwestern Laura (sitzend) und Inger (stehend) zu erkennen. Während der Künstler sich selbst im Hintergrund von der Szene abwendet, stehen der Vater und die Tante um den Lehnstuhl herum. Die männliche Rückenfigur könnte den Bruder Andreas zum Vorbild haben. Das Bild hat Munch zeitlebens behalten. Das Motiv des Todes findet hier Eingang in seine Kunst.

Das Motiv findet sich auch in verschiedenen anderen, späteren Bildern seiner Ausstellungen. Das Bild *Tote Mutter und Kind* (1897/99, Abb. 37) erinnert noch einmal an den frühen Tod der eigenen Mutter, den Edvard und seine ein Jahr ältere Schwester Sophie 1868 zu erleiden hatten. Hinter dem horizontal ins Bild gestellten Bett erkennt man fünf erwachsene Familienmitglieder, die ihre Hilflosigkeit dem Tod gegenüber in verhaltenen und nervösen Gesten, durch Hin-und-Her-Laufen in gebeugter Stellung, sichtbar werden lassen. Nur das Kind, die sechsjährige Sophie, steht im Vordergrund vor dem Bett der Mutter, es sieht den Betrachter an und hält sich die Hände an die Ohren, um den stillen, aber schmerzenden Schrei des Todes abzuwehren. Das Mädchen steht in vertikaler Stellung vor dem horizontal ausgestreckten Leichnam seiner Mutter und reicht mit seinem Oberkörper in die grünblaue, dunkle Zone des Todes. Wie in kaum einem anderen Bild Munchs sind hier Tod und Leben miteinander verbunden. Das Bild berührt durch das ihn ansehende Kind den Betrachter ganz unmittelbar.

Um die Jahrhundertwende will Munch den Fries vollenden. Sein *Lebensfries* wird nie ein vollständiger, einheitlicher Zyklus, sondern bleibt eine Folge von verschiedenen, thematisch verbundenen Bildern. Durch die vergleichsweise große Zahl der dazugehörenden Werke ist seine geschlossene Präsentation in einer besonderen Räumlichkeit von Beginn an unwahrscheinlich. Nach der Präsentation von Munchs Hauptwerk in Berlin und Leipzig – man kann gewissermaßen den *Lebensfries* als Munchs »Lebenswerk« bezeichnen – gibt es noch weitere Ausstellungen dieser Bilderfolge in Kopenhagen, Christiania und Prag in wechselnder Zusammenstellung, also in nicht festgelegter Folge. Sein Hauptziel, den *Lebensfries* an einen eigens dafür bestimmten Ort auf Dauer einzurichten, hat Munch nicht erreicht. Heute ist der *Lebensfries* hauptsächlich auf drei große norwegische Munch-Sammlungen verteilt.

Ein Leben mit Ängsten

Die familiären Geschehnisse in Kindheit und Jugendzeit Munchs, vor allem der frühe Verlust der geliebten Mutter und später der Schwester Sophie, bleiben nicht ohne Auswirkung auf die Bildung von Munchs übersensiblem Wesen und auf das Selbstverständnis des jungen Künstlers. Schon zur Zeit des jungen Sigmund Freud versucht Munch in einem Zyklus *Bilder aus dem modernen Seelenleben* zu geben. Bei den Bildern *Das kranke Kind* und *Pubertät* ist Edvard Munch bereits als Maler in die Nähe der späteren Psychoanalyse vorgestoßen. Zwischen 1892 und 1894 entstehen Werke, die sich mit Angst und Verzweiflung auseinandersetzen. Munch leidet an Lebensangst, seit er denken kann; deutlich treten eine Agoraphobie und paranoide Ängste hervor – »In Berlin konnte ich nicht auf die Straße gehen« (zit. nach Arnold, 1986, S. 103). Nach Melanie Klein (1946) versteht man darunter die Furcht vor Vernichtung in der Form von Verfolgungsangst, als Angst, von einem unkontrollierbaren Objekt von innen zerstört zu werden. Offenbar neigt Munch dazu, an Geister und böse Einflüsse zu glauben. Das in dem Bild *Der Schrei* (1893) entwickelte Zusammentreffen mit der frontal im Vordergrund sichtbaren Gestalt, dem Tiefensog der Landschaft und dem aufgewühlt-bedrohlichen Himmel nimmt Munch in seinem Bild *Angst* (1894) noch einmal auf. Die Kunst ist für ihn das Mittel, sich von dieser Angst zu befreien, die ihn quält.

Ab 1885 erlebt Munch seine erste Liebesbeziehung zu der drei Jahre älteren Milly Thaulow, die auch Frau Heiberg genannt wird und mit Munchs Vetter verheiratet ist. In ihr hat Munch wahrscheinlich die entbehrte Mutter zu finden gesucht. Der voraussehbare unglückliche Ausgang dieser langen, wohl auch qualvollen Bindung – Milly Thaulow widmet ihre Aufmerksamkeit eher anderen Männern – wird von Munch durch malerische Verbildlichung verarbeitet, aber nicht vollständig bewältigt. Er hält in seinem Notizbuch fest, dass er sie wieder trifft, sie ihm gegenüber aber stumm bleibt. Er wird das Gefühl nicht los, dass er ihre Liebe nicht verdiene, dass er sie nicht genug geschätzt habe und dass alles seine Schuld sei.

Von konkreten Liebesbeziehungen Munchs in den 1890er Jahren in Paris und Berlin ist wenig bekannt. Die wichtigste Beziehung Munchs zu einer Frau dürfte 1898 begonnen haben, als der Maler die sechs Jahre jüngere rothaarige Tochter eines reichen norwegischen Weinhändlers, Mathilde (Tulla) Larsen, trifft.

Munchs künstlerischer Erfolg ist von Konflikten auf persönlicher Ebene begleitet. Es beherrscht ihn eine Art Hassliebe: Einerseits ist er erotisch stark von diesem Mädchen angezogen, andererseits fühlt er sich von ihr bedrängt, eingeengt, existentiell bedroht. Viele der Munch'schen Ängste vor einer Frau aus den bereits früher entstandenen *Lebensfries*-Bildern, etwa *Asche* oder *Die Frau in drei Stadien*, finden durch diese problematische Bindung ihre Bestätigung. Die Beziehungskrise spitzt sich auch hier wieder zu. In der Liebe bleibt für Munch das Glück nicht dauerhaft. Liebe wird von ihm meist mit Schmerz und Strafe und als Anfang des Todes empfunden. Munch widersetzt sich Tullas Wunsch, ihn zu heiraten, da er seine Freiheit als Künstler gefährdet sieht, es wäre eine Last, eine Bürde und ein Hindernis bei der Ausübung seines Berufes, und er ist überzeugt, dass sich Krankheit, Wahnsinn und frühzeitiger Tod in seiner Familie auf die nächsten Generationen übertragen. Die Krise endet 1902 nach einem ergebnislosen Versöhnungsversuch mit einer dramatischen Revolverszene, bei der Munchs linker Mittelfinger angeschossen wird. Munch verlässt Tulla endgültig. Seine Ängste vor der lebensbedrohenden Gefährlichkeit der Frau bestätigen sich. Es ist schwierig für einen Maler, an einer Hand verkrüppelt zu sein.

Munch stößt diese Affäre in eine jahrelange tiefe Krise. Der Alkohol wird sein Problem. Zwischen 1902 und 1908 versucht er, seine Probleme mehr und mehr darin zu ertränken. Er frisst nicht nur seine Ängste in sich hinein, lässt sie nicht nur in seine Kunst einfließen, sondern versucht auch, sie in aggressiven Ausfällen loszuwerden. In malerischen Arbeiten sucht er die Ruhe zu finden, die ihm das Leben zu verwehren scheint.

Ein Jahr nach der Enttäuschung mit Tulla lernt Munch die englische Geigerin Eva Mudocci kennen und lieben. Auch dieses Verhältnis ist nicht von langer Dauer. Liebesbriefe Munchs belegen, dass ihre Beziehung jedoch eine Zeit lang glücklich gewesen sein muss. 1903 schafft er drei Lithographien der Geliebten, von denen die *Dame mit Brosche* eine seiner schönsten Graphiken ist.

Warum scheitern alle Beziehungen Munchs zu den von ihm

zuerst so bewunderten Frauen? Ich möchte dieses Problem als Ausdruck der Beziehung des Malers zu seiner Mutter deuten. Er verliebt sich in eine zunächst als ideal angesehene Frau, mit deren Realität er später jedoch nicht zurechtkommt. Es folgt eine Art Angst vor der Frau. Schließlich hasst er die verführerische Eva und sehnt sich nach der eher mütterlichen *Madonna,* die er malerisch darstellt.

Munch zieht sich von den Menschen weitgehend zurück. Aber es hilft nichts. Sein Alkoholkonsum und damit seine Aggressivität nehmen weiter zu. Im Winter 1904/05 fällt er mehr und mehr in eine Nervenkrankheit. Seine paranoiden Ängste verschlimmern sich: Vor allem von seinen norwegischen Feinden fühlt er sich verfolgt, die behaupten, dass er und seine Kunst krank oder verrückt seien.

Munchs Lebensprobleme sind auch eine Frage der Identitätsfindung. Das rastlose Unterwegsein seit 1889 ist zeitweise aus Studium- und Karrieregründen nötig gewesen, aber nicht über zwei Jahrzehnte hinweg. Diese lange Odyssee kann nur als Munchs Flucht vor seinen traumatischen Ursprüngen und als seine Suche nach sich selbst interpretiert werden. Was Munch nicht abschütteln kann, was ihn stets begleitet, ist also die Angst vor der Liebe, der Krankheit und dem Tod – also die Angst vor dem Leben schlechthin.

1906 malt Edvard Munch das Bild *Selbstbildnis mit der Weinflasche.* Es ist eins seiner eindrucksvollsten autobiographischen Zeugnisse. In einem nach hinten drängenden Raum sitzt Munch allein an einem weiß gedeckten, wie Totenbahren anmutenden Tisch vor seinem Wein. 1908 nehmen sein Alkoholkonsum und seine Aggressivität weiter zu; er leidet unter schweren Schwindelanfällen und Herzbeschwerden. In seinen Bildern gelingt es ihm jedoch, seinen Bedrängnissen und seinem psychischen und körperlichen Elend eine künstlerische Form zu geben. Er bleibt produktiv und geht aktiv mit seinem Leiden um. Er kann es extrovertieren, indem er es malt. Seine Kunst wird für ihn zu einer gewissen Zuflucht vor seinem inneren Aufruhr. Halluzinationen, Verfolgungsängste und ein erhöhtes Misstrauen alarmieren ihn jedoch. Die schweren Bewegungsstörungen, die als Lähmungserscheinungen bezeichnet werden, können ebenfalls durch seinen starken Alkoholismus erklärt werden. Der Zusammenbruch kommt im Herbst 1908. Sein Freund Emanuel Goldstein bringt ihn nach Kopenhagen in eine Nervenklinik, die Munch erst 1909, nach acht Monaten, wieder verlässt. Munch hatte vor seiner völligen Dekompensation und dem daraus folgenden Klinikaufenthalt wahrscheinlich versucht, die aus seiner traumatisierten frühen Kindheit resultierende depressive Symptomatik durch verstärkten Alkoholmissbrauch selbst zu bekämpfen. Dieser hatte sich jedoch zu einem Alkoholismus verselbstständigt. Daraus sind die genannten physischen und psychischen Symptome wie Lähmungserscheinungen, Halluzinationen und Verfolgungsängste zu verstehen.

Munch entsagt nach dem Aufenthalt in der Klinik seinen »Lastern«. Durch eigene Mitarbeit bei seinem Alkoholentzug überwindet er die schwerste Krise in seinem Leben und erreicht eine erstaunliche psychische und physische Besserung. Er übersteht seine große Existenzbedrohung. Munch ist der Einzige der großen Ausdruckskünstler, der in der krisengeschüttelten Zeit nach 1900 eine solche von Krankheit gekennzeichnete existentielle Bedrohung übersteht.

Der Zusammenbruch und der Neuanfang in der Klinik werden gemeinhin als Munchs »Rettung« bezeichnet. Die nachfolgenden künstlerischen Werke wirken nicht mehr so depressiv und beklemmend wie die Arbeiten der ersten Jahrzehnte. Depressionen, Halluzinationen, Verfolgungsängste und künstlerische Arbeit schließen sich meistens aus. Nach seiner Besserung wird Munch jetzt gelassener, er fühlt, dass er dazu berechtigt ist, künstlerisch zu arbeiten. Er wird selbstbewusst, hat aber auch Freunde, die ihn unterstützen. Munch wird jedoch immer spürbare Narben behalten. Er schreibt, »dass ich zwei der schrecklichsten Feinde der Menschen geerbt habe, die Anlage zur Auszehrung und zur Geisteskrankheit. Krankheit und Wahnsinn waren die schwarzen Engel, die an meiner Wiege Wache hielten. Eine jung verstorbene Mutter vererbte mir eine Neigung zur Schwindsucht; ein übernervöser Vater, als Abkömmling eines alten Geschlechts von einer geradezu wahnsinnigen pietistischen Frömmigkeit, vererbte mir den Keim der Geisteskrankheit. Vom Augenblick meiner Geburt an begleiteten mich die Engel der Angst, des Kummers und des Todes. Krankheit«, schrieb er fast 50-jährig, »verfolgte mich meine ganze Kindheit und Jugend hindurch […] Und die, die ich am meisten liebte, starben, einer nach dem anderen« (zit. nach Heller, 1993, S. 14). Als Hauptgrund für seine langjährige Krise nennt er später die Affäre mit Tulla Larsen.

Nach 35 Jahren unentwegten Kampfes für seine Kunst und gegen die Angriffe von Seiten der Kritik sowie gegen die ihn bedrohende Psychose ist für Munch schließlich der Erfolg gekommen. 1909 erlebt er in Norwegen einen durchschlagenden Erfolg und große Anerkennung. Er wird reich durch den Verkauf seiner Bilder, wird mehrfach ausgezeichnet und erwirbt einen sozialen Status als angesehener Künstler. 1913 wird eine Ausstellung in Berlin zu einer Sensation und zugleich zu einer Feier des 50-jährigen Künstlers. Munch leistet sich an Alkoholischem nur noch Würzbier. Frauen meidet er. Mitte der 1930er Jahre schafft er weitere Variationen von Themen des *Lebensfrieses* in Farben von höchster Leuchtkraft.

Das Ende

Munchs Wesen ist in seinen späten Jahren immer gleich bleibend freundlich und doch irgendwie zugeknöpft, nordisch steif, verschlossen, undurchsichtig. Er bleibt der fremde Mann, bleibt uns das Rätsel. Er hatte früher etwas von einem Kind und von einem Wilden – und dann wieder diese ungeheure Kompliziertheit, dieses Wissen um tiefe Geheimnisse.

Ein Kennzeichen seiner Kunst ist es, dass sie nicht erzählt, sondern durch Suggestion Gefühle hervorruft. Munch malt nicht nach der Natur, sondern nach seiner Gemütsverfassung. Er malt mit der Seele. Seine Kunst bleibt zwar weiterhin »gegenständlich«. Diese Vermischung von Innerem und Äußerem, die geschilderte Methode, Sichtbares und normalerweise nicht Sichtbares von Körpern im Bild neu zusammenzufügen, gehört zu den stilistischen Wesenszügen seiner Kunst, die diese bis in die heutige Zeit nachwirken lassen.

Munchs Selbstbildnisse begleiten als schonungsloses Instrument der Selbstbefragung sein künstlerisches Schaffen von den ersten Anfängen bis zum letzten Atemzug. Dabei entstehen nicht nur Zeugnisse einer biographisch beschreibbaren Bestandsaufnahme, sondern Bilder, die mit den besten Werken in Munchs

Schaffen auf eine Stufe zu stellen sind. In den meisten seiner späten Selbstbildnisse herrscht ein eindringlicher Ernst vor. Das Bild *Selbstbildnis mit Knochenarm* (1895) betont zum Beispiel die Vergänglichkeit als voraussehbares Schicksal des Dargestellten.

Eine typische Eigenart des Munch'schen Stils muss abschließend noch erwähnt werden: das, was die Kunsthistoriker bei ihm als »Rosskur« bezeichnet haben. Wer von der Betonung physischer Hinfälligkeit im Werk von Munch spricht, ist schnell bei dem Thema der »Rosskur« als Schicksal des Bildes selbst. In der Tat beginnt Munch schon früh damit, seine Werke absichtlich schädlichen Einflüssen wie Regen, Schnee, mechanischen Abnutzungen und sonstigen Beschädigungen auszusetzen, weil er es als Gewinn für die Bilder ansieht, wenn die Natur derart an ihrem Entstehen teilnimmt. Munchs Darstellungsart ist geprägt durch hingeworfene Farbkleckse, Kratzrillen, Schabspuren, zerlaufene Farbe und unbemalte Leinwandpartien. Mit dieser Rosskur integriert Munch nicht nur den Zufall, sondern auch den natürlichen Zerfall als Werkkomponente in den Schaffensprozess und verweist damit außerdem bereits auf Künstler wie Joseph Beuys mit seinen Verfallsarbeiten. Mehr als ein halbes Jahrhundert später bedient sich auch Anselm Kiefer der »Rosskur«: »Da ich nicht genügend talentiert bin, arbeite ich mit Helfern. Das sind die Zeit, der Regen und der Wind. Ich setze die Bilder der Witterung aus und hoffe auf Änderungen. Ein Bild bekommt sein eigenes Leben schon über Nacht. Wenn ich am Morgen ins Atelier komme und die am Vorabend begonnenen Bilder anschaue, haben sie sich meistens schon verändert. Sie verändern sich über Nacht« (Manner, 2006, S. 79).

1916 erwirbt Munch den Besitz Ekely bei Christiania. Es wird vorwiegend sein Alterssitz. Er arbeitet überaus produktiv, lebt spartanisch, ist ohne eigene Familie, hat aber trotz seiner Isolierung Freunde und ist gesellschaftlich hoch anerkannt. Munch ist vor allem von seinen Bildern umgeben, die er seine »Kinder« nennt. Er verkauft sie immer seltener, er sammelt sie selbst. Auf seinen Besitzungen errichtet er mehrere Freiluftateliers, um ausreichend Platz zum Arbeiten zu haben. 1919 erkrankt er an der Spanischen Grippe, die er jedoch überlebt.

Unerfüllte Pläne, versagende Kräfte und die Unfähigkeit, sich von seiner Vergangenheit zu lösen, kennzeichnen die beiden letzten Dekaden in Munchs Leben. 1930 führt eine Krankheit an Munchs rechtem Auge, in dem ein Blutgefäß platzt, beinahe zur vollständigen Erblindung. Mitte der 1930er Jahre schafft Munch weitere Variationen von Themen des *Lebensfrieses* wie *Paare am Meeresufer* und *Frauen auf einem Steg* in leuchtenden Farben.

Der 70. Geburtstag Ende 1933 bringt eine Fülle von Ehrungen. Der norwegische Staat verleiht ihm das Großkreuz des Sankt-Olav-Ordens, die heimatliche Presse huldigt ihm als dem größten norwegischen Maler.

1937 werden im Nazi-Deutschland auch etliche von Munchs Werken als »Entartete Kunst« aus deutschen Museen und öffentlichen Sammlungen entfernt. Dann bricht bald der Zweite Weltkrieg aus, Norwegen wird überfallen, deutsche Truppen lagern in Panzerwagen in der Nähe von Ekely. Die Osloer Nationalgalerie verurteilt Munchs Werk in der Ausstellung *Kunst und Antikunst*. Die Beschlagnahme von Ekely droht und damit Munchs und seiner Werke Zerstörung. Munch beginnt an seinen letzten Selbstporträts zu arbeiten, die durch eine Auseinandersetzung mit dem Tod geprägt sind. Der alternde Künstler setzt sich in seiner selbst gewählten Isolation zunehmend mit der Einsamkeit und dem Altern auseinander.

Das späte Bild *Selbstporträt zwischen Uhr und Bett* (um 1940) zeigt den Künstler zwischen der Standuhr, die die verbleibenden Stunden seines Lebens zählt, und dem Bett, das ihn erwartet. Leuchtende Muster blauer, gelber und grüner Töne wirken harmonisch zusammen, während Streifen von intensivem Rot und Schwarz den Kontrapunkt zum Weiß des Bettes bilden. Munch selbst steht hochgewachsen, hager und starr im Raum in einem schlecht sitzenden Anzug, der seinen geschrumpften, gealterten Körper erkennen lässt. Hinter ihm hängen alles überragend seine Bilder. In Form eines Gemäldes an der Wand scheint sich oberhalb des Bettüberwurfs eine geisterartige Gestalt zu erheben. Geht es dabei um den Kreislauf von Leben und Tod? Könnte eins seiner Bilder gedeutet werden als eine neue menschliche Gestalt nach dem Tod des Malers? »Die Freude ist der Gefährte der Trauer«, schreibt Munch mit zitternder Hand in sein großes Buch der Erkenntnis von Gut und Böse, »der Frühling ist der Vorbote des Herbstes. Der Tod ist die Geburt des Lebens« (zit. nach Heller, 1993, S. 138).

Munch weiß, dass der Tod immer näher kommt. Das Augenleiden hat ihm eine Vorahnung vom Ende gegeben. Seit seiner Kindheit mit dem Tod vertraut, hat er keine Angst vor dem Sterben, sondern sieht sich als Teil des ewigen Kreislaufs. Zu seinem 80. Geburtstag am 12. Dezember 1943 finden zahlreiche Feiern statt. In den folgenden kalten Tagen zieht sich Munch eine Lungenentzündung zu. Am 23. Januar 1944 stirbt er auf Ekely. Er vermacht seinen ganzen Nachlass der Stadt Oslo: 1400 Gemälde, ca. 700 Graphiken, 4500 Zeichnungen und Aquarelle, 92 Skizzenbücher und zahlreiche bis heute noch unveröffentlichte Manuskripte und Briefe. Munch hinterlässt eine Fülle autobiographischer Schriften, Tagebuchaufzeichnungen und Schilderungen seiner Erlebnisse. 1963, zu seinem 100. Geburtstag, wird das Munch-Museum in Oslo eröffnet. Bei aller schriftstellerischen Begabung bleibt Munch jedoch in erster Linie Maler. Er malt sein Leben mit allen Liebeserlebnissen, allen Traumatisierungen, allen Enttäuschungen und Verlusterfahrungen.

Bei diesem Maler lässt sich wohl besonders deutlich machen, wie eng Lebensgeschichte und Werk miteinander verknüpft sind. Man erkennt gleichzeitig, wie trotz schwerer Traumatisierungen eine unglaubliche kreative Kraft zu einem solchen erschütternden und grandiosen Lebenswerk erwachsen kann.

Die zwei Welten Lyonel Feiningers

»Die Erlebnisdichte der Musik, die abstrakte Welt der
Töne suche ich in Bildern zu visualisieren.«
Lyonel Feininger

Wenn ich von zwei Welten Feiningers schreibe, dann sind damit
zwei verschiedene Regionen und Ebenen seines Lebens gemeint.
Feininger lebt als Kind abwechselnd in New York und auf dem
Land in Connecticut, später jahrzehntelang in Deutschland oder
in Amerika. Mir kommt es vor allem darauf an, seine beeindru-
ckende Kreativität in der Ausübung seiner künstlerischen Interessen zu zeigen, und zwar einerseits als Karikaturist und als Maler,
andererseits mit seiner großen musikalischen Begabung und Leidenschaft als Musiker und als Komponist.

Der Karikaturist

Lyonel Feininger wird 1871 in New York geboren. Beide Eltern
sind Musiker: Sein Vater ist ein hervorragender Geiger, der
durch sein Beispiel und seinen strengen Unterricht seinem Sohn
die notwendige Konzentration bei seinen ersten musikalischen
Übungen beibringt. Die Mutter ist Sängerin und Lehrerin.
    Eine gewisse Einsamkeit gehört wohl immer zu Kindern,
die mit Künstler-Eltern aufwachsen. Diese sind meist mit sich
und ihrer Kunst beschäftigt und widmen dieser fast ihre ganze
Zeit. Die Kinder kommen dabei oft zu kurz. Für Lyonel sind
die Eltern Gestalten aus einer anderen Welt. Sie kommen ihren
Kindern, dem Sohn und zwei jüngeren Töchtern, eher wie ein
»Fürstenpaar« vor. »[M]eine Mutter mit ihren glänzenden hellen
Schleppenkleidern, Konzertkleidern, war mehr als irgendeine
Kaiserin und mein VATER! Gott, das alles ist heute noch in

mir, diese unvernünftige kritiklose Hinnahme alles dessen, was meinen Vater überhaupt ausmacht« (Feininger an Julia, Brief vom 10. November 1905, zit. nach März, 1998, S. 14). Durch eine gewisse innere Distanz zu seinen Eltern ist bei aller Bewunderung für sie der junge Feininger von früh an auf sich selbst angewiesen. Das Gefühl eines inneren, seelischen Abstands zwischen Menschen könnte sich später in den Figuren seiner Bilder ausgewirkt haben.

Während der langen Konzertreisen der Eltern wird der junge Feininger mit seinen Schwestern zu Farmersleuten aufs Land nach Connecticut geschickt, die er liebt und wo er ein wärmeres, natürlicheres Leben als zu Hause findet: ein guter Ausgleich zu dem strengen Leben in New York. Die freundlichen Farmer geben ihm im Winter Bratäpfel und erzählen abends Gespenstergeschichten, die sicher seine Phantasie angeregt haben. In den ersten sieben Lebensjahren lebt Lyonel oft bei den Farmersleuten und wird dort sehr frei erzogen. Später ist er immer dankbar dafür.

In New York geht Feininger zur Schule. Sein Spielgefährte und Schulfreund H. Francis Kortheuer, dessen Eltern auch Musiker sind, erinnert sich, wie sie als Jungen Karikaturen zu zeichnen versuchen, die sie »Konzert-Zeichnungen« nennen, da sie immer Geiger darstellen, die ihre Instrumente in irgendeiner unmöglichen Lage halten. Das könnten die ersten karikaturistischen Darstellungen von Lyonels Vater sein.

Sigmund Freud weist auf Kuno Fischer hin, der als Gegenstand der Karikatur das Hässliche benennt: »Wo es verdeckt ist, muß es im Licht der komischen Betrachtung entdeckt werden, hervorgeholt oder verdeutlicht werden, dass es klar und offen am Tage liegt. So entsteht Karikatur« (Fischer, 1889, zit. nach Freud, 1906/1948, S. 6). Freud schreibt: »Karikatur […] richtet sich gegen Personen oder Objekte, die Autorität und Respekt beanspruchen, in irgend einem Sinne erhaben sind. Es sind Verfahren zur Herabsetzung […] Die Karikatur stellt die Herabsetzung bekanntlich her, indem sie aus dem Gesamtausdrucke des erhabenen Objekts einen einzelnen an sich komischen Zug heraushebt. Wo ein solcher übersehener komischer Zug in Wirklichkeit fehlt, da schafft ihn die Karikatur unbedenklich durch die Übertreibung eines an sich nicht komischen« (Freud, 1906/1948, S. 228 f.).

Man könnte vermuten, dass es das Bestreben des Jungen ist, mit den »Konzert-Zeichnungen« den »erhabenen« Vater »herabzusetzen«. Die frühen Karikaturen sind wohl eine hilfreiche Abwehr für den einsamen jungen Lyonel.

Auch die Träume seiner Kindheit und die Eindrücke seiner jungen Jahre auf dem Land und in New York bleiben für Feininger unvergesslich: die weite Landschaft Connecticuts, die Schiffe im Hafen, die geschäftigen Männer in der Wall Street. In der Nähe seines Elternhauses auf dem East River herrscht ein lebendiger Schiffsverkehr, wie auch auf dem Hudson. Flüsse und Schiffe gehören zu Feiningers frühesten Erinnerungen.

In Lyonels 15. Lebensjahr machen seine Eltern eine große Konzertreise durch Europa. Seine Schwestern werden in ein Kloster nach Belgien geschickt. Lyonel bleibt allein in New York zurück und ist noch einsamer als vorher.

1887, mit 16 Jahren, wird er von seinen Eltern erstmals nach Deutschland gerufen. Hamburg wird zum Ausgangspunkt seiner künstlerischen Tätigkeit. Er bekommt Zeichenunterricht an der Hamburger Gewerbeschule, obwohl er nach dem Wunsch des Vaters Geiger werden sollte. Er ist entschlossen, Maler zu werden. Es gibt keine Dokumente, aus denen man schließen kann, was den jungen Feininger bewegt, von der Musik zur bildenden Kunst überzugehen. 1888 zieht er nach Berlin und besteht die Aufnahmeprüfung an der Berliner Akademie. Er findet zunächst den Weg zur Karikatur. Wie schon als Schuljunge beginnt er wieder, satirisch-komische Darstellungen von Menschen zu zeichnen, die eine Gestalt durch Überbetonung charakteristischer Merkmale der Lächerlichkeit preisgibt. Was den Lesern der »Humoristischen Blätter« zur Belustigung dienen soll, verbirgt möglicherweise entweder eine quälende Selbsterkenntnis des Zeichners als einer lachhaft großen Person oder als eines kleinen, unbedeutenden Menschen. Sie scheinen eine wirksame Abwehr auch jetzt noch gegen seine Einsamkeit und gegen die Strenge seines Vaters zu sein. Ab 1889 arbeitet Feininger als anerkannter Karikaturist für die Wochenzeitung »Humoristische Blätter.«

Um einem Freund zu helfen und ihn finanziell zu unterstützen, versetzt Feininger eine alte Uhr. 1890 wird er deshalb von seinem Vater nach Lüttich an das von Jesuiten geleitete College St. Servais verbannt, wo er französisch und deutsch lernt und sich auf Studien nach der Natur konzentriert. »Meine Güte, ich wurde wie ein verlorenes Schaf behandelt. Als ich zum Bahnhof ging, um den Zug nach Brüssel zu nehmen, sagte mein Vater mir nicht einmal ›Auf Wiedersehen‹, niemand brachte mich an die Bahn […] ich habe meinen Vater nie wiedergesehen« (Feininger an Fred Werner, Brief vom 25. Februar 1946, zit. nach Hess, 1991, S. 8).

In Lüttich und Brüssel entdeckt er seine Begeisterung für die Architektur und die Atmosphäre alter Städte. 1891 kehrt er nach Berlin zurück, mietet ein kleines Atelier, fertigt Zeichnungen für Witzblätter an und arbeitet erneut als Karikaturist für deutsche und amerikanische satirische Zeitungen. Feininger wird in wenigen Jahren zu Deutschlands berühmtestem politischen Karikaturisten. Auch außerhalb der politischen Fragen gibt es reichlich Stoff zur Ironie und Karikatur. Feiningers Wahl dieser phantastischen und komischen Kunst könnte in seinem Wesen bedingt sein. Von frühester Jugend an ist er voll gut gelaunter Phantasien. Seine Neigung zur Karikatur könnte auch ihre Wurzeln in seiner Kindheit bei den freundlichen Farmern haben, bei denen er im Gegensatz zu dem Disziplin fordernden Leben bei seinen strengen Eltern ein Leben in Freiheit genießen kann.

1898/99 sterben Feiningers beide Schwestern an Schwindsucht. Sie hatten ihm sehr nahe gestanden. Ihre Kindheit hatten sie meist zusammen verbracht und waren aufeinander angewiesen gewesen. Mit ihrem Tod fühlt sich Feininger völlig vereinsamt. Wie er seinem Freund Kortheuer schreibt, habe er keinen Funken Leben oder Interesse mehr (Mitteilung vom 5. März 1958, zit. nach Hess, 1991, S. 26 f.). Das mutet als Zeichen einer ausgeprägten depressiven Reaktion an.

Auch in den folgenden Jahren ist Feininger ausschließlich als Karikaturist tätig. Wichtiger Bestandteil seiner künstlerischen Entwicklung ist das Frühwerk von 1907 bis 1912 mit den vielfigurigen, farbkräftigen »Mummenschanz«-Kompositionen, das heißt mit Karnevalsbildern. In der Verkleidung, im Mummenschanz, stellt die Maske die Frage der Identität: Was sind wir? Feiningers Phantastik findet in den Mummenschanz-Bildern ihren Ausdruck. Feininger hat daneben das Geigenspiel nie aufgegeben und bringt sich selbst auch das Klavierspielen bei. Die Musik spielt neben der Malerei die wichtigste Rolle in seinem Leben.

Nach seiner Hochzeit mit Clara Fürst 1901, Tochter eines Berliner Malers, und der Geburt der beiden Töchter Lore und Marianne sichert ihm die Arbeit als Illustrator für satirische Zeitschriften den Lebensunterhalt.

Einige Jahre später entsteht die wohl ungewöhnlichste Karikatur in den »Lustigen Blättern« (1905). Sie zeigt unter dem Titel *Fertig ist die Laube* eine aus zwölf Zeichnungen zusammengesetzte Bildergeschichte. Dargestellt sind, deutlich erkennbar, Feininger selbst und eine Frau mit zwei kleinen Kindern. Die Familie mietet soeben das Grundstück für eine Laube. In den folgenden Bildern sieht man, wie Feininger sich daran macht, die Laube eigenhändig zu errichten. Schon während des Baus wird offensichtlich, dass dieses Werk misslingen wird. Das Ergebnis ist ein vollkommen schiefer, dem Zusammenbruch naher Schuppen, den Feininger in einem Wutausbruch wieder zerstört, um die Reste als Brennholz anzubieten. Die Bildtexte erläutern die Situation: »Hier dieses Plätzchen mieten wir, Die Laube mach ich selber hier! Die Latten her – zur Laubenstütze! Ich bin der reine Lattenfritze! Das Werk, es muss den Meister loben, Herrje, wie steht es da, verschroben! Das Zeugs in Klumpen werfe ich, Ex ist die Laube! – Na denn nich!« (siehe Luckhardt, 1998, S. 15). Schon die Ich-Form lässt auf die Identifikation des Zeichners mit der dargestellten Figur schließen.

Die Zeit, in der diese Karikatur entsteht, gehört gewiss zu einer der schwierigsten Phasen in Feiningers Leben. Die selbstgezimmerte Laube und ihr Zusammenbruch stehen für die gescheiterte Ehe Feiningers. Was hier den Lesern zur Belustigung dienen soll, verbirgt die schmerzhafte Selbsterkenntnis des Zeichners und die Öffnung seiner introvertierten Persönlichkeit gegenüber einem engen Kreis von Menschen, die die Botschaft aufnehmen und verstehen können. Natürlich zeigen die Bilder auch eine Selbstironie des Künstlers.

Ungewöhnlich und auffallend sind vor allem die häufigen Überlängen von Feiningers Figuren, die komisch-übertreibenden Bilder, die eine Person durch Überbetonung charakteristischer Merkmale lächerlich wirken lässt. Obwohl er Wilhelm Busch nicht namentlich erwähnt, sind es mit Sicherheit dessen Zeichnungen, die Feininger als Anregungen für seine Karikaturen benutzt.

Feininger lernt 1903 die damals noch verheiratete Julia Berg, geborene Lilienfeld, in Weimar kennen. In ihr findet er eine Partnerin, die die Suche nach seinen künstlerischen Wegen unterstützt und die Zweifel des Karikaturisten an seinem Werk auffängt. Beide wollen nicht mehr zu ihren Ehepartnern zurück. 1906 siedelt Feininger mit Julia von Berlin nach Paris über. Seine künstlerischen Überlegungen erhalten vor allem durch die Parisaufenthalte neue Impulse. 1908 fahren Lyonel und Julia nach London und sehen zum ersten Mal die Bilder William Turners, die Feininger schon in seiner Jugend als Stiche bewundert hatte. Im Herbst 1908 heiratet Feininger Julia, die geliebte zweite Frau, und zieht mit ihr nach Berlin-Zehlendorf, damals noch ein ländlicher Teil außerhalb Berlins, wo er mit Unterbrechungen bis 1919 bleibt. Drei Söhne werden geboren.

Der Maler

In Feiningers erstem Gemälde *Der weiße Mann* (1907) geht ein dünner, groß gewachsener Mann als monumentalisierte Figur mit riesigen Füßen langsam, die Pfeife im Mund, in einem langbeinigen Daherstelzen durch die klein wirkende Stadt Paris – wo das Bild entsteht. Wahrscheinlich ist es ein Selbstbildnis. In seiner Phantasie der Übertreibung malt er sein Selbstbild so riesenhaft groß, dass seine Figur über das Bild hinausgeht. Zwischen seinen Beinen läuft ein kleiner schwarzer Mann, nach vorwärts getrieben, er läuft, scheint aber nicht mitzukommen. Ob der weiße Mann doch schneller geht, als wir meinen? Unter ihm befindet sich ein dreistöckiges Gebäude in grünlichem Schimmer; der Mann muss größer sein, als wir denken. Hinter ihm steht ein Turm im rötlichen Abendschein, etwas kleiner als er. Der Mann ist riesengroß, er muss gebückt gehen, er wächst über den Rahmen hinaus ins Unendliche. Es ist das erste Gemälde, in dem Feininger menschliche Figuren zum Thema wählt. Der Künstler macht den Betrachter zu einer kleinen Person, die die Gestalt als riesenhaft wahrnimmt. Feininger malt in dieser Zeit alles übergroß, Menschen, Dorfkirchen, Kathedralen, hohe Häuser. Er überträgt sein eigenes Körperbild nicht nur in die Figuren seiner Bilder wie in den *weißen Mann*, sondern auch in die Gebäude. Aus dem berühmten

Karikaturisten Feininger wird ein unbekannter Maler Feininger. Die Jahre 1909 bis 1913 sind seine Entwicklungsjahre als Maler. Langsam steigt sein Vertrauen zu sich und seiner Arbeit.

Das Bild *Zeitungsleser* (1909) zählt zu den wichtigen Themen des Frühwerks. Immer wieder greift Feininger dieses Motiv auf. Es ist das Gemälde einer sensationshungrigen Gesellschaft, die in Hast den Neuigkeiten hinterherrennt. Die Kirche im Hintergrund scheint von der Eile der Figuren mitgerissen zu werden. Die Absurdität der gesamten Szene wird durch die Farben nur noch unterstrichen. Das Orange des Himmels hat mit der Realität wenig gemeinsam. Eine scheinbar untergeordnete Rolle spielen die Figuren, eine übermäßig große und mehrere kleine, die, farbig konturiert, wie ausgeschnittene Flächen in das Bild gesetzt sind.

Nicht nur inhaltlich, sondern auch formal kann sich Feininger nun von seinen bisherigen Darstellungen lösen. Der *Angler mit blauem Fisch II* (1912) markiert den Wendepunkt. Auch wenn die Figuren vor dem Meer noch zu den frühen Mummenschanz-Bildern gehören, ist die neue Form bei Feininger dominierend. Die klare Aufteilung von Strand, Meer und Himmel in drei unterschiedliche Formen ist der Versuch, diesen unterschiedlichen Materien eine eigene Struktur zu geben. Der Strand wird zur Grundsubstanz, das Meer zum Träger rhythmischer Wellenbewegungen, im Himmel bilden die Sonnenstrahlen eine fächerförmige Atmosphäre. Die Figuren, die Schiffe und der Rauch des Raddampfers sind auf diese Dreiteilung abgestimmt. Nur die beiden Angelruten in der rechten oberen Bildecke bilden ein großes Dreieck und brechen aus diesem Schema aus. Die Schicksale des glücklichen Fischers mit seinem großen Fang und das des anderen ohne Fisch treffen sich in der Überschneidung ihrer Angeln. Die Absonderlichkeit der schrulligen langen Figur ist nicht ohne Tragikomik.

Die letzte große Figurenkomposition Feiningers, entsteht im Sommer 1934, den er in Deep an der Ostsee verbringt. Hier malt er den *Roten Geiger* (1934, Abb. 38). Wie in einem Traum setzt Feininger noch einmal die Figuren des malerischen Frühwerks ins Bild: die von der Unterkante der Darstellung zum knappen Brustbild reduzierte Prostituierte, den sie verfolgenden Greis mit den wehenden weißen Haaren und den lüstern aufgerissenen Augen sowie den schwarzen Mann am Stock, der diese Szene nicht weiter verfolgt, sondern in den Hintergrund zurückgeht. Sie alle werden von dem Geiger überragt, für den es im Werk Feiningers bislang keinen Vergleich gibt. Sein roter Frack isoliert ihn von seiner Umgebung; wie eine leuchtende Schablone ist er in die Komposition eingefügt. Zwischen den durch Fensteröffnungen gegliederten Pariser Häuserfassaden und den drei Figuren gibt es keine Beziehungen. Weder das Rot des Musikanten noch das klare Blau der Geige, auf der er musiziert, finden an anderer Stelle eine Entsprechung. Deutlicher ist die karikaturistische Darstellung des Vaters, des berühmten Geigers, nicht möglich; deutlicher ist auch das Signal der Isolierung und der Vereinsamung des schöpferischen Sohnes Lyonel Feininger nicht zu setzen. Oder wird in diesem Bild eine musikalisch begabte Person, sei es der Vater, sei es der Sohn, in einen malerisch kreativen Menschen umgesetzt?

Feininger beginnt als Maler, als er seine karikaturistischen Zeichnungen beendet. Skurrile Figuren finden zunächst noch Eingang in seine Bilder. Warum mussten es bis dahin ausgerechnet Karikaturen sein? Sie könnten dafür sprechen, dass Ironie, Witz und satirische Schärfe in den Bildern einen Teil seiner Persönlichkeit befriedigen, die ihre Freiheit genießt. Mit den ersten dieser Zeichnungen hat Feininger schon in der Schulzeit Erfolg gehabt.

Feiningers Karikaturen bilden den wichtigen Übergang zu den reinen, aus Flächen kristalliner Überlagerungen gebildeten Architekturdarstellungen, die von 1913 an dominieren. Das Interesse an den Karikaturen hört auf. Feininger folgt jetzt dem väterlichen Vorbild mit dessen Forderungen nach Disziplin, Genauigkeit und Konzentration bei der musikalischen Kunst, die Lyonel nun auch in seiner Malerei anwendet.

Zu Beginn des zweiten Jahrzehnts im 20. Jahrhundert verschwindet die menschliche Gestalt fast ganz aus der Bildwelt Feiningers. An der Ostsee entstehen jene Meereslandschaften, die den Zauber von Licht und Atmosphäre so unnachahmlich einfangen. Im Jahre 1911 sieht Feininger in Paris Gemälde von Braque und Picasso mit ihrer Aufsplitterung des Dargestellten in geometrische Formen und in Segmente mit monochromen Farbabstufungen. Feininger entdeckt den Kubismus, eine Kunstform, wonach er ganz intuitiv seit Jahren sucht. Er wirkt anfänglich auf ihn wie eine Offenbarung. Feininger findet jetzt zu seinem endgültigen Stil. Seine dargestellten Figuren wandeln sich von grotesken Karikaturen zu eigenständigen Charakteren. Sein Ausgangspunkt, die Begegnung mit dem Kubismus im Mai 1911, verleiht seiner malerischen Entwicklung einen neuen Schub. Erstaunlich schnell findet Feininger mit dieser Begegnung zu einem persönlichen Kubismus. Er verzichtet auf alles Erzählerische in seinen vorhergehenden Zeichnungen und beschränkt sich auf unbewegte Gegenstände, wobei er nicht kleinteilige Stillleben wählt wie die Kubisten, sondern großräumige Architekturansichten, die schon von sich aus das Monumentale verkörpern. Nach Feiningers Urteil fehle dem Kubismus jegliche feste Struktur. Deshalb gehe ihm auch die Monumentalisierung ab. Seinem Freund Alfred V. Churchill schreibt er: »Mein Kubismus basiert auf dem Prinzip der Monumentalität und Konzentration bis zum äußersten Extrem meiner Sicht« (zit. nach März, 1998, S. 276).

In der Monumentalisierung, Konzentration und visionären Überhöhung gelingt ihm eine eigenständige Ausprägung dieser Darstellungsweise. Feininger bezeichnet selbst seine Bilder als eine Annäherung an die Synthese der Fuge. Seinen »Kubismus« nennt er »Prismaismus«, eine Verwandlung von Sinneseindrücken in eine Form, obwohl es ihm gefällt, wenn man ihn bald als einen der führenden Kubisten in Deutschland bezeichnet. Diese kubistische Art der Komposition gelangt erst in seinen Architekturgemälden ab 1912 zur vollen Entfaltung.

Von nun an dominiert in seinem Werk die kristalline Übersetzung des Naturvorbildes und der Architekturdarstellungen. Ein Prisma ist bekanntlich ein aus Glas oder anderen durchsichtigen Werkstoffen gefertigtes optisches Bauteil mit mindestens zwei zueinander geneigten Flächen zur spektralen Zerlegung des Lichts. Die Wirkung der Prismen beruht auf Brechung, Reflexion, Zerstreuung oder Doppelbrechung. Feiningers prismatischer Stil, der Prismaismus, vernetzt die Gesamtkomposition eines Bildes.

Auch die Landschaften William Turners, die Feininger in London sieht, wirken als nachhaltige Anregungen für seine Kunst. In der Reduzierung der Formen und im Interesse an Phänomenen von Licht und Atmosphäre besteht eine Verbindung zu romantischen Gemälden und zu dem von ihm verehrten William Turner. Bei diesem hat jedoch das Atmosphärische, bei Feininger hat die Linie die Vorherrschaft. Der Umgang mit der Farbe hat Feininger anfänglich Mühe bereitet.

Am besten ist Feininger da, wo es ihm gelingt, Motiv und prismatische Form in eine intensive Wechselbeziehung zu bringen, wo also der Prismaismus mit seiner traumhaften Leichtigkeit als Fortsetzung und Verallgemeinerung der Raumform des Motivs erscheint. Denn eben hierdurch wird die Rhythmik des Raumes zum wesentlichen Bildgehalt. Es ist eine Rhythmik, die dem Motiv keine Gewalt antut und es doch zugleich zu einer lyrischen Bildgestalt verwandelt.

Nur in einem einzigen Gemälde, *Gasometer in Schöneberg* (1912), lässt sich Feininger von Berlin inspirieren, von der Stadt, in der er immerhin, wenn auch mit Unterbrechungen, von 1908 bis 1919 lebt. Später tauchen Berliner Gebäude in seinem malerischen Werk nicht mehr auf. In den Motiven der Industriestadt kann er keine Entsprechung für die empfindsame Stimmung in seiner Kunst finden. Es sind vor allem Reisen, Wanderungen und wiederholte Urlaubsaufenthalte in Mecklenburg und in Pommern, die ihm Anregungen liefern. In der offenen Landschaft erkennt er die Motive, die seiner Kunst entgegenkommen. Er habe eine Sehnsucht nach bestimmten Landschaften, bemerkt Feininger einmal. Ist es die Sehnsucht nach seinem frühen Kinderleben bei den Farmersleuten auf dem Lande, die er in seinen Bildern zum Ausdruck bringt? Dazu passt sein Leben in freier Natur in Norddeutschland und besonders an der Ostsee, das für Feininger von großer Wichtigkeit ist, um erfolgreich zu arbeiten, ebenso wie das ununterdrückbare Verlangen, allein zu sein.

Als 1914 der Erste Weltkrieg ausbricht, wird der Lebensunterhalt der Familie Feininger eingeschränkter. Dennoch schafft er in den Kriegsjahren ein umfangreiches Œuvre. 1917 fährt er im Sommer nach Braunlage in den Harz. Nach der Rückkehr leidet Feininger, ein ungewöhnlich eindrucksfähiger Mensch, unter Depressionen und abrupten Stimmungsschwankungen im Wechsel mit fruchtbaren Arbeitsphasen. »Feininger ist ein empfindsamer, eindrucksfähiger Mensch, dem melancholische Stimmungen nicht fremd sind […] Dann wieder geht ihm alles mühelos von der Hand« (Weber, 2007, S. 12).

Feininger bezieht 1918 ein zusätzliches Atelier in Weimar. Seine bevorzugten Motive sind hier thüringische Dörfer mit ihren Kirchen und die im Auftrag der Stadt Halle geschaffene »Halle-Serie«. Die vielen Zeichnungen von Dörfern und ihren Kirchen könnten ebenfalls seine Sehnsucht nach dem schlichten Landleben in Connecticut in den Vereinigten Staaten ausdrücken, wo die Menschen wohl kaum von Selbstzweifeln geplagt sind und ein einfaches Leben der Realität ohne eine Suche nach einem künstlerischen Ideal führen.

In den Kompositionen mit thüringischen Dörfern und deren Kirchen um Weimar wie Gelmeroda, Mellingen, Hopfgarten, Tröbsdorf u. a. wird eine menschliche Gestalt nicht mehr dargestellt. Die Kirche von Gelmeroda ist für Feininger von besonderer Faszination. Er malt sie 1913 zum ersten Mal und bis 1936 in immer neuen Variationen. Feiningers Bilder gehen auf zahlreiche Skizzen zurück, die er in den kleinen thüringischen Dörfern um Weimar bereits ab 1906 mit wachsender Begeisterung zeichnet, wenn er mit dem Fahrrad in die umliegenden Ortschaften fährt. Die dort gemachten Skizzen werden zu den wichtigsten Quellen für seine zukünftigen Bilder. Die lange Reihe der Dorfkirchenbilder beginnt mit einer Zeichnung der wenige Kilometer entfernten Kirche von Gelmeroda, die für Feininger von besonderer Faszination ist. Schon hier ist es vor allem der unverhältnismäßig hohe, spitze, achteckige Turm, der ihn interessiert. Feininger lernt die Kirche in den Monaten kennen, die er mit Julia in Weimar verbringt. Das Motiv ist hierdurch mit einer der glücklichsten Phasen seines Lebens verknüpft. Er hat von dieser Kirche allein 13 Ölgemälde, über 25 Zeichnungen und Aquarelle und eine große Zahl von Druckgraphiken geschaffen. Die Kirche ist nicht annähernd so imposant, wie wir sie aus manchen Feininger-Gemälden kennen. Sie besteht aus einem Langhaus, einem kleinen Mittelbau mit Turm und einem Ostanbau. Den unscheinbaren, bescheidenen Dorfkirchen gibt Feininger jedoch Feierlichkeit, sie sind für ihn visionäre Kathedralen. Häufig ist die Frage aufgeworfen worden, warum sich Feininger so intensiv mit dieser kleinen Kirche in Gelmeroda auseinandergesetzt hat, warum gerade sie zu seinem Motiv wurde. Ein Grund ist die markante Turmhaube, die sich bei einbrechender Dunkelheit als bedrohlicher Riese mit tief ins Gesicht gezogenem Helm entpuppt, das rechte Auge weit aufgerissen. Sie ist wohl auch als ein Schutz gedacht für ein ländliches Leben mit den kleinen Häusern im Dorf, die die Kirche umgeben. Feininger hat eine kleine Dorfwelt gestaltet, die mit einem übergroßen Kirchturm als Bewacher gut beschützt ist.

Gelmeroda I (1913) ist das erste der 13 verschiedene Variationen umfassenden Serie. Von der Begegnung mit der kleinen Kirche im Jahr 1906 an bis in die Zeit des Weimarer Bauhauses lassen sich mehr als 20 Besuche dieser Kirche nachweisen. Sie hat Gelmeroda zum Inbegriff der Feininger'schen Kunst gemacht. Zur Mitte hin heller werdend, umgibt die farblich abgestufte Rahmung das kleine Gebäude wie ein Heiligenschein.

Gelmeroda II (1913): Es ist deutlich sichtbar, wie das identische Sujet in immer neue Bilder überführt wird und welche Funktionen der Linie, der Farbe und der prismatischen Flächenbehandlung in den unterschiedlichen Darstellungen zukommen. Nach den ersten beiden Gemälden beginnt Feininger im Herbst mit der Arbeit an einer dritten Version, aber mit einer neuen Annäherung an das Motiv mit dem Blick von Norden. Die Kirche ist in ein hochstehendes Rechteck eingefügt. Mächtig, aus der vertikalen Mittelachse nach links verschoben, erhebt sich der Turm, dessen in mehrere lang gestreckte Flächen zergliederte Spitze bis fast an den Oberrand der Darstellung stößt.

Gelmeroda III (1913) ist von allen Fassungen des Jahres 1913 die kompositionell ungewöhnlichste und ausgereifteste. Es gibt keine Dissonanzen, die die Ruhe der Kirche stören. Bewegungslos stehen die Gestalten in ihren bescheidenen Dimensionen vor der Größe und Erhabenheit des Gotteshauses.

Gelmeroda IX (1926): In der neunten Fassung der Kirche von greift Feininger die Komposition der zweiten Fassung wieder auf. Im Mittelpunkt der Darstellung erhebt sich der Turm, an den sich rechts das Kirchenschiff anschließt. Die hohe, umgebende Architektur links und rechts am Bildrand schließt die Komposition zu den Seiten hin ab und lässt einen Raum entstehen, der noch von Licht durchflutet wird.

Gelmeroda XIII (1936, Abb. 39): Feininger malt noch einmal die Kirche von Gelmeroda. Dieses Bild ist die 13. und letzte Fassung des Motivs, das ihn seit 1906 immer wieder beschäftigt hat. Am linken Bildrand begrenzt eine Tanne die Komposition. Feininger hat sie in dem Bild, das er in seinem letzten in Deutschland verbrachten Winter malt, an den linken Rand gerückt. Nimmt man den oberen Bildrand bis zur Turmspitze weg, so ist das Bild durch Farbkanten in vier genau gleich große Flächen geteilt. Man könnte meinen, dass ein so konstruiertes Schema das Motiv zum Erstarren bringt. Aber die unregelmäßigen Schrägen der Tanne verhindern das. Alle Kirchtürme in den Gelmeroda-Bildern wachsen in die Höhe. Hier steht der Turmriese im Vergleich zu *Gelmeroda I* weiter im Hintergrund und ist zudem extrem überlängt dargestellt. Der alles beherrschende Farbakzent wird durch die stechend-grün drohende Uhr gesetzt. Dahinter steigt der schmale Turm unaufhaltsam in die Höhe.

Man kann immer wieder, wie bei anderen Dorfkirchen, verfolgen, wie ein Motiv den Künstler Jahre hindurch fesselt, wie er sich immer wieder dieselben Plätze aussucht. Was hält ihn hier fest? Der vom Motiv angeregten Einbildungskraft kann wohl keine Bildform genügen. In der bildenden Kunst gilt dasselbe wie bei allen Kunstformen, natürlich auch bei der Dichtkunst. Der Kunsthistoriker Hilmar Frank macht in diesem Zusammenhang auf Schillers Matthisson-Rezension aufmerksam, wonach dieser die »grundlose Tiefe« einer ästhetischen Idee damit erläutert, dass der dem poetischen Werk mitgegebene Gehalt dieses keineswegs erschöpfe: »Der wirkliche und ausdrückliche Gehalt, den der Dichter hineinlegt, bleibt stets ein endlicher, der mögliche Gehalt, den er uns hineinzulegen überlässt, ist eine unendliche Größe« (Schiller, 1794, zit. nach Frank, 2004, S. 104). Schiller spricht beim Umgang mit Kunst von einer unendlichen Vielfalt von möglichen Auffassungen.

Nach meiner Meinung gehören die thüringischen Dörfer mit ihren Kirchen und dem sie umgebenden ländlichen Leben zu den Erinnerungen an die Kindheit Feiningers bei den Farmersleuten in Connecticut.

Die Kompositionen der *Hohen Häuser* nehmen eine zentrale Stellung im Werk Feiningers ein. Die frühere Fassung, *Hohe Häuser I* von 1912, markiert den Wendepunkt von der Figurenkomposition zur ausschließlichen Architekturdarstellung. Die Arbeit an dem Bild von 1913 ist durch einen Brief Feiningers an seine Frau Julia vom 18. Mai 1913 dokumentiert: »Mein Bild, an dem ich seit über zwei Wochen arbeite neben zwei anderen angefangenen, vielversprechenden Sachen, wächst zusammen zu einem Ganzen, wird voll von neuen Sachen, die weit über mein bloßes Verstehen ragen« (zit. nach März, 1998, S. 78). Das Bild *Hohe Häuser II* (1913) fällt in eine äußerst produktive Zeit; allein in diesem einen Jahr entstehen über 20 Gemälde. Nach einer schriftlichen Äußerung von Feininger stellt das Bild hohe

Pariser Häuser dar, die zum Abbruch vorgesehen sind. Die hoch aufragenden Häuser werden der Gesamtkomposition des Bildes untergeordnet, die von durchscheinenden Formen bestimmt und gegliedert ist. Es fällt auf, dass gegenüber der früheren Version die Darstellung der kleinen menschlichen Gestalten im Vordergrund hier an Gewicht gewinnt.

Das Bild *Atelierfenster* (1919) entsteht kurz nach Feiningers Übersiedlung von Berlin, wo er elf Jahre lang in Zehlendorf gewohnt hat, nach Weimar. Feininger setzt nach dem Weltkrieg ein geradezu leuchtturmartig wirkendes Monument des Neuanfangs. Dieser Neuanfang holt die Wärme des Lichts ins Bild und lässt es im Innenraum des Ateliers aufstrahlen. Wie andere Gemälde aus demselben Entstehungsjahr zeichnet es sich durch einen harmonischen warmen Farbklang aus, bestehend aus einer Vielzahl braungoldener Töne, die mit kleineren Flächen aus zartem Blau kontrastieren. Der Blick aus dem Fenster ist in der Kunst ein altes Motiv, im Werk Feiningers jedoch ungewöhnlich und nur in dieser Komposition nachweisbar.

1922 besucht Feininger die mecklenburgische Stadt Neu-Brandenburg. Unter dem Eindruck der fast vollständig erhaltenen mittelalterlichen Stadtbefestigung mit ihren vier Toren entsteht das Motiv des Torturmes: *Torturm II* (1925). Auffallend ist, dass Feininger dieses Stadttor nicht von einer der beiden Hauptansichtsseiten mit ihren bogenförmigen Toröffnungen darstellt, sondern aus einer Seitenansicht, bei der die Funktion des Bauwerks nicht zu erkennen ist. Innerhalb der Komposition ist das rechte Drittel durch einen vertikalen Schnitt vom eigentlichen, rötlich leuchtenden Zentrum getrennt. In diesem Teil bilden die transparenten Schichtungen Altstadthäuser, die keine architektonische Verbindung zu dem Torturm haben. Das linke Drittel, die grünlich schimmernde Stadtmauer, ist dagegen mit dem Turm durch die Diagonale verbunden, die sich aus den Überlagerungen der Flächen ergibt.

Die Entstehungszeit dieses ruhigen und klar gegliederten Bildes ist für Feininger eine Phase der künstlerischen Befriedigung und des Selbstvertrauens. Seiner Frau Julia schreibt er am 2. März 1925: »Und das furchtbare ›Weimar‹ Weiß ist verbannt! Das war technisch der Hauptübelstand, weswegen ich nie weiter kam« (zit. nach Luckhardt, 1998, S. 126).

Ab Mai 1929 wirkt Feininger in Halle, wo er im Auftrag der Stadt für Magdeburg ein Gemälde gestaltet. Zwischen 1929 und 1931 hält er sich einige Monate lang in Halle auf und malt elf Bilder der Stadt, die später im Zuge der Aktion »Entartete Kunst« von den Nationalsozialisten beschlagnahmt werden. Die Zeit in Halle kann Feininger ganz seiner Malerei widmen. Er malt u. a. den Dom, den Roten Turm, die Marienkirche und die Türme über der Stadt.

Eine besondere Faszination übt auf Feininger die Marien bzw. Marktkirche von Halle mit ihren vier Türmen aus. In dem Bild *Marktkirche zur Abendstunde* (1930) hat Feininger einen Standpunkt gewählt, der die kleinen Figuren auf dem Marktplatz und, an der rechten Bildkante sichtbar, den Roten Turm mit einschließt. Die so entstandene geräumige Weite des Vordergrundes kontrastiert mit der gewaltig aufragenden Fassade des Kirchenbaues, dessen architektonische Gesamtform als Block belassen wird. Die kristalline Auffächerung der Flächen bezieht sich in erster Linie auf die Behandlung des Lichtraumes, durch den Feininger eine Einbeziehung des Vordergrundes in die Gesamtkomposition zu erzielen sucht.

Trotzdem bleibt das Bild ungewöhnlich leer. Das Blockhafte der Kirche und die Fassade des Roten Turmes machen das Bild zu einer Panoramaansicht, die vor dem leuchtend blauen Himmel wie ein Arrangement von Architektur und begleitenden menschlichen Figuren wirkt. Alois J. Schardt schreibt 1931 zu diesem Bild: »In Halle kann man an manchen Früh- und Spätsommerabenden ein Farbspiel von seltenem Reiz erleben […] Jedenfalls erscheint die Luft und der Himmelsraum von einer so flüssigen, beweglichen Bläue, dass schon psychisch jede Blickintensität, die man auf irgendeine bestimmte Stelle des Äthers richtet, eine Veränderung, Verdichtung, Verdunkelung des Farbtones hervorzurufen scheint« (Schardt, 1931, S. 52). Die hier beschriebene Wirkung wird im Bild außer durch die kristallinen Formen auch durch den Farbauftrag erreicht.

Ein schräger Schatten fällt über die Kirchenfassade. Darunter erscheint mit der von Straßenlaternen erleuchteten Seitenfront ein etwas helleres Dreieck. Die Spitze rückt direkt unter das dunkle Dreieck des Kirchendachs und verstärkt das Aufstreben der vier Kirchtürme.

Die Kirchen wirken bei Feininger auch wie Schiffe, sie sind »Kirchenschiffe«, die in die Weite hinausgleiten wollen, während ihre Türme wie Masten sie mit der Höhe verbinden. Könnte es sein, dass bei dem Maler eine bewusste oder unbewusste Verbindung zwischen Kirchen und Schiffen besteht? Welche Bedeutung haben Schiffe für ihn? Sie werden ihn an seine frühesten Kindheitseindrücke in Manhattan am East River erinnern, wo er mit seinen Eltern wohnt und zahlreiche Schiffe vorbeifahren sieht.

Noch einmal zurück zum Kriegsausbruch 1914. Lyonel Feininger zieht mit seiner Frau wieder von Weimar nach Berlin-Zehlendorf, wo sie schon 1908 einmal gewohnt haben. Mit dem Kriegseintritt der USA 1917 wird sein Leben als Amerikaner, der nie die deutsche Staatsbürgerschaft annimmt, zunehmend schwierig. Die Familie zieht sich nach Braunlage im Harz zurück. Dort beginnt Feininger 1918 mit Holzschnitten, denn im Krieg sind die Ölfarben knapp. Was zunächst aus der Not geboren wird, entwickelt sich für ihn zeitweise zu einer bevorzugten Technik. 237 Holzschnitte entstehen in den beiden Jahren 1919 und 1920.

1918 wird von Künstlern in Berlin die »Novembergruppe« gegründet, die das Ziel hat, ein neues kulturelles Leben aufzubauen. Feininger lernt Walter Gropius kennen. Ein Jahr später, 1919, beruft Gropius ihn an das neu gegründete Bauhaus in Weimar als »Meister der Form« und Leiter der druckgraphischen Werkstatt. Der Begriff Bauhaus knüpft bekanntlich an den der mittelalterlichen Bauhütte an, in der die Kunst und die einzelnen Gewerbe eine Einheit bilden. Feininger ist von 1919 bis 1933 Lehrer am Bauhaus in Weimar und Dessau. Er gehört dem Bauhaus länger an als alle seine Maler- und Künstlerfreunde, länger auch als Walter Gropius selbst, mit dem er, wie gesagt, 1919 als erstberufener Bauhaus-Meister nach Weimar reist, um dort seine Tätigkeit aufzunehmen. 1925 macht er den Wechsel nach Dessau mit, und bis 1933 behält er dort sein Meisterhaus, als das Bauhaus die Stadt bereits verlassen hat, um in Berlin eine Möglichkeit des Weiterwirkens zu suchen. 1932 wird das Bauhaus unter dem Druck der Nationalsozialisten als »Brutstätte des Kulturbolschewismus« geschlossen.

In den Jahren bis 1933 entstehen viele seiner Werke in enger Verknüpfung mit dem Bauhaus in Weimar und Dessau. Für das Bauhaus-Manifest in der Epoche nach dem Ersten Weltkrieg entwirft Feininger den berühmten Holzschnitt einer Kathedrale, das Sinnbild der Bauhaus-Ideale, die »Kathedrale des Sozialismus«, geschaffen als Titelblatt des Bauhaus-Programms. Hier wird der gotische Dom zur Verkörperung eines modernen Gedankens, einer in die Zukunft weisenden Utopie, die dem Charakter der Bauhaus-Idee um 1919 entspricht. Eine solche symbolische Verwendung der Architektur kommt in Feiningers späteren Arbeiten nicht mehr vor.

Für Feininger beginnt nun, mit 48 Jahren, ein neuer Lebensabschnitt. Walter Gropius, Oskar Schlemmer und Paul Klee werden seine Freunde. Mit Bildern wie *Das Atelierfenster* entwickelt Feininger seinen neuen Bildstil der »gläsernen Transparenz«, der in dem Bild *Vogelwolke* von der Ostsee einen Höhepunkt erreicht.

Feininger fährt mit seiner Familie oder allein für mehrere Sommermonate an die Ostsee, nach Rügen, nach Heringsdorf und später, von 1924 bis 1937, in das Fischerdörfchen Deep in Pommern, eine noch nicht von Badegästen überlaufene Gegend mit einer unendlichen See und weitem, wildem Strand. Deep wird für ihn zur zweiten Heimat. Die Landschaft bezaubert ihn und macht ihm ein freies Leben möglich. Das Meer, an dem Feininger die vollkommene Ruhe der Gegenstände und der umschließenden Luft darstellt, ist eine Welt, weit von jeder Wirklichkeit entfernt, in der sich die Segler im atmosphärischen Raum aufzulösen scheinen.

Im Sommer 1924, während des ersten Aufenthaltes in Deep an der Ostseeküste, direkt an der Mündung der Rega, wird für Feininger das Meer zur entscheidenden künstlerischen Inspiration. Er ist tief beeindruckt von dieser Landschaft. An Julia schreibt er: »[D]as Meer ist schön und so verlassen und einsam, wie ich noch nie eins sah« (Brief an Julia Feininger, Deep, 28. Juni 1924, zit. nach März, 1998, S. 306). Feininger führt Zwiegespräche mit den Schiffen, der See und den Wolken. Ruhige Tage am Meer, Dünen und Segelschiffe sind seine bevorzugten Motive. Wie oben bei den »Kirchenschiffen« schon angedeutet, ist das Schiff für Feininger eine Metapher, ein Sinnbild für die Reise durch die Welt, durchs Leben. Es mag die Sehnsucht nach seinem Leben bei den Eltern sein, zu deren Haus ein täglicher Blick auf die Schiffe des East River und auf den weiten Himmel darüber gehört.

Das Meer, der weite Himmel und Segelboote werden in unzähligen Skizzen und Aquarellen festgehalten. Seine Bilder von der See lassen dem hohen Himmel sehr viel Raum. Die Küstenlandschaft bildet den Ausgangspunkt für ruhige, poetische Kompositionen, die die Weite des Meeres in zarte, kristalline Liniengebilde übersetzen. Das Ostsee-Motiv fesselt den Künstler immer wieder, viele Jahre lang. Dabei ist der Raum »an sich« immer wichtiger als alles, was ihn füllen kann (mündliche Mitteilung H. Frank, Berlin, 2009).

In dem Bild *Wolken überm Meer II* (1923) erhebt sich über einem dreigegliederten Horizont aus hellem Strand, dunklem, grünschwarzem Meer und einer grauen Dunstzone eine massive Wolkenwand, die wiederum die Teilung in drei Wolkengefüge zeigt. Die beiden winzigen Figuren im Vordergrund markieren genau die Mitte vorne im Bild. Feininger berichtet Julia am 25. Juli 1923 aus Weimar: »Ich bin fleissig gewesen und habe in wenigen Stunden schon das Wolkenbild so weit gebracht, das ich kaum tauschen möchte […] Der Ton ist viel wärmer und ich denke, es wird räumlich gewaltiger werden, ohne so bunt zu sein« (zit. nach Luckhardt, 1998, S. 122).

Die lineare, architektonische Auffassung bestimmt seine zahlreichen Seestücke von der Ostsee in den 1920er Jahren. In der Reduzierung der Formen und im Interesse an Phänomenen von Licht und Atmosphäre besteht eine Verbindung zu romantischen Gemälden, etwa von C. D. Friedrich, und zu William Turner.

Als Motivvorlage für das ungewöhnlich verfremdete Strandbild *Das hohe Ufer* (1923) bildet die »Natur-Notiz« von der Steilküste bei Timmendorf den Ausgangspunkt für das Gemälde. Man sieht eine Bucht mit dem Blau des Meeres in breiten Spiegelungen, mit einer zerklüfteten Steilküste und kubischen Gesteinsbrocken. Am glatten Strand stehen ein sinnendes Paar und eine einzelne Person vor dem Strandkorb. Auffallend ist die Kleinheit der menschlichen Gestalten im Angesicht der Unendlichkeit und Erhabenheit der göttlichen Schöpfung. Es ist ein bedrohliches Bild. Nichts ist von der lieblichen Ostseelandschaft geblieben. Die urweltlichen Gesteinsbildungen umschließen die Bucht wie eine unerbittliche Klammer. Feiningers *Hohes Ufer* ist ein lautloses Drama der Erstarrung und der Kälte, das von ferne an das *Eismeer* Caspar David Friedrichs erinnert.

Regamündung III (1929): Die Mündung der Rega in die Ostsee bei Deep hat Feininger in drei kompositorisch fast identischen, nur in der Farbigkeit und im Format voneinander abweichenden Fassungen gemalt. Dargestellt ist der Verlauf des Flusses, der vom unteren Rand links diagonal in das Bild kommt und sich im Zentrum der Komposition mit der weiten Wasserfläche vereinigt. Ohne eine durchgezogene Horizontlinie wird das Gemälde von den beiden Ufern der Rega gegliedert. Zwei in ihren Helligkeitswerten kontrastierende Segler unterteilen den Hintergrund, der sich zu durchsichtigen Farbschichtungen auflöst.

Stiller Tag am Meer I (1926): Es gibt drei Fassungen, die allesamt mit ihrer majestätischen Ruhe beeindrucken. Wie schwarzes Glas wirkt die unbewegte Wasserfläche, und selbst die roten Segel des Schiffes sind gläsern durchsichtig. Segel teilen den Himmel in dunklere und hellere Zonen. Woher die weißen Boote rechts und links ihr Licht empfangen, bleibt rätselhaft. Wie ein Relief stehen sie vor der Endlosigkeit. Eine lautlose Stimmung breitet sich aus wie zwischen Zeit und Ewigkeit.

Ein Jahr später entsteht das fast gleichformatige Gemälde *Stiller Tag am Meer II* (1926). Es ist ganz ähnlich aufgebaut, nur dass zu den wenigen kleinen Schiffen menschliche Gestalten am Ufer gehören.

Stiller Tag am Meer III (1929, Abb. 40) ist wenige Zentimeter höher, aber nur halb so breit. Der Dreiklang der Schiffe – vorn rechts ein tiefrotes, weiter hinten links ein gelbes und in der Mitte ganz fern ein kleines weißes Segel – erzeugt einen tieferen Raum. Die von der Schmalseite gesehenen Boote erwecken mit ihrer leichten Neigung den Eindruck einer gleitenden Bewegung. Durch das rote Segel wird das rechte, gelbe Drittel des Himmels vom dunklen, blaugrünen Bereich getrennt. – Das Bild ist als eine der reifsten Kompositionen Feiningers anzusehen. Obwohl eher ein kleines Bild seines Œuvres, gehört es zum Monumentalsten, was Feininger geschaffen hat. Gerade das Übernatürliche ist es, das dieses Bild so auszeichnet. Der Dreiklang der Farben Gelb, Rot und Blau und die Komposition der drei hintereinander gestaffelten Segler geben dem Gemälde einen unübersehbaren Akzent. Den drei Fassungen des Bildes gibt Feininger eine vollkommene Ruhe der Gegenstände. Es gelingt ihm, neben der farblichen Verklammerung der Komposition auch die Formen miteinander zu verbinden.

Ab 1924, nach dem ersten Aufenthalt in Deep an der pommerschen Ostseeküste, verändert sich Feiningers Bildwelt. In Hunderten von Natur-Notizen beschäftigt er sich mit den flüchtigen Motiven von atmosphärischen Stimmungen und mit sich ständig verändernden Landschaften. Zu Feiningers beweglichen Motiven gehören neben den Schiffen auch die Wolken, diese flüchtigsten aller sichtbaren Formen. Am 6. August 1924 wird Feininger Zeuge eines faszinierenden Naturschauspiels. Während des Sommeraufenthaltes in Deep kann er nach einem Sturm am Strand eine auffallende Wolkenbildung beobachten. Der Sturm hat ein Gebilde entstehen lassen, das in seiner zerfurchten Formation an die weit gespannten Schwingen eines Vogels erinnert. Die Wolkenformation scheint tief über dem Strand zu schweben.

Das Naturschauspiel wird zur Raumphantasie des Künstlers. Zwei Jahre später malt er die *Wolke nach dem Sturm (Vogelwolke)* (1926). Jetzt wählt er einen klaren, horizontalen Bildaufbau. Dieser ermöglicht ihm die Konzentration auf das zentrale Motiv, die *Vogelwolke*. Es wurde eines seiner eindrucksvollsten Strandbilder. In strenger horizontaler Schichtung werden eine Strandzone und ein schmaler dunkler Meeresstreifen sichtbar. Eine exakt gemalte Horizontlinie trennt das Wasser vom Himmel, der fast drei Viertel des gesamten Bildraumes einnimmt. Aus ihm erhebt sich raumgreifend das Wolkengebilde, leicht aus der Mittelachse nach rechts verschoben. Als Kontrapunkt für diese Ungleichgewichtung steht eine kleine weiße Rückenfigur am linken Bildrand, zugleich Kompositionselement und menschlicher Maßstab in dieser scheinbar immateriellen Atmosphäre. Auf dem Strand ist die angedeutete Schattenbildung der Wolke zu sehen.

Feininger gestaltet sein Erlebnis der See, des Himmels und der Küste mit malerischen Mitteln des 20. Jahrhunderts zu einem Ausdruck der Größe und Unendlichkeit. Der unendliche Raum, der Mensch und Natur gleichermaßen umfasst, ist der eigentliche Gegenstand der Bilder. In seinen späteren Gemälden, in denen Farbe und Licht den Bildraum formen, verzichtet Feininger fast völlig auf Gegenständlichkeit. Die Figuren stehen winzig klein im Universum.

1937 wird die Wanderausstellung »Entartete Kunst« eröffnet, die auch Gemälde und Aquarelle Feiningers umfasst. 378 seiner Werke werden beschlagnahmt. Als er eine Vorladung durch die nationalsozialistischen Behörden erhält, trifft eine Einladung aus den USA ein. Feininger schreibt an seinen Sohn Theodore Lux: »Ich fühle mich 25 Jahre jünger, seit ich weiß, dass ich in ein Land gehe, wo Phantasie in der Kunst und Abstraktion nicht als absolutes Verbrechen gelten wie hier« (zit. nach Hess, 1991, S. 138).

Das Bild *Schwarze Welle* (1937, Abb. 41) gehört zu den letzten Gemälden, die Feininger kurz vor seiner endgültigen Rückkehr in die Vereinigten Staaten malt. Es zeigt deutlich die Merkmale der Wandlung seines Stils, die sich Mitte der 1930er Jahre vollzieht. Der Farbe allein ist jetzt aufgegeben, die Form zu bilden. Der damit einhergehende Verlust ihrer Transparenz wird durch eine neue, undurchsichtige Leuchtkraft aufgehoben.

Auch in der *Schwarzen Welle* ist die Verdichtung der Farbe zur Form Grundlage der Komposition, die nun auf komplizierte räumliche Verbindungen verzichtet und zu monumentaler Einfachheit strebt. Nur wenige Linien, der unterbrochene Horizontstreifen, der zum stumpfen Winkel abgeknickte Wellenkamm und die Diagonalen, die Meer, Schiff und Himmel zu einer Einheit verbinden, strukturieren die Bildfläche. Das Schiff selbst, das vor dem blauen Horizont von einem schwarzbraunen Wellenberg getragen wird, ist in den Hintergrund gerückt. Diese Distanz und Isolierung des Motivs ist typisch für Feiningers Kompositionen seiner letzten Jahre in Deutschland. Unter vollen Segeln nimmt das Schiff Abschied von der Dunkelheit; die Flaggen weisen in die Zukunft, die für ihn schon wenige Monate nach Entstehung dieses Bildes beginnen soll. Es ist ein amerikanisches Schiff, das die Hoffnung der Zukunft trägt. Die blaugelbe Flagge Schwedens, wo der älteste Sohn der Familie, Andreas, seit 1936 lebt, ist als Zeichen der Abkehr von Deutschland an der Spitze des vordersten der vier Masten angebracht.

In *Traum überm Fluss* (1937) erstreckt sich eine Landschaft am Fluss mit einem stillen Hafen, sanften Hügeln und kleinen schwarzen Booten. Wie im Traum sehen die Menschen am Ufer ein gläsernes Segelschiff heranfahren. In durchsichtiges Blau gehüllt, ist es nah und doch unnahbar fern. Ist das blaue Schiff auch ein Symbol der Erinnerung an das Land der Kindheit Feiningers? Aber dieses bedeutet dem Heimkehrer ein Land, das ihm längst fremd geworden ist. Er malt diesen Traum auf der Grenzlinie zweier Erlebniswelten als eines seiner letzten Bilder in Deutschland.

Zwei Jahre früher, im Sommer 1935, fährt Feininger zum letzten Mal an die Ostsee. Deutschland ist ihm, dem Amerikaner, jedoch offenbar fremd geworden. Der Druck der Nationalsozialisten hat zur Folge, dass Feininger beschließt, Deutschland zu verlassen. Hier entstehen nur noch wenige Gemälde. Mit dem Bild *Traum überm Fluss* malt Feininger 1937 sein Bild des Abschieds von Deutschland. Dann fährt er mit seiner Frau Julia auf dem Schiff nach New York.

Der Komponist

Mit neun Jahren erhält Feininger Geigenunterricht bei seinem Vater und soll zunächst Musiker werden. Bis zu seinem 16. Lebensjahr scheint der berufliche Werdegang für Feininger vorgezeichnet zu sein. Schon als Junge tritt er bei Konzerten seiner Eltern mit seinem frühreifen Violinspiel auf und gilt als eine Art Wunderkind. Wie schon angedeutet, spürt er 1887 auf dem Weg nach Deutschland, dass ihm die reproduktive Ausübung der Musik nicht genügt. Er entschließt sich, den Berufswunsch des Musikers aufzugeben und nicht zu werden, was sein Vater von ihm erwartet. Er möchte Bildender Künstler werden, deshalb ändert er seine Pläne und erhält von seinem Vater die Erlaubnis zum Kunststudium an der Hamburger Kunstgewerbeschule, das er in der Kunstakademie in Berlin fortsetzt. Es mag seine Abwehr von Isolierung, Einsamkeit und ein unausgesprochener Kampf gegen die Härte und Strenge seines Vaters sein.

Sein Studium der Bildenden Kunst in Berlin hindert Feininger jedoch nicht daran, sich weiter für Musik zu interessieren. Sein Freund, der Musiker und Organist Fred Werner, führt ihn auf der Orgel in die Welt der Bach'schen Fugen ein. Dazu muss bemerkt werden, dass eine Fuge die strengste musikalische Form ist, die es gibt, ein mehrstimmiges Instrumental- oder Vokalstück, das in strenger Stimmführung gesetzt ist und von einem charakteristischen, alle Stimmen durchwandernden Thema geprägt wird. In der Bach-Zeit hat die Fuge etwa folgenden Aufbau: Ein Thema erklingt zunächst allein. Sobald es beendet ist, nimmt eine zweite Stimme das Thema auf, dann tritt die die dritte Stimme mit dem Thema auf, dann vielleicht die vierte oder fünfte Stimme. Alle

Stimmen führen also dasselbe Thema durch. Jeder Ton ist streng determiniert. Dazu passt ein Brief an seine Frau Julia, den er am 27. Mai 1914 schreibt: »Ich bin nicht vollständig, mir liegt ein Sinn brach und verquält, wenn ich keine Musik haben kann. Es ist mir so nötig zum Fortbestehen« (zit. nach März, 1998, S. 279). Feininger bringt sich selbst in täglich oft mehr als sechsstündiger Übung das »Wohltemperierte Klavier« von Johann Sebastian Bach bei, bis er alle 48 Präludien und Fugen auswendig spielen kann. Vor allem die Freundschaft mit dem Komponisten Hans Brönner (1892–1978) inspiriert Feininger. Brönner widmet ihm zu seinem 50. Geburtstag 1921 eine Orgelkomposition, und Feininger revanchiert sich mit seiner selbst komponierten ersten Fuge. Bis 1926 entstehen in Weimar elf Fugen, eine weitere bleibt unvollendet. Seine letzte Fuge schreibt Feininger 1927 in Dessau. Bis 1928 entstehen also zwölf Klavier- und Orgelfugen, die er selbst aufführt. Sie alle sind schwierig zu spielen, und selbst manche professionellen Musiker versuchen sich daran, ohne dass das Ergebnis Feininger überzeugt. Er scheut sich, seinen Bildern musikalische Titel zu geben oder Kompositionen in malerische Analogien zu transponieren, obwohl er stolz ist, wenn andere den Zusammenhang seiner Malerei mit seiner Bach-Begeisterung und später mit seinen eigenen Fugen erkennen. Dank Brönner bekommt Feininger einen tiefen und kenntnisreichen Bezug zu Bach und gehört schließlich zu den besten Bach-Kennern.

Als Feininger als erster Meister an das Bauhaus in Weimar berufen wird, trifft er bald auf Gleichgesinnte, die seine Begeisterung für die Musik und besonders für Bach teilen, darunter Kandinsky, Klee und Schlemmer. Mit Klee veranstaltet Feininger häufig Hauskonzerte. Im Mai 1920 spielen Feininger und Hans Brönner Bachwerke, u. a. Präludium und Fuge in b-moll, BWV 891. Diese Fuge trägt der Künstler zuletzt allein vor. An seine Frau schreibt er am 18. Mai 1920: »Das war mir sehr wohltätig, dass ich einmal richtig meine Auffassung zeigen konnte, und Hans […] sagte, es sei eigentlich erstaunlich, wie ich, der mir Bach so im Wesen stecke, nicht doch Musiker anstatt Maler geworden sei. Doch fanden wir, dass das Wesen Bach's doch genau so auch in meiner Malerei zum Ausdruck komme« (zit. nach Hess, 1991, S. 97). Am 3. Dezember 1924 kommt es bei einem Klavierabend zu einer Aufführung von Feiningers Fuge IX in e-Moll. Feiningers Fugenwerk steht weitgehend im Bannkreis von Bach. Seine Fugen sind meist recht lang mit einer prägnanten Dramaturgie der Schlüsse. Für eine breitere Öffentlichkeit tritt Feininger als Komponist erst 1925 ans Licht, als seine Fuge VI für Orgel veröffentlicht wurde. Feiningers Sohn Laurence führt die Fähigkeit seines Vaters zur mühelosen Transponierung der Bach'schen Fugen in andere Tonarten auf »sein ganz ungewöhnliches konstruktives Vermögen und seine ungeheure Konzentrationsfähigkeit« zurück (Laurence Feininger, 1971, zit. nach März, 1998, S. 277).

In seinem bildnerischen wie musikalischen Denken verbindet Feininger, der Einzelgänger, seine Sehnsucht nach Monumentalität mit einem Sinn für Feinabstimmung bis ins Detail. Die Fugen bedeuten für ihn eine »Quelle unbegrenzter Neugestaltungsmöglichkeiten« und ein Trainingsfeld, um die mit musikalischen Mitteln erworbenen Erkenntnisse für die erstrebte »Synthese der Fuge« in seiner Malerei nutzbar zu machen. »Wie beim Malen, so ist auch beim Komponieren sein ganzes Interesse auf das bis ins Kleinste genaue Abstimmen der Farb- und Tonklänge gerichtet« (Laurence Feininger, 1971, zit. nach März, 1998, S. 281).

Die Synästhesie ist bei Feininger besonders eindrucksvoll entwickelt, also das gleichzeitige Erleben verschiedener Sinneseindrücke bei Reizung von nur einem Sinnesorgan. Häufigste Erscheinungen sind die Sinneseindrücke, bei denen vor allem durch akustische Eindrücke optische Erscheinungen mit erregt werden; umgekehrt können auch optische Wahrnehmungen akustische Gefühlserlebnisse hervorrufen. Ein Beispiel ist die Farbwahrnehmung bei einem akustischen Reiz; bestimmte musikalische Effekte lösen dann Farbeindrücke aus. Bei Feininger können ein tiefes Gefühl von Ordnung und Harmonie wie auch träumerische malerische Vorstellungen zum Beispiel durch Fugen von Johann Sebastian Bach bewirkt werden, die beeindruckend schön sind. Er kann mit seiner synästhetischen Begabung Töne in Farben umsetzen. Seine Musik ist auch ein gemaltes Bild. Seine Transformationen sind Übersetzungen von einer Gestaltungsweise in die andere. Schon am 13. März 1913 schreibt Feininger in einem Brief an Alfred Vance Churchill: »[M]eine Bilder nähern sich immer mehr der Synthese, dem Zusammenfügen einer Fuge« (zit. nach März, 1998, S. 273). Sein Leben lang kämpft dieser Künstler auch um die Knappheit, die er in der Musik von Bach rückhaltlos bewundert.

Feininger steht die Vision einer Malerei vor Augen, die von der gleichen Komplexität getragen wird wie die Kompositionen von Bach. Die Brechungen, Harmonien und Reflexionen in Feiningers Bildern stehen tatsächlich in einem engen Zusammenhang mit Bachs Musik, und mit der Zeit wird in seiner Malerei, die Farbtöne und freie lineare Elemente miteinander verwebt, eine zunehmende Hinwendung zur musikalischen Komposition spürbar. Feininger ist Maler und Musiker, seine künstlerische Form ist ein Übergang von Musik zur Malerei. Im Sinne Friedrich Nietzsches ist Feiningers architektonische Malerei eine »gefrorene Musik«.

In seiner Malerei stellt Feininger seine Visionen mit prismatischen und kristallinen Flächen dar, als Raum, gebildet aus vielen Kristallen. Wieso hat Feininger jedoch in der strengsten aller Formen, der Fuge, etwas gefunden, das seinem Ausdruckswillen in der Malerei entspricht? Es könnte die Sehnsucht nach einer strengen Konstruktion wie in den Fugen sein; oder könnten umgekehrt die geometrischen Gebilde in seinen Bildern ein Ausdruck für seine Fugen sein? Die Überlappung von Farbflächen, die Tiefe, in die eine Farbe versinken kann, die Brechung der Lichtstrahlen – all dies hat musikalische Analogien.

Schon 1919 bekennt Feininger einem Freund: »Das transzendente Licht und die kristallinen Stufungen der Gemälde drücken meine Sehnsucht nach einem Aufgehen in jener harmonischen Ganzheit aus, in der sich auch Töne und Emotionen treffen.«

Vor allem Johann Sebastian Bach, der für den bildenden Künstler Feininger schon vor dem Ersten Weltkrieg zu einer Leitfigur wird, bleibt für den Maler eine lebenslange Passion, sowohl in musikalischer Hinsicht wie auch als Modell für sein bildnerisches Schaffen. Die Musik hat Feiningers Leben immer begleitet. Einem Freund bekennt er, dass er die Erlebnisdichte der Musik, die abstrakte Welt der Töne in Bildern zu visualisieren suchte. »Das Romantisch-Visionäre in der Kunst Feiningers hat seine Wurzeln auch in seinem Musikverständnis« (T. Frank, 1992, S. 95 f.).

Feiningers Spätwerk in Amerika

Feininger lebt 50 Jahre lang in Deutschland. Am 11. Juli 1937 kehren er und seine Frau angesichts des Nationalsozialismus in die Vereinigten Staaten zurück. Die Situation in Deutschland wird unerträglich, erschwerend kommt die jüdische Abstammung Julias hinzu. Zwei Jahre lang malt Feininger nichts. Könnte das nach der Trennung von Deutschland auch ein Hinweis auf eine depressive Verstimmung Feiningers sein? Dann vermischen sich Visionen der Erinnerung an Deutschland mit New-York-Motiven. Seine jetzigen Entwürfe werden in Feiningers bekanntem prismatischen Stil ausgeführt: Segelboote, Bauten und Dünen. Die Bilder zeugen davon, dass sich der Künstler noch immer nach der Vergangenheit sehnt und in der Welt seiner Erinnerungen lebt. Seine Bilder zehren von der Rückschau auf die deutschen Städte und Dörfer und auf die Ostsee. Die bescheidene Architektur der Dörfer und der Kirchen hatte ihn fasziniert. Ab 1940 werden die Wolkenkratzer Manhattans zu einem neuen Bildmotiv. Feininger ist von ihnen irritiert. Sie fesseln ihn und stoßen ihn zugleich ab. Das Gefühl des Staunens und der Verwirrung wird in diesen Bildern spürbar. Nicht ohne Scheu nähert sich Feininger dieser neuen Welt. Seinem Sohn Theodore Lux schreibt er: »Irgendwie genügen mir die Motive hier nicht. Sie enthalten zu wenig von meinen inneren Wünschen und führen nur zu naturalistischen Ergebnissen« (zit. nach März, 1998, S. 24).

Mit dem Gemälde *Manhattan I* (1940, Abb. 42) eröffnet Feininger die lange Serie der Manhattan-Bilder. Die Hochhäuser weichen zu beiden Seiten vor einem fahlen Himmel in Gelb und Blau zurück. Sie gleichen eher Ruinen mit Augenhöhlen oder undeutlichen schluchtartigen Felsgestalten als einem festen Architekturbild mit klarer Struktur. Dieses Bild ist eine Komposition, deren Zentrum eine Leerstelle bildet, um die herum sich ganz und gar phantastische Hochbauten erheben. Feiningers Malerei hat sich verändert: Die Linie wird unbestimmter, die Farbe hat ihren gläsernen Klang verloren.

Manhattan II (1940) ist ein Werk aus demselben Jahr. Ein transparenter gigantischer Turm schießt in diagonaler Richtung in die Höhe und verschmilzt mit einem durchscheinenden Himmel. In dem traumhaften, ebenfalls 1944 entstandenen Werk

Manhattan Dawn erfüllt ein zarter atmosphärischer Schleier den vertikalen Raum zwischen den imposanten Gebäuden, so dass die Stadt fast schwerelos wirkt.

Feininger schöpft in Amerika auch aus dem unendlichen Schatz seiner Natur-Notizen, die er aus Deutschland mitgebracht hat. Er malt noch einmal Dörfer aus Thüringen, aber er kann das Thema nicht mehr greifen, es entschwindet ihm. Feininger wird weniger produktiv. 1945 trifft er Walter Gropius wieder. Feiningers Werk wird durch Ausstellungen und Preise gewürdigt. Am 13. Januar 1956 stirbt Lyonel Feininger im Alter von 85 Jahren in seiner Wohnung in New York.

Rückblick

Es existieren gleichsam zwei Welten Lyonel Feiningers. Die eine ist die Welt eines Kindes in der Stadt New York bei den musikalischen Eltern, die von ihm grenzenlos idealisiert werden. Eine solche Idealisierung ist mit der Verleugnung ihrer weniger positiven Seiten verbunden, zum Beispiel mit der Strenge und Disziplin fordernden musikalischen Ausbildung beim Vater. Mit Hilfe der Karikaturen kann der junge Lyonel die verleugneten ungeliebten Seiten seines Vaters ausdrücken.

Wenn seine Eltern auf Konzertreisen sind, erlebt der Junge die andere Seite seiner kindlichen Welt bei den schlichten Farmersleuten, die er als gute äußere und innere Objekte liebt, bei denen er Freiheit erlebt, wo durch das Erzählen von Gespenstergeschichten seine Phantasien angeregt werden. Melanie Klein versteht unter guten inneren Objekten die Quelle des Lebens, der Liebe, des Guten (Klein, 1935). Aber sie sind nicht ideal. Beide Seiten seiner kindlichen Welt bleiben unintegriert: das einfache Leben auf dem Land mit dem Realismus der Farmersleute und das städtische Leben eines strengen Musikerehepaars, dem sich ewig die Frage nach dem Sinn des Lebens stellt, dem die ständigen Selbstzweifel bleiben, ob ein musikalisches Ideal erreichbar ist.

Feininger erfindet in seiner bildenden Kunst den Prismaismus und beginnt damit nach dem Karikaturismus ein zweites künstlerisches Leben in Deutschland. Er tritt mit dieser neuen

Kunstrichtung in ihrer Konsequenz auf den Weg seines Vaters. Eine Identifizierung mit ihm wird deutlich, wodurch einige seiner Eigenschaften gleichsam ein Modell für den Sohn werden, und zwar in der Ähnlichkeit mit der Einstellung zur bildenden Kunst und den väterlichen Forderungen nach Konzentration bei der künstlerischen Arbeit sowie nach Disziplin und Präzision bei den musikalischen Übungen.

Feiningers zwei Welten als Amerikaner und als Deutscher sind analog der Synästhesie eines Malers und eines Komponisten zu sehen. Zwischen seiner Malerei und seiner Musik besteht kein kategorialer Unterschied, weil Feininger über eine besondere synästhetische Begabung verfügt. Das erklärt, warum die Musik sich in der Struktur seiner Bilder widerspiegelt. Die streng strukturierte Art seiner Malerei ist so konzentriert und diszipliniert wie die einer Fuge.

Bei den Figuren in Feiningers Bildern könnte es jedoch noch um mehr gehen: um Verkleinerungen und Vergrößerungen. Mit seinem unsicheren Selbstgefühl mag Feininger entweder sich und andere Menschen als die »Kleinsten« oder als die »Größten« malen: In seiner Phantasie der Übertreibung malt er eine Person, vielleicht sein Selbstbild, vor dem Meer so winzig klein, dass es vor der unendlich weiten Ostsee kaum zu sehen ist. Oder er malt einen riesenhaften Menschen, vielleicht ebenfalls sich selbst, der größer ist als die ihn umgebenden Häuser und manchmal über das Bild hinausragt. Könnte sein Selbstgefühl, entweder sehr groß oder sehr klein zu sein, seinen eigenen Selbstzweifeln und seinen Stimmungsschwankungen entsprechen? Meines Erachtens ist es Feininger gelungen, die Spaltung seines Ich und die der Objekte, wie sie von Melanie Klein (1946) erstmals interpretiert wurde, zu bewältigen. Zwei Rezensenten, Willi Wolfrath (1924) und Paul Westheim (1917), weisen gleichermaßen auf die »Verschiedenheit in Feiningers Schaffen als Spiegel unterschiedlicher Seelenzustände« hin. Feininger erreicht jedoch eine Integration der Gegensätze seiner beiden künstlerischen Welten, als er nach der Rückkehr in die USA mit seiner Kunst aus dem Schatz der Erinnerungen aus Deutschland und den Bildthemen von Manhattan eine Einheit seiner zwei Welten gewinnt.

Erstarrte Trauer

Elend, Gewalt und Tod im Nachkriegswerk
Max Beckmanns

»Willst Du das Unsichtbare kennen lernen, so ergieb
Dich mit ganzem Herzen dem Sichtbaren.«
Max Beckmann, Brief an Curt Valentin vom
20. Dezember 1945

Biographische Skizze

Max Beckmann (1884–1950) wird als das dritte Kind seiner Eltern in Leipzig geboren. Die beiden Geschwister Margarethe und Richard sind wesentlich älter. Im Alter von elf Jahren zieht die Familie nach Braunschweig. Hier stirbt kurz darauf sein Vater, ein Getreidekaufmann. Beckmann setzt den Schulbesuch in Braunschweig und Königslutter fort. 1900 besteht er die Aufnahmeprüfung der Großherzoglich-Sächsischen Kunstschule in Weimar. Er lernt dort die Studentin Minna Tube kennen und heiratet sie 1906.

Zuvor jedoch, 1903, geht Beckmann für ein paar Monate nach Paris, er reist nach Amsterdam, Den Haag und Scheveningen. 1904 bricht er zu einer Italienreise auf, die in Genf endet. Nach Ende seiner Reise richtet sich der Künstler in Berlin-Schöneberg ein Atelier ein. Später zieht das Paar in sein Atelierhaus in Berlin-Hermsdorf.

Beckmanns Landschaftsmalerei ist neben dem Porträt sein besonderes Genre. 1905, im Alter von 21 Jahren, malt Beckmann das erste Hauptwerk seiner frühen Jahre: *Junge Männer am Meer*. 1906 stirbt Beckmanns Mutter. Er hatte zu ihr eine gute Beziehung. Als Reaktion auf ihren Tod malt er noch in diesem Jahr eine *große* und eine *kleine Sterbeszene*. Sie lassen sich mit Motiven von Edvard Munch vergleichen. 1908 kommt der Sohn Peter auf die Welt.

1914 meldet sich Beckmann freiwillig als Sanitäter an die Front. Hier verändern die Kriegserfahrungen sein Leben und seine Kunst unwiderruflich. Schon 1915 erkrankt er an einer schweren Depression und bricht körperlich und seelisch zusammen. Unter dem Eindruck seiner apokalyptischen Fronterlebnisse in Flandern wird Beckmann ein anderer. Nichts ist für ihn mehr wie zuvor. Seine Frau und sein Sohn sind von Berlin nach Graz gezogen, wo Minna ein Engagement als Opernsängerin erhalten hat. Beckmann fasst in seiner Vereinsamung den Entschluss, sich von seiner Frau, dem Sohn und der Schwiegermutter ganz zu trennen. Nach seiner Erfahrung an der Kriegsfront erscheint es ihm unmöglich, sein Leben mit irgendjemandem zu teilen. 1917 wird er endgültig aus dem Militärdienst entlassen. Nach dem Krieg bricht er mit dem realistischen Stil seiner Vorkriegskunst. Bis zu seiner zweiten Heirat mit Mathilde, »Quappi«, von Kaulbach Mitte der 1920er Jahre lebt er vier Jahre lang bei Freunden in Frankfurt am Main. Ab 1933 werden Beckmanns Bilder aus deutschen Museen entfernt. 1940 flüchten Beckmann und seine Frau nach Amsterdam und leben bis 1946 dort. 1947 zieht das Paar in die USA. 1950 stirbt Beckmann in New York.

Gemälde nach dem Ersten Weltkrieg

Der Erste Weltkrieg bedeutet im Werk von Max Beckmann das Ende einer Periode und gleichzeitig einen Neubeginn. Die stilistische Verschiedenartigkeit zwischen den Bildern vor 1914 und aus der Zeit danach ist so groß, dass ein oberflächlicher Blick ergeben könnte, man habe es nicht nur mit zwei verschiedenen Künstlerpersönlichkeiten zu tun, sondern mit zwei ganz unterschiedlichen bildnerischen Systemen. Meine Untersuchung der Werke nach dem Weltkrieg setzt mit dem Bild *Die Nacht* von 1918 ein. Es folgen die späteren Gemälde mit dem für Beckmann typischen rätselhaften Geheimnischarakter.

Beckmanns Interesse an seiner künstlerischen Arbeit konzentriert sich jetzt auf sein Erleben vorwiegend in der Zeit nach dem Ersten Weltkrieg. Im Folgenden möchte ich auf einige Gemälde aus seinem Werk nach dem Krieg ausführlicher eingehen, die seit einigen Jahren zunehmend Gegenstand kunsthistorischer Interpretation geworden sind.

Das Hauptwerk der Nachkriegszeit, das Bild *Die Nacht* (1918/

1919, Abb. 43), stellt die soziale, wirtschaftliche und politische Situation im Nachkriegsdeutschland dar. Es ist ein vollgedrängtes Gemälde, das Beckmann Mitte März 1919 nach schwerer Arbeit beendet. Als eine entsetzliche Mord- und Folterszene spielt es sich vor den Augen des Betrachters ab. Es ist eines der ersten verschlüsselten Bilder Beckmanns. Der Künstler zieht 1918/19 die Summe seiner Erfahrungen aus dem Krieg und projiziert sie auf die Großstadtgesellschaft Nachkriegsdeutschlands. Das Bild *Die Nacht* ist wahrscheinlich die erschreckende Vision heimgekehrter Krieger, die das Gemetzel des Weltkrieges in privaten Räumen weiterführen. Der Krieg hat sich vom Schlachtfeld in die Wohnstube verlagert.

Das Thema ist ein nächtlicher Mordüberfall. Drei Mordgesellen verwandeln die bürgerlich-familiäre Dachkammeridylle in eine überfüllte Folterkammer. Sie sind in die Dachkammer eingedrungen, in der, wie Tisch und Teller zeigen, eine Familie zum Abendessen versammelt war. Man sieht eine Szene des Grauens, den Eindruck eines brutalen Verbrechens in der Welt des harmlosen Bürgers. Eine Fesselung ist dargestellt, ein Mann wird gerade gehenkt, eine den Blicken der Folterer preisgegebene Frau wird an den Handgelenken gefesselt und ist auf ihre sexuelle Funktion reduziert. Man hat ihr die Kleider halb vom Leib gerissen, mit brutal gespreizten Beinen ist sie Objekt einer Vergewaltigung. Beschwörend reckt sie die gefesselten Hände dem Nachthimmel und der Mondsichel entgegen. Der erste Mörder erdrosselt den Familienvater mit einer um den Dachbalken gezogenen Schlinge, während ihm der zweite noch den linken Arm bricht. Der dritte hat das Kind gepackt und die Hand schon am Fenster, um es hinauszuwerfen. Nur die Frau im Hintergrund bleibt Beobachterin und lässt den Betrachter mit ihrem gespannten Blick unmittelbar an dem schrecklichen, sinnlosen Geschehen teilnehmen. Die gespreizten Beine der jungen Frau und die Gesten der Opfer erstarren ebenso wie die gewalttätigen Handlungen der Mörder. Die Halsschlinge und die Hände des einen, Pfeife rauchenden, Mörders wie die anscheinend an den Fensterrahmen gebundenen Hände der Frau steigern das Würgemoment des Ganzen. Eine Kerze ist umgefallen und erloschen, sie verweist auf den Tod. Die zweite, brennende Kerze ist in Richtung auf das Mädchen stehen geblieben und weist auf das Leben hin.

Schrille Töne scheinen die Dramatik der Szene zu verstärken: Der Gehenkte hat den Mund zum Schrei geöffnet, links schickt ein Hund jaulend seine Klage aus dem Bild heraus. Der sich dem Betrachter entgegenneigende Grammophontrichter ist zentral ins Bild gesetzt und der einzige optische Ruhepunkt in der hektischen Zersplitterung des Gemäldes. Er scheint die Schreie des Entsetzens eher zu verschlucken als zu verstärken. So wandelt sich der Höllenlärm zu gespenstischer Stille, und die Szene scheint trotz erzählerischer Drastik wie eingefroren.

Was auf den ersten Blick so eindeutig erscheint – brutale Mörder zerstören die bürgerliche Idylle –, gestaltet sich auf den zweiten Blick viel schwieriger. Täter und Opfer sind nicht ohne weiteres voneinander zu trennen. Die Kopfverbände weisen darauf hin, dass die Täter auch vorher Opfer gewesen sein müssen. Die sorgfältige Frisur des Gehenkten zeigt seine gutbürgerliche Stellung, einer der Täter trägt auch einen Kopfverband und scheint zu einem Folterknecht geworden zu sein. Dem Mann mit dem Mädchen unter dem Arm ist der Blick durch seine Schirmmütze verdeckt, er erscheint wie ein Proletarier und handelt blind und unbedacht, wie auch sein Griff zur Fenstergardine als ein Akt von Zerstörungswut erscheint. Er sieht sich wie ein Gehetzter oder Verfolgter nach vermeintlichen Zeugen um und könnte sich selbst als Opfer einer drohenden Aggression fürchten. Nun wird er seinerseits zum Täter. Paradoxerweise sucht das Kind ausgerechnet unter dem Mantel seines Mörders Schutz.

Völlig offen bleibt das Warum des Überfalls. Ein Grund für das entsetzliche Treiben ist nirgends zu erkennen. Der »Henker«, der ebenfalls einen Kopfverband trägt, ist geradezu gesichtslos dargestellt. Die Szene ist zur Hölle geworden, aus der es kein Entrinnen gibt. Das Bild könnte eine erschreckende Vision heimgekehrter Krieger sein, die das Gemetzel des Krieges in der häuslichen Kammer weiterführen.

Nach einer anderen Deutung lässt sich das Bild als Darstellung der bei Tag verdrängten, bei Nacht ausgelebten Aggressionstriebe verstehen. Das Gemälde entzieht sich einer eindeutigen Entschlüsselung. Es gibt das Schmerzensgeschrei der Menschen wieder. Die Deutung des Bildes ist vielschichtig und bleibt letztendlich rätselhaft. Kann man *Die Nacht* anders verstehen als Brutalität, die jede Hoffnung und jede Freundlichkeit ausschließt?

Sicher spiegelt das Bild die beunruhigende Situation der Nachkriegszeit wider. Die Novemberrevolution 1918, der Zusammenbruch des wilhelminischen Reiches und der kommunistische Januaraufstand 1919, ein Alltag voller Erinnerungen an den Krieg der Armut und Gewalt, all dies bildet auch die Gefühlslage für Beckmanns aggressive Auffassung dieser Jahre. Das Bild strahlt eine erbitterte Anklage aus. In seinem Werk ist der Mensch der ganzen Gewalt des Krieges ausgesetzt. Das Grauen, das vorher den Kriegsschauplatz bestimmt hatte, bricht in den privaten Raum ein. Diesen Eindrücken versucht Beckmann unbewegt ins Auge zu sehen.

Sein Blick gilt auch dem eigenen Ich, das das Elend des Krieges erfahren und überlebt hat. Die Figuren im Gemälde könnten die Mitglieder der Familie Beckmann darstellen. Vater, Mutter und Kind sind den Mördern ausgeliefert. Nur die Großmutter im Bildhintergrund scheint wenig entsetzt zu sein.

Die Gräuelszene dieses Bildes steht dem Themenkreis der Lithographie-Mappe *Die Hölle* (1919) nahe, dessen Blatt 3 *Das Martyrium* sich wohl auf die Ermordung Rosa Luxemburgs bezieht. Trotz der Tatsache, dass die Mörder als dumpfe Handlanger, kleinbürgerliche Mitläufer oder Proletarier charakterisiert sind, handelt es sich nicht um ein politisches Bild. Es geht Beckmann um die Deutung von Leben generell. Er selbst ist der Ansicht, dass wir teilnehmen müssten an dem ganzen Elend, das kommen wird. Unser Herz und unsere Nerven würden wir dem schaurigen Schmerzensgeschrei der armen getäuschten Menschen preisgeben müssen.

Diese Forderungen, die ihren Ursprung im Kriegserlebnis von 1915 haben, bestimmen auch den Sinngehalt des Bildes. Leben ist Leiden, Leben ist irdische Hölle, wobei auch hier der unheilvolle Zusammenhang von Sexualität und Tod angedeutet scheint. Der Folterknecht zeigt mit seinem harten Zugriff die vernichtend ausgelebte menschliche Aggression. Nur die beobachtende Frau im Hintergrund könnte als Kontrast zum aggressiven Triebleben gesehen werden.

Die Auffassung Beckmanns von 1919 drückt sich in der Leidensdemonstration ebenso aus wie in der Anspielung auf das Thema Fastnacht, das die frühen 1920er Jahre bestimmen wird. Eine Kostümierung als Pierrette ist bei der jungen Frau angedeutet, die Schlinge des Gehenkten ist das gepunktete Tuch eines Clowns. Bei dem Pfeifenraucher und der Voyeurin handelt es sich angeblich um Beckmanns Freunde Ugi und Friedel Battenberg.

Das vollgedrängte Zimmer wird noch mehrfach variiert, zum Beispiel im Gemälde *Frauenbad*, im *Familienbild*, in dem Bild *Der Traum* und in *Vor dem Maskenball*. Die Enge nach dem Krieg in Frankfurt wirkt sich im gepressten Raum dieser Bilder aus.

Die in dem Bild *Das Frauenbad* (1919, Abb. 44) räumlich dicht zusammengedrängte Figurenkomposition hat kaum Ähnlichkeit mit dem, was der Betrachter mit dem Titel assoziiert. Nichts erinnert an die entspannende und entspannte Atmosphäre eines Familienbades: Die Gestalten sind in ein enges Gehäuse gepfercht, das eher an ein Irrenhaus, an einen Luftschutzbunker oder ein Verlies erinnert und dem Einzelnen keinen Bewegungsspielraum lässt. Frauen und Kinder erscheinen in ihrem hektisch-sinnlosen Spiel und ihrer kränklichen Farbe wie Kretins. Es ist ein Ort, der nicht zum Verweilen einlädt, vielmehr die dargestellten Personen wie ein Gefängnis umschließt.

Die Komposition unterstreicht besonders prägnant die Abgeschlossenheit von außen einerseits und die Isolation der Einzelnen andererseits. Das Hermetische des bunkerähnlichen Baderaumes wird deshalb so besonders offensichtlich, weil zu viele Personen auf engem Raum zusammengedrängt sind und weil diese zudem durch die formale Anordnung wie in einem Reigen aufeinander bezogen und deutlich vom Betrachter getrennt sind. Bis auf das mit dem Kind spielende Mädchen vorn gibt es keine Blickkontakte. Damit ist die Gruppe nach außen isoliert und gibt dem Individuum keinen Halt. Diese Vereinzelung wird in dem überfüllten Raum besonders offenkundig.

Der Betrachter fühlt sich an Dürers 1496 datierte Federzeichnung *Frauenbad* erinnert, die in der Anordnung gewisse Parallelen aufweist. An den extremen Unterschieden zwischen beiden Arbeiten wird Beckmanns eigenartige Interpretation des Themas verständlicher. Dürers Figuren zeigen eine ganz vitale Körperlichkeit. Wie anders dagegen ist Beckmanns beklemmende Szenerie geraten! Seine Figuren sind unpassend bekleidet; die, die nackt sind, würde man angezogen eher ertragen: Die Kleinkinder wirken wie kleine, kränkliche Ungetüme, unangenehm zum Beispiel der Junge rechts im Bild. Die alte ausgemergelte Frau in der Mitte, eine negative Entsprechung zur jungen Schönen bei Dürer, bestimmt mit ihrem eingefallenen Rücken deutlich die Komposition. Der Blick wird immer wieder über diese Figur in die Bildtiefe gezogen, die ebenso leer und unbestimmt bleibt wie das Ziel, auf das die Frau auf der Schaukel in der gegenläufigen Richtung blickt.

Man wird das Bild wohl in enger Beziehung zu Beckmanns psychischer Situation nach dem Ersten Weltkrieg sehen und von daher die Interpretation ansetzen müssen. Wie bei der *Nacht* kann es sich auch hier nur um eine Metapher handeln, denn die Darstellung entspricht nicht einem realistischen Abbild der Wirklichkeit, sondern ist inszeniert.

Das Gefängnis der Welt ist hier noch als ein räumlich geschlossenes aufgefasst; Unfreiheit ist auf die Beschränkung der Bewegungsfreiheit bezogen. Gleichwohl fällt es schwer, für diese Menschen Mitleid zu entwickeln. Mit ihrer griesgrämigen, nörgeligen Ausstrahlung erzeugen sie eher Abneigung. Von daher erscheint dieses Bild, darin typisch für die ersten Nachkriegsjahre, bestimmt durch eine Verdoppelung: Das Eingesperrtsein des Individuums ist nicht nur ein von außen Gesetztes, sondern auch ein dem Einzelnen Auferlegtes. Er ist verstümmelt; unfähig, sich daraus zu befreien, er verharrt dumpf darin.

In der Stadtlandschaft *Die Synagoge* (1919, Abb. 45) bietet Max Beckmann eine Fröhlichkeit, der man nicht traut. Drei Personen, darunter wahrscheinlich der Maler, befinden sich nach einer Faschingsnacht auf dem Heimweg, vorbei an der Frankfurter Synagoge. Sie schwanken leicht, und die Laternen und Häuser scheinen in die Bewegung einzustimmen. Die Teilansicht des ehemaligen Börneplatzes in Frankfurt am Main mit der Synagoge der israelitischen Gemeinde im alten jüdischen Viertel verwandelt sich im Bild zu einem rätselhaften und beunruhigenden Stadtteil. Weit in die Tiefe gehende enge Straßen, aggressiv vorstoßende Häuserecken, Zäune und Bürgersteige, starr verschlossene, aber unheimlich sich bewegende Fassaden und ein fahles Morgenlicht erzeugen die abweisende Szenerie, in der sich die drei Passanten seltsam verloren ausnehmen. Unbelebt wirkt die Stadt, in der stabil Gefügtes wie unter äußerem Zwang aus dem Gleichgewicht gerät. Der Synagogenbau kippt nach rückwärts, die Häuser schieben sich schwankend ineinander, die Laternenpfähle taumeln, die Kugellampen schweben in der Luft. Und dies alles ist in einer Starre zu sehen, zu der auch der bleiche Himmel mit dem künstlichen Morgenrot und der blassen Mondsichel gehört.

Quälende Enge und eine menschenfeindliche Verschlossenheit sind hier weniger das Charakteristikum einer deutschen Großstadt jener Zeit als vielmehr Spiegelungen einer bedrohlichen Gegenwart der frühen Nachkriegsjahre. Das Wort »NOT« und das überschnittene Gesicht auf dem Anschlag der Litfaßsäule thematisieren ein tägliches Geschehen und stehen als Kürzel für einen Alltag von Terror und Not.

In dem Mappenwerk *Die Hölle* und in dem Bild *Die Nacht* hat Beckmann die politische und individuelle Grundstimmung der Jahre 1918/19 zum Gegenstand gemacht. Ein Ausdruck von Unbehagen und bösen Ahnungen beherrschen das Bild *Die Synagoge*. Auch die Mondsichel, die auf der Plakatsäule des Gemäldes *Die Synagoge* wiederkehrt, mag auf Unheil hinweisen. Die schwankenden, teils dunklen, teils erleuchteten Fenster ähneln dem Fensterkreuz auf dem Titelblatt zur Illustrationsfolge *Stadtnacht* (1920), einer Bordellszene, in der ein Mord geschieht. Die kompositionelle Anordnung des Blattes vermittelt ebenfalls das Gefühl von Enge und Eingeschlossensein und eine bedrohlichgroteske Stimmung.

Die Übermacht der Gebäude steht in einem inadäquaten Verhältnis zur Winzigkeit der Figuren und lässt die menschliche Existenz unwichtig erscheinen.

Seltsam bleibt in dem Bildzusammenhang, dessen Rätselcharakter die idolhafte Katze zusätzlich markiert, die Motivwahl der Synagoge. Wie bei der direkten Anspielung auf die Ermordung Rosa Luxemburgs in *Martyrium* (1919) mag Beckmann hier einen verstärkten Hinweis auf den seit 1916 gesteigerten Antisemitismus gegeben haben, von dem sich der Künstler kritisch distanzierte.

Die Synagoge ist ebenso wie *Die Nacht* exemplarisch für Beckmanns eigenwilligen Beitrag zur politischen Tendenz der Kunst der neuen Sachlichkeit.

In *Familienbild* (1920, Abb. 46) wirkt sich das vollgedrängte Zimmer der bürgerlichen Familie in seinem Querformat mit der Enge in den kleinen Verhältnissen nach dem Krieg und in der Stadt Frankfurt in einer bedrückenden, unerträglichen Enge dieses gepressten Raumes aus. Den Figuren wird kein Lebensraum zugeteilt. Alle machen einen vereinsamten Eindruck. Die einzelnen Familienmitglieder sehen sich nicht an, was den Eindruck ihres isolierten Lebens noch verstärkt. Ihre Gesichter sind starr und bewegungslos. Man sieht weder ein Lachen noch ein Weinen, nur eine physische und psychische Erstarrung. Was sie fühlen, muss so schrecklich sein, dass es nicht ausgesprochen werden kann: Elend, Verzweiflung und Suizidgedanken.

Die Wahrnehmung bedrückender Enge entsteht nicht aus dem Raum, sondern durch die körperliche Nähe der einzelnen Personen zueinander. Die aussichtslose Situation des umstellten Menschen ist schmerzhaft konkret geschildert. Es wirkt wie eine stillere Version des aggressiven Bildes *Die Nacht*. Das Bild zeigt bereits die beruhigte und distanziertere Auffassung, die die Leidensthematik der im Umkreis der *Nacht* entstandenen Arbeiten ablöst. Der niedrige, enge Kastenraum ist dicht gefüllt mit Figuren: Max Beckmann auf der Bank vor dem Klavier, mit dem Rücken zum Betrachter Minna Beckmann-Tube, um den Tisch versammelt Beckmanns Schwiegermutter, Anni Tube, deren Schwester, Beckmanns Sohn Peter und, ganz in den Lokalanzeiger vertieft, eine entfernte Verwandte, die in dieser Zeit im Haushalt hilft. Zu diesem Zeitpunkt, genauer seit 1915, hält sich Beckmann schon vorwiegend in Frankfurt auf, Minna befindet sich häufig auf Tournee als Opernsängerin, während die restliche Familie in Berlin lebt. Peter Beckmann wächst zeitweise bei seiner Großmutter auf.

Das kleine hornartige Musikinstrument unter der rechten Figur setzt die Tischrunde in Beziehung zum verkleideten Paar. Das Thema Karneval steht zu dieser Zeit zentral im Werk Beckmanns. Vielleicht will er das depressive Grundgefühl damit abmildern. Während der Künstler gegen dieses Eingeschlossensein noch verzweifelt protestiert, richtet er jetzt den angespannten Blick durch die geöffnete Tür nach draußen in die »schaurige Tiefe« des »unendlichen Raumes«, in das »finstre schwarze Loch […] der Ewigkeit«, wie er in einem Brief vom 24. Mai 1915 schreibt (zit. nach Schulz-Hoffmann und Weiss, 1984, S. 213). Er ist der Seher, der das Leiden nur noch mit dem Kopfverband vorträgt. Nicht mehr das Fastnachtshorn des Clowns ist sein Instrument, sondern die Trompete, die auf den Anspruch des Malers, Verkünder zu sein, hinweist. Wesentliche Begleitung des Künstlers ist hier zum ersten Mal die seltsame Figur des Königs, mit der sich Beckmann zunehmend identifizieren wird. Er ist ein Leitbild und vertritt den Führungsanspruch des Künstlers. Der König symbolisiert ein Zentrum der Existenz des Menschen und ist dem Narrentum entgegengesetzt.

Das neue Selbstverständnis, das noch einmal im *Traum* von 1921 erscheint, drückt sich in mehreren Momenten aus. Der Raum weitet und öffnet sich, die Figuren gewinnen Festigkeit; traditionell geprägte Motive sammeln sich auffällig. Als Vanitas-Symbole verweisen brennende Lichter, Bücher und die erlöschende, rauchende Kerze mahnend auf den Tod. Die Frau mit Spiegel und Maskengesicht ist eine Personifikation irdischer Eitelkeit und Täuschung und vergegenwärtigt zudem die unheilvolle Rolle, die das Lockmittel Frau im Kreislauf des Werdens immer wieder spielen wird.

Auch in dem Bild *Der Traum* (1921, Abb. 47) verarbeitet Beckmann die Hilflosigkeit in der Nachkriegszeit und versucht um einen Neuanfang zu ringen. Das Gemälde hat einen Mittelpunkt: Zentrum der in einen engen Kastenraum gezwängten Menschengruppe bildet das auf einem Koffer sitzende blondhaarige Mädchen, das offenbar nicht in das aberwitzige Treiben der anderen einbezogen ist. Blauäugig und naiv sitzt es staunend und ohne Angst da, unverstellt und offen, den linken Arm mit der Handfläche nach außen drehend, im rechten eine Beifall klatschende Kasperlepuppe. Nach der Reisekiste zu schließen, scheint sie von außerhalb in dieses Tollhaus Berlin gekommen zu sein.

Das Bedrängende dieses hier dargestellten Traumes, grotesk übersteigert, liegt in der Unmöglichkeit allen Bemühens, weil offensichtlich die einfachsten Grundvoraussetzungen fehlen. Es bleiben dennoch ganz deutliche Interpretationsansätze, deren Schlüssel vermutlich in dem Mädchen mit dem Kasper und dem Hinweis auf Berlin liegen: Berlin als Sammelbecken durch den Krieg entwurzelter, verzweifelter Existenzen, die sich um dieses Mädchen in der Bildmitte versammeln, das sich als Hoffnung auf bessere Zeiten verstehen lässt. Krüppel sind sie alle, ob physisch oder psychisch. Der Kasper, ein Relikt der Kindheit dieses jungen Mädchens, gratuliert ihnen hämisch zu ihrem verzweifelt närrischen Tun, das seine eigenen Narreteien durch ihre Sinnlosigkeit bei weitem übertrifft. Wofür sich diese Krüppel verbissen abmühen, scheint ihnen selbst am allerwenigsten bewusst zu sein. Sie haben alle die Augen geschlossen. Sie scheinen zu träumen.

Der Mann in Sträflingskleidung versucht vergeblich, mit seinen Armstümpfen eine Leiter zu erklimmen, die zu keinem erkennbaren Ziel führt, außer zur Decke, an der er sich gleich den Kopf stoßen wird. Oder will er die dort befestigte Leiter holen, um aus diesem Kastenraum entfliehen zu können, der aber ganz offensichtlich keine Öffnung nach oben hat? Der Blinde bläst besessen in sein Horn und dreht die Orgel, obwohl niemand zugegen ist, der ihn für seine Mühen belohnen könnte. Der Krüppel im Harlekin-Gewand mit einem Stahlhelm rutscht auf seinem Brett, auf Krücken gestützt, sinnlos auf dem Boden voran. Die Frau spielt auf einem Cello, das offenbar unspielbar ist. Sie hat wohl einen Rausch nach Hause geschleppt. Die Petroleumlampe im Vordergrund steht bezeichnenderweise so, dass wir ihr Licht nicht sehen können: Sie steht von uns abgewandt und erhellt – wenn überhaupt irgendetwas – unnützerweise nur den Rock der Frau, sie erleuchtet uns jedoch keinesfalls die Szenerie.

Das Bild wird damit zu einer Metapher für das Beckmann immer wieder beschäftigende Thema der Großstadt, als dessen Sinnbild Berlin figuriert. Das Bild erhält durch die Hoffnungslosigkeit nach einem verlorenen Krieg einen so grauenvollen Sinn, dass die Verkleidung in einen Traum nötig war, um diese erschreckliche Erkenntnis zu relativieren. In diesem Zusammenhang überrascht die Naivität des Mädchens in der Bildmitte. Das Öffnen der Hand, ihre Offenheit und ihr unverstelltes Staunen sind ein wesentlicher Teil der bildnerischen Aussage in diesem verrückten Ambiente. Dieses Mädchen mit ihren offenen Augen, das in eine furchtbare Welt versetzt wurde, ist die einzige Person, die eine reale Zukunft möglich erscheinen lässt.

Das Bild stellt einen Traum von einer Faschingsnacht dar, gleichzeitig ist es ein Traum vom Elend nach dem Ersten Weltkrieg. Beckmanns gedrängte Sicht der Realität ist jedoch ins Groteske verzerrt und damit verdeckt, das Elend wird getarnt durch Kostümierungen bis zur Maskierung, durch Musikinstrumente und durch eine Kasperlefigur, um die erlebte grauenhafte Wirklichkeit des Krieges, die Beckmann selbst erfahren hat, nicht erneut sehen zu müssen. Scheinbar geschieht nichts Ernstzunehmendes in diesem Traum. Der Fisch, ein christliches Symbol, und ein Bischofsstab könnten jedoch die Reste der Hoffnungen auf eine bessere Zukunft in der Nachkriegszeit charakterisieren.

Auch das blonde Mädchen im Traum lässt sich als Ausdruck der Hoffnung auf bessere Zeiten verstehen.

Trotz ihres grotesken Verhaltens wirken alle Personen im Grunde traurig und Mitleid erregend. Sie erinnern an das Gemälde *Vor dem Maskenball*, an das Bild von einer bürgerlichen Welt, während das Traumbild eher das Proletariat widerspiegelt.

Meines Erachtens bieten sich drei verschiedene Deutungen des Traumgemäldes an:
- Der Traum ist ein Alptraum. Alle männlichen Personen sind verkrüppelt, was aber nur im Traum sichtbar wird. Die Realität ist so grausam, dass sie nicht dargestellt, sondern nur geträumt werden kann.
- Es ist ein Traum von einer Faschingsnacht, ein Faschingstraum mit grotesken Figuren, hinter denen sich das Elend der Nachkriegszeit verbirgt.
- Es ist ein Traum der Scheinbarkeit, der das Unglück der Zeit nach dem Krieg nicht ernst zu nehmen versucht. Das Nachkriegselend soll durch Kostümierungen und Masken verdeckt bleiben.

Der Kunsthistoriker Wilhelm Fraenger (1890–1964) sieht das Bild in seinem Aufsatz *Der Traum – Ein Beitrag zur Physiognomik des Grotesken* so, dass kein anderes Gemälde Beckmanns den Betrachter zu so vielen Fragen zwingt. Zunächst beschreibt er das inhaltliche Milieu des Bildes. Der Zugang zu ihm ist nicht leicht, da es uns schon durch seine Inhaltswelt fremd erscheint, durch seine Hässlichkeit bestürzt und verrätselt wirkt (Fraenger, 1924, zit. nach Schneede, 2009, S. 98).

Was wollen diese fünf Gestalten, die sich in einer kahlen Bodenkammer zu einem Faschingstraum des Elends zusammenfinden? Der eine Mann ist einem Lazarett entkrochen. Der andere steckt in einer Gefängnistracht. Der dritte stammt aus einer Bettelgasse. Den Lebensernst der Kunst findet Fraenger in der Fratze des Grotesken, das für die Alpträume dieser Menschen steht. Drei Traumbezirke unterscheidet er auf dem Gemälde:
- Das Mädchen sitzt auf seinem armseligen Köfferchen und sieht ein Traumbild von dem Spuk der Großstadtstraße. Ihre

von der Fastnacht aufgeregte Phantasie vermischt den grotesken Eindruck zweier Bettelleute mit der Erinnerung an den Faschingsmummenschanz. So kommt einer denn herangekrochen, in buntem Narrenkleid, halb Hanswurst, halb Lazarettgespenst. Er hängt im Stützwerk seiner beiden Krücken wie ein in einen engen Laufstall gepferchtes Kind. Der andere ist der blinde Musikant mit seinem Orgelpfeifenkasten. Er trägt ein silbergraues Wams, welches von einem abgenutzten Schlafrock stammt. Sein Fastnachtsattribut ist eine große Trompete, in welche er mit Eifer bläst.

– Im zweiten Traumbezirk des Bildes steht der Klettermann in seinem rot und weiß gestreiften Zuchthauskleid. Ein Angsttraum zwingt ihn, eine Leiter zu ersteigen, die wie ein schwankender Giebel in der Kammer steht. Doch ihn lähmt eine schwere Hemmung. Die Beine versagen ihren Dienst, die beiden Arme sind vollends unbrauchbar. Die Hände fehlen. Sie sind abgehackt, die Armstümpfe sind in Windeln eingeschnürt. Der Alptraum dieser Zuchthausdarstellung zeigt, dass dieser Gelähmte einen schlüpfrigen Fisch wer weiß wohin schleppen will. Dieser Fisch ohne Wasser könnte meines Erachtens einem Selbstbild des hilflos gewordenen Sträflings entsprechen.

– Zur Groteske dieser Marterleiter bildet der Traum der Magd den ausgleichenden Gegenwert des Komischen. Inmitten ungestümer Gegenstände kollert die Magd strampelnd auf dem Boden. Alles in allem zeigt sich in dieser Faschingsnacht mit den Verkleidungen der Gestalten eine wüste Welt von Elend, Siechtum und Narrheit. Was den Gedanken dieses Traumes so grauenvoll und zweideutig macht, das ist das Unbewusste des Geschehens: Kein Spieler weiß vom anderen, denn vom Schlaf betäubt geht sein blindes Ich beziehungslos an dem Traumgeschehen vorüber. Unter dieser faschingshaften Groteske verbergen sich Grauen und anwiderndes Lachen.

In den Nachkriegsbildern hat Beckmann immer wieder versucht, seine eigenen grauenhaften Kriegserlebnisse bildhaft darzustellen und seine Unfähigkeit, den Verwundeten und Sterbenden Hilfe zu leisten. Die Mappe *Die Hölle* zeigt eine Fortsetzung der Kriegserlebnisse Beckmanns – Tod, Gewalt und Mord – jetzt im Privatleben. Aber auch eine bedrückende Enge, Wohnungsnot,

Hunger, wirtschaftliche und soziale Unruhen schrecklicher Art auf der Straße drängen sich auf. Ideologen, die in nächtlichen Versammlungen am Rednerpult ihre Stunde haben, sowie politische Ereignisse wie die Ermordung Rosa Luxemburgs gehören zum menschlichen Elend jener Zeit nach dem Krieg. Die Hölle hat auf der Straße und in den Häusern ihren Ort.

Tod, Gewalt, Lieblosigkeit, materielle Not sind Erinnerungen, die in eine tief depressive Verfassung Beckmanns aus der Zeit des Ersten Weltkriegs mit einem physischen und psychischen Zusammenbruch führten. Die Formgestaltung des Gemäldes in diesem Fastnachtstraumspiel bekundet schon im äußeren Format den Eigenwillen Beckmanns: Ein steiles Rechteck hat er als Fläche seiner Darstellung gewählt, sehr unbequem, zumal wenn auf so knappem Raum nicht weniger als fünf Personen darzustellen sind.

Die einzelnen Gestalten sind vor allem als raumverdrängende Faktoren dargestellt. Um ihnen die notwendige Raumfülle zu gewähren, gibt Beckmann ihren Körpern eine Form, die in vielfachen Winkeln geknickt und breit gespreizt ist. Alle bewegungswichtigen Gelenke sind nachdrücklich betont, und die Kugelform der Köpfe ist in einen Kontrast zur klobigen Verkantung der Arm- und Beinbewegungen gebracht.

Beckmanns überragende Bedeutung in der neuen Kunst gründet sich, auch nach der Meinung von Wilhelm Fraenger, auf die raumhafte Disziplin seiner Bilder. Durch das Doppelbödige, in dem Traum und Wirklichkeit sich ineinanderschieben, wird der Betrachter irritiert, er kann die Bedeutung des Bildes zunächst nicht erfassen.

Fraenger betont die Spannung zwischen Form und Inhalt in diesem Bild. Der ordnenden Tendenz der Form strebt Beckmanns Ausdruckswillen strikt entgegen. Denn dieser drängt geraden Weges auf die Hässlichkeit, auf Willkür und Gewaltsamkeit zu. Die Motivierung dieser Hässlichkeit erscheint ihm als zentrale Frage für jede Würdigung seiner Kunst, ist doch gerade die absonderliche Hässlichkeit seiner Gestalten das augenfälligste Charakteristikum für eine ganze Reihe seiner Werke, zu denen besonders das *Traumbild* zählt. Fraenger schreibt: »Was den Gedanken dieses Trancespiels so grauenvoll und tief zweideutig macht, das ist das Unbewußte des Geschehens: kein Spieler weiß vom andern« (Fraenger, 1924, zit. nach Schneede, 2009, S. 97).

Beckmann hat es darauf angelegt, jeder Figur in seinem Bild einen möglichst vulgären Ausdruck zu verleihen: lauter unflätige Gesichter, lauter plumpe, ungeschlachte Bewegungen! Auf dem Gesicht der betrunkenen Magd haftet die Wärme eines dumpfen Schlafs. Man hört sie geradezu schnarchen. Ganz fahl ist das Gesicht des alten Leiermanns.

Auffallend ist die Charakterisierung der Hauptgestalt. Das Mädchen kommt vom Land, und seine plumpen Füße haben noch die Wiese unter sich. Ihr Gesicht weist schon etwas von den abgewirtschafteten Zügen der müden Kellnerin auf, die aus ihm später vielleicht werden wird.

Die Verhässlichungstendenz dient der physiognomischen Charakterisierung der Figuren. Umso bitterer schmeckt ein tiefer Widerwille auch an dem menschlichen Gesicht. Je mehr die Aversion im Betrachter aufsteigt, die ihm das Bild des Menschen und der Welt verleidet, desto heftiger regt sich zugleich der Drang, ihn niederzuzwingen und zu bändigen. Nur so können wir den Widerspruch zwischen der Tendenz zur Hässlichkeit und zur formalen Ordnung nachvollziehen. Die auffällige lichte und klare Farbe des Gemäldes hat den Zweck, alle Dämmerungen zu verscheuchen und Tag zu schaffen, wo das Dunkel droht. Das erhöht die Spannung, die das Bild erzeugt.

In zwei graphischen Zyklen, den *Gesichtern* und *Die Hölle,* schildert Beckmann, auch Fraenger zufolge, die Erschütterung seines Kriegserlebens. Ein Beispiel ist die Graphik *Der Nachhauseweg,* auf die ich noch näher eingehen werde.

Die von Wilhelm Fraenger und auch von mir beschriebene Nachkriegsgegenwart mit ihren Krüppeln und mit der Vergeblichkeit allen Tuns kann nur in einem Traum ertragen werden. Das Bild erhält durch die Hoffnungslosigkeit nach diesem verlorenen Krieg einen so grauenvollen Sinn, dass die Verkleidung in einen Traum nötig war, um diese schreckliche Erkenntnis zu verbergen.

In dem Bild *Vor dem Maskenball* (1922, Abb. 48) ist der Raum zur Bühnenkulisse geworden, in der sich das Welttheater abspielt, eine Metapher, die Beckmann oft und gern benutzt. Das Bild radikalisiert die Fassung vom *Familienbild,* 1920, denn jetzt ist jede Figur in das erschreckende Narrentreiben einbezogen und verharrt zwanghaft isoliert in einem Mangel an Lebensraum. Die unbefriedigende Situation der Familie Beckmann kommt hier höchstens indirekt durch das Engagement der Mutter als Sängerin an der Grazer Oper zum Ausdruck. Makaber ist die eigentliche Situation, denn der Maskenball wird freudlos, in beklemmender Stille erwartet. Nirgends ist eine Spur von Fröhlichkeit zu sehen. Wie eingefroren sind Positionen und Gesichter, Kommunikation findet weder im Gespräch noch im Blick statt. Der Raum, den die Figuren haben, ist jedem zur Leere geworden. Vom Kind bis zur alten Frau verharren alle regungslos in ihrer Rolle. Die Bühnenmetapher zerstört schließlich auch den Rest von privater Atmosphäre, den die Familienszene eigentlich darstellen soll. Selbst das Familienleben ist zum öffentlichen Bühnenstück geraten, in dem jeder nur seine vorgegebene Rolle spielt. Die bedrückende Szene strahlt nicht mehr die erbitterte Anklage der *Nacht* aus, sondern vermittelt eher den Eindruck einer resignativen Situationsbeschreibung von Isolation und Vereinzelung und von der Unmöglichkeit, aus der eigenen Rolle auszubrechen. Mit starren, maskenhaften Gesichtern verharren die Anwesenden beziehungslos in einem Raum, hinter dessen Fenstern bedrohlich die schwarze Nacht steht.

Die Maskerade, die Beckmann nicht nur in diesem Bild zum zentralen Motiv erhebt, deutet einen Umschwung in seiner Sicht der Gesellschaft an. Über die Maskerade in diesem Bild hinaus entdeckt er jetzt mehr und mehr das Groteske des menschlichen Zusammenlebens, das auf ihn gleichermaßen anziehend wie befremdlich wirkt.

Vorweggenommen ist das später ausgedrückte Lebensgefühl: »Eingesperrt wie Kinder in einem dunklen Zimmer sitzen wir gottergeben da und warten darauf, dass man uns die Tür aufmacht und uns zur Hinrichtung, zum Tode führt« (Beckmann, 1927, zit. nach Stabenow, 1984). Leben wird wie in dem Bild *Nacht* als eingeschlossene und negativen Kräften ausgelieferte Marionettenexistenz gedeutet. Nur zwei Figuren übernehmen im Kreis der Rollenträger distanzierte Positionen. Die alte Frau mit der Kerze verweist auf Vergänglichkeit und Erkenntnis. Demonstrativ maskiert und mit stechendem Blick verkörpert Beckmann hier bereits »jenen Stolz und Trotz den unsichtbaren Gewalten gegenüber«, wie er in seinem Tagebuch am 4. Mai 1940 schreibt (zit. nach Schulz-Hoffmann und Weiss, 1984, S. 214), den er bis zum Lebensende behaupten wird.

Hauptakteur des »Circus Beckmann« ist der als Pierrot Verkleidete, der das melancholisch-grübelnde zweite Ich Max Beckmanns zu spiegeln scheint. Der Blick durch die geöffnete Tür, bekannt vom *Familienbild*, und die Maskerade legen diese Vermutung nahe. Beckmann hat sich Anfang der 1920er Jahre in diesen Rollen dargestellt. Offen bleibt die Bedeutung der Katze mit dem Buch oder dem Kalender.

Das Bild vermittelt eine bedrückende, depressiv wirkende Beschreibung von Isolation und Vereinsamung. Die Gesichter sind auch hier starr, wie eingefroren. Eine Kommunikation findet weder im Gespräch noch im Bild statt. Die Anwesenden verharren untereinander beziehungslos. Dass die Gestalten sich nicht einander zuwenden, verweist auf die Unfähigkeit der Kommunikation und wirkt gerade deshalb besonders beklemmend, weil die Figuren auf engem Raum auf der Bildfläche zusammengedrängt sind. Auch inmitten vieler Menschen bleibt der Einzelne einsam, und dort, wo Menschen untrennbar miteinander verbunden sind, bilden sie völlig geschlossene, von anderen getrennte Zweiergruppen. Dass sich ein Lebenssinn weniger im Rückzug auf das eigene Ich und durch Reflexion in Einsamkeit als vielmehr in der Kommunikation mit anderen Menschen erschließt, hat Beckmann vielleicht nicht erfahren, jedenfalls hat er es nicht zu seinem Thema gemacht.

Graphisches

Das graphische Hauptwerk Beckmanns entsteht zwischen 1912 und 1923. Eine Folge von zehn Lithographien versieht Beckmann mit dem Titel *Die Hölle* (1919). Wirtschaftliche Überlegungen mögen für ihn wie für die meisten anderen Künstler der Zeit ein entscheidender Grund gewesen sein, sich auf die Graphik zu verlegen, waren doch Gemälde angesichts der Wirtschaftskrise nur schwer zu verkaufen. Doch das war für Beckmann sicher nicht der einzige Grund. Medium und Technik der Graphik mit ihren harten Schwarzweißkontrasten und der scharfen Strichführung sind Ausgangspunkt einer Bildsprache, der es letztlich darum geht, Gegensätze, Widersprüche, Zerstörung und Verletzung darzustellen, das heißt, die Realität in ihrer von ihm so stark empfundenen Härte und Schärfe einzufangen.

Die Mappe *Die Hölle* von 1919 stellt auf zehn Blättern jeweils einzelne Facetten des Lebens in der Großstadt dar. Sie nimmt wie das Gemälde *Die Nacht* die soziale, wirtschaftliche und politische Situation im Nachkriegsdeutschland zum Anlass, um eine Metapher für den Widersinn des Lebens zu geben. Betroffenheit ist die Grundstimmung dieser Szenenfolge, die mit dem entsetzten Blick des Künstlers eingeleitet wird. Es ist schwer, diese Blätter zu betrachten und nicht gezwungen zu sein, die Hölle zu sehen. Obwohl Beckmann auf den einzelnen Blättern so konkret wie sonst nie auf die sozialen Lebensbedingungen der Nachkriegszeit und sogar auf tagespolitische Ereignisse wie etwa den Mord an Rosa Luxemburg eingeht, geben die Blätter in ihrer Gesamtheit doch ein zeitloses Bild menschlichen Zusammenlebens.

Die Hölle findet sich auf der Straße und in den Häusern. Sie zeigt die menschliche Gemeinschaft, in der jeder dem anderen zur Hölle geworden ist. Verwundete Veteranen bringen die schreckliche Realität des Krieges in das nächtliche Stadtbild ein.

Als Titelblatt ist ein *Selbstbildnis* vorangestellt. Beckmann stellt sich hier als derjenige vor, der den Blick in das Unfassbare getan und sich in die Hölle hinab begeben hat. Eine Halskrause zeigt ihn als Narren, doch die aufgerissenen Augen zeugen vom bitteren Ernst seiner Lage. Die schwarze Öffnung hinter ihm markiert den Eingang zur Hölle, der er gerade entstiegen ist. Nach vorn sprengt Beckmann den Rahmen, um dem Betrachter seine Eindrücke möglichst suggestiv zu vermitteln.

1. Auf dem ersten Blatt *Der Nachhauseweg* (Abb. 2) trifft Beckmann im Lichtschein einer Laterne auf eine entsetzlich entstellte Figur, einen aus dem Krieg heimgekehrten, schwer verwundeten Veteranen mit jämmerlich zerschossenem Kopf, so grob geflickt, dass nur ein Wulst von seinem ganzen Gesicht übrig bleibt. Sein rechter Arm ist nur noch ein lahmer Stumpf. Verwundete bringen die grauenhafte Realität des Krieges in die nächtliche Straße. Vor dem gräulichen Grinsen, das ihn gleich einem wüsten Spuk befällt, scheut Beckmann erschrocken zurück. Sein fragender Blick und seine nach rechts über die Szene hinausdeutende Hand lassen den Schluss zu, er sei angesprochen worden von dem Blinden und suche zu erkunden, welchen Weg dieser gehen wolle. Die Straße entgleitet irgendwohin ins Ungewisse. Grausamkeit und Hunger als Nachkriegselend, auch Wohnungsnot, Starre und Ver-

Abbildung 2: Max Beckmann: Lithographienzyklus *Die Hölle*, Nr. 1: *Der Nachhauseweg*, 1919, 86,5 x 60,5 cm. Kupferstichkabinett, Staatliche Museen zu Berlin.

Abbildung 3: Max Beckmann: Lithographienzyklus *Die Hölle*, Nr. 2: *Die Straße*, 1919. 86,5 x 60,5 cm. Kupferstichkabinett, Staatliche Museen zu Berlin.

einsamung von Menschen stellen das ganze Elend der Welt auf engstem Raum dar. Unten fletscht ein Blindenhund die Zähne. Beckmann sprengt auch hier den Rahmen und deutet an, dass er weitergeht und keine Grenze anerkennt.

2. Im nächsten Blatt, *Die Straße* (Abb. 3), herrscht Tag, und die Personen sind andere. Das Blickfeld ist fast gänzlich angefüllt mit Köpfen und Gliedmaßen von Menschen, die sich nach vorn und zu den Seiten hin bewegen. Ihre Bewegungen erscheinen ziel- und sinnlos, da sich ein begehbarer Raum zwischen ihnen nicht

Abbildung 4: Max Beckmann: Lithographienzyklus *Die Hölle*, Nr. 3: *Das Martyrium*, 1919. 86,5 x 60,5 cm. Kupferstichkabinett, Staatliche Museen zu Berlin.

auftut. Es ist ein tumultartiges Geschehen, an dem Vertreter der verschiedenartigsten Gesellschaftsgruppen teilnehmen, bei dem nahezu jeder für sich bleibt. In der unteren Zone vorn versucht ein Paar, einen Verletzten oder Toten, der aus dem Mund blutet, aus der Menge gleichgültiger oder hämischer Bürger fortzuziehen. Keiner macht Anstalten zu helfen. Jeder wendet sich ab, als würde er nichts sehen, oder amüsiert sich zynisch, wie die Frau am rechten Bildrand.

Die Hölle entpuppt sich als Großstadtszene mit Krüppeln, Prostituierten, Narren und ehrbaren Bürgern. Hier ist alles schief und wirr durcheinander geschoben. Keiner der vielen Straßengänger hat festen Boden unter seinen Füßen. Kleine Figuren wandeln im Vordergrund, während riesenhafte Köpfe hinten in dem Bild stehen. Alles schwankt zu einem Bild seelischer Schrecknisse zusammen. Doch auch der »Retter« sieht nicht gerade vertrauenerweckend aus, sondern wirkt eher wie ein korrupter Staatsanwalt, der so schnell wie möglich die Spuren eines Verbrechens beseitigen will. Eventuell spielt Beckmann hier auf den Tod Kurt Eisners an, der am helllichten Tag auf der Straße am 21. Februar 1919 einem

Anschlag zum Opfer fiel, vielleicht auch auf den Tod Gustav Landauers, der am 2. Mai 1919 in München ermordet wurde.

3. Das *Martyrium* (Abb. 4) hat die Ermordung Rosa Luxemburgs (1871–1919) zum Thema. Sie, als führende Theoretikerin des linken politischen Flügels der SPD und Mitbegründerin der KPD, wurde nach dem Spartakusaufstand in Berlin verhaftet und von rechtsradikalen Freikorpsoffizieren erschossen.

Auf Beckmanns Blatt erscheint vorn links eine Rückenfigur mit gespreizten Beinen, kleiner als die übrigen Gestalten. Aber auch diese Figur ist als erwachsener Mann zu verstehen. Der Stift in seiner linken Hand weist ihn als Schreiber aus. Wie der Titel schon andeutet, überhöht Beckmann den Tod der Sozialistenführerin, indem er den Vorgang in die Form eines christlichen Passionsbildes kleidet und dabei gleich mehrere Leidensstationen Christi in einem Bild vereint. Die weit ausgestreckten Arme und der Körper der Frau bilden ein Kreuz. Von rechts, aus der Richtung des Hotels, wird die wahrscheinlich bewusstlose, vielleicht schon tote Frau, an deren Körper zahlreiche Folterspuren sichtbar sind, unter Kolbenhieben nach links zu einem bereitstehenden Auto geschleppt. Sie wird in das Auto gezerrt, um fortgeschafft zu werden.

4. Auf dem Blatt *Der Hunger* (Abb. 5) wird sichtbar, dass Elend und Grausamkeit auch in den Privatbereich einbrechen: Hunger zeigt sich bei der um einen Tisch sitzenden Familie mit vier Personen – wahrscheinlich Beckmann, ihm gegenüber seine Schwiegermutter, rechts sein Sohn Peter und eine Bekannte der Familie, die um einen leeren Tisch zu einem äußerst kargen Abendbrot versammelt sind. Bereits während des Krieges hatte sich die Ernährungslage der Zivilbevölkerung zunehmend verschlechtert. Eine Steigerung der Not schien kaum möglich, aber nach dem Ende des verlorenen Krieges verschlimmerte sich die Situation noch; Hunger grassierte, die Versorgung mit Lebensmitteln wurde zum existentiellen Problem. Beckmanns »Hölle« ist ein realistisches Zeitbild.

5. Beckmann konfrontiert das Bild *Die Ideologen* (Abb. 6) mit den folgenden Bildern der Nachkriegsgesellschaft. Auf die trostlose Situation einer hungernden Familie folgen die aneinander vorbeiredenden *Ideologen*, die vermeintlichen geistigen Führer einer neuen Gesellschaft. Ein wirres Chaos charakterisiert ihre

Abbildung 5: Max Beckmann: Lithographienzyklus *Die Hölle*, Nr. 4: *Der Hunger*, 1919. 86,5 x 60,5 cm. Kupferstichkabinett, Staatliche Museen zu Berlin.

Zusammenkunft, Selbstgerechtigkeit und Eitelkeit kommen ebenso zum Ausdruck wie ihre völlige Unfähigkeit zur Verständigung. Es herrscht eine bedrückende Enge. Eine Vielzahl von Personen, die sich der Identifizierung verschließt, drängt sich in der nächtlichen Versammlung, in der die Ideologen ihre Stunde haben. Der Raum, in dem sie sich eingefunden haben, ist näher beschrieben durch ein recht banales Motiv: Ein Ofenrohr durchzieht die Länge der Darstellung. Das Rednerpult mit dem Wasserglas darauf könnte man sich im Hinterzimmer einer Kneipe aufgestellt denken.

Abbildung 6: Max Beckmann: Lithographienzyklus *Die Hölle*, Nr. 5: *Die Ideologen*, 1919. 86,5 x 60,5 cm. Kupferstichkabinett, Staatliche Museen zu Berlin.

Von den fratzenhaften Grimassen der vorangegangenen Jahre sich lösend, werden von Beckmann jetzt prägnante Detailformen hervorgehoben. Der Redner des Abends spricht voller Inbrunst auf die Anwesenden ein, aber seine Worte werden offenbar allein von dem Herrn links wahrgenommen, der einen Einwurf zu machen versucht. Die übrigen Teilnehmer der Versammlung – unter ihnen wohl Beckmann unmittelbar vor dem Rednerpult

Abbildung 7: Max Beckmann: Lithographienzyklus *Die Hölle*, Nr. 6: *Die Nacht*, 1919. 86,5 x 60,5 cm. Kupferstichkabinett, Staatliche Museen zu Berlin.

– zeigen keine Reaktion. Eine verzückte Dame hat ein Kreuz auf der Brust.

Einer bestimmten Ideologie lässt sich der Redner nicht zuordnen. Die Dame mit dem Kreuz macht ihn auch nicht zu einem christlichen Prediger, aber er versteht sich vielleicht als ein neuer weltlicher Messias, der allein den Weg aus der Misere des Tages hinaus kennt.

6. *Die Nacht* (Abb. 7): Im sechsten Blatt des Zyklus hat Beckmann die brutale Folterthematik erneut dargestellt. Es behandelt das Motiv einer Opfer und Täter gleichermaßen prägenden Brutalität. Man könnte festhalten, dass dieses Bild *Die Nacht* als Inbegriff der Hölle, zusammen mit dem Bild *Martyrium* auch ein zentrales Blatt der Serie, die außer Kontrolle geratene Gesellschaft widerspiegelt. Zur Beschreibung der Radierung verweise ich auf die Ausführungen zum Gemälde *Die Nacht* (siehe oben). Beide Bilder, das Gemälde und die Graphik, stellen einen identischen grausamen Vorgang dar.

7. *Malepartus* (Abb. 8): Der Name spielt auf eine Nachtbar in

Abbildung 8: Max Beckmann: Lithographienzyklus *Die Hölle*, Nr. 7: *Malepartus*, 1919. 86,5 x 60,5 cm. Kupferstichkabinett, Staatliche Museen zu Berlin.

Frankfurt an. Die Szenerie ist eine sinnliche Ekstase, von einem wilden Wirbel ergriffen, in dem sich alles zu drehen scheint. Die steifen Verrenkungen der Tänzer lassen sie kaum anders erscheinen als die Krüppel, die wir aus anderen Bildern kennen. Sie haben in der vornehmen Tanzbar keinen Zutritt. Der Kopf des Mannes im Zentrum ist wie ein Totenkopf gestaltet und entlarvt das Geschehen in makabrer Weise als Totentanz. Die Dichte des Bildes unterstreicht die Enge des Raumes, in dem die Paare sich mit weit ausgreifenden Bewegungen ihrem Vergnügen hingeben. Sie schmiegen ihre Körper eng aneinander, aber wir begegnen auch hier dem Phänomen der Fremdheit zwischen den Menschen. Jeder Tänzer bleibt schließlich für sich, alle schauen aneinander vorbei.

8. Im nächsten Blatt ist *Das patriotische Lied* (Abb. 9) zum primitiven Gegröle betrunkener Kriegsveteranen geworden, die den Verlust des Krieges nicht akzeptieren wollen und noch immer *Das patriotische Lied* anstimmen. Ihre Erscheinung steht für die demoralisierte Verfassung Deutschlands nach dem Krieg. Beckmann zeigt in diesem Blatt die Position der Deutschnationalen, die sich nach dem verlorenen Krieg um ihre Hoffnungen betrogen sehen. Extreme Nahsicht rückt die Gesichter heran. Die Enge des Raumes und das Fehlen des einzelnen Sichtpunktes fallen auf. Dass die Stimmung nicht einheitlich ist, zeigt der bärtige Soldat oben links, der separiert von der Gruppe finster zur Seite blickt.

9. *Die Letzten* (Abb. 10) steigern die schon zuvor gezeigte Gewalt zu einem traurigen Höhepunkt. Das Bild zeigt, dass die Katastrophe des Kriegsendes von diesen letzten Kämpfenden noch aufgehalten werden soll. Für sie gehen der Krieg und die Aggressivität der Menschen offensichtlich weiter.

Es scheint, als hätten sich alle Personen – Soldaten, Krüppel, Bürger, Proletarier – zu einer einzigen großen Gewaltorgie zusammengefunden. Die Komposition baut einen gewaltigen Spannungsbogen auf, der links unten beim Stuhl beginnt. Er ist demoliert und verzogen, da Sitzfläche und Rücken aus unterschiedlichen Blickwinkeln gezeichnet sind. Die Komposition führt in großem Bogen über das Blatt und bündelt schließlich alle Kräfte dieser Gewalt im Feuerstoß der Gewehre. Aus der Enge des Zimmers scheint sie die Letzten auf die Straße hinauszuwerten, um die Gewalt auch dort fortzusetzen. Doch was zunächst wie ein gemeinsamer Kampf erscheint, ist in Wahrheit nichts anderes als

Abbildung 9: Max Beckmann: Lithographienzyklus *Die Hölle*, Nr. 8: *Das patriotische Lied*, 1919. 86,5 x 60,5 cm. Kupferstichkabinett, Staatliche Museen zu Berlin.

Abbildung 10: Max Beckmann: Lithographienzyklus *Die Hölle*, Nr. 9: *Die Letzten*, 1919. 86,5 x 60,5 cm. Kupferstichkabinett, Staatliche Museen zu Berlin.

Abbildung 11: Max Beckmann: Lithographienzyklus *Die Hölle*, Nr. 10: *Die Familie* (Familie Beckmann), 1919. 86,5 x 60,5 cm. Kupferstichkabinett, Staatliche Museen zu Berlin.

ein gnadenloses Schlachtgetümmel eines jeden gegen jeden, bei dem jeder zum Verlierer und zum Opfer wird. Die Letzten, wahrscheinlich entschiedene Gegner der politischen Verhältnisse nach Kriegsende, bauen eine Barrikade. Für sie geht der Krieg weiter. Sie sind ein Zeitbild der deutschen Revolution, aber auch eine Metapher für einen Wesenszug des Menschen, seine *Aggressivität*, die im eigenen Untergang endet.

10. Das letzte Blatt, *Die Familie* (Abb. 11), bringt vielleicht die erschütterndste Steigerung in dieses Kaleidoskop des Grauens. Am Ende seines Weges durch die Hölle trifft Beckmann auf die eigene Familie. Der Übergang vom Titelblatt, wo er noch außerhalb der Hölle zu stehen schien, ist damit geschafft. Es gibt keinen Unterschied mehr zwischen seiner eigenen Realität und seiner Vision der Hölle: Die Hölle ist überall. Beckmanns Reaktion ist Zorn und Trotz. In seinem nach oben deutenden Gestus scheint er Gott für die ausweglose Situation verantwortlich machen zu wollen. Beckmann formuliert im Entstehungsjahr der *Hölle* in einem Gespräch mit seinem Freund Reinhard Piper: »Meine Religion ist Hochmut vor Gott, Trotz gegen Gott. Trotz, dass er uns so geschaffen hat, dass wir uns nicht lieben können. Ich werfe in meinen Bildern Gott alles vor, was er falsch gemacht hat« (überliefert in Piper, 1950, S. 19, zit. nach Dückers, 1983, S. 109).

Geborgenheit strahlt die häusliche Szene nicht aus. Mit abwehrenden Gesten reagieren die beiden Erwachsenen, neben Beckmann seine Schwiegermutter Tube, auf den Auftritt des Sohnes Peter, der mit einem Stahlhelm auf dem Kopf erscheint und zwei Handgranaten emporhält, die er gefunden hat. Max Beckmann und die Schwiegermutter sind mit unterschiedlichen Bewegungen dargestellt. Die Schwiegermutter wehrt mit beiden Händen etwas ab. Beckmann distanziert sich mit der rechten Hand, mit der anderen weist er energisch aus dem Bild. Die Blickrichtung der beiden Erwachsenen geht über das Kind hinweg. Es wird mit seinem Fund von zwei Handgranaten geradezu übersehen. Der ganze Vorgang wird zu einer Demonstration zur Abwehr derer verwandelt, die sich für den Krieg, den Kampf und die Waffen einsetzen. Doch wie nutzlos Reaktionen im Hinblick auf die Realität bleiben müssen, zeigt gerade dieses letzte Blatt. Im Hintergrund verweist das Fensterkreuz auf den Tod, der ohnehin hinter allem steht. Im Vordergrund bringt auch schon das Kind, der

Sohn Peter, Vernichtung und Zerstörung in die Welt, wie aus den Handgranaten deutlich wird, die der Kleine stolz seinem Vater als Fund präsentiert. Die Hölle besteht letztlich in der Ohnmacht des Menschen; sie sucht sich vor der Gewalt zu schützen.

Auch die gestalterischen Mittel tragen diese Botschaft mit: Auf allen Blättern sind es das zersplitterte Chaos und der unruhige Rhythmus der Linien, die die Figuren beherrschen. Alle Blätter vermitteln den Eindruck bedrückender Enge und Ausweglosigkeit, der Mensch erscheint eingesperrt und hineingezwängt in diese Hölle, aus der es kein Entrinnen gibt.

Nach Beckmanns Verständnis ist *Die Hölle* nicht im Jenseits angesiedelt, sondern überall gegenwärtig. Die Welt sei eben die Hölle und die Menschen seien einerseits die gequälten Seelen und andererseits die Teufel darin (Beckmann 1919, nach Dückers, 1983, S. 109).

Zusammenfassende Deutung

Beckmann ist gegen Ende des Krieges ein auffallend anderer Mensch als der erfolgreiche Künstler der Vorkriegsjahre. Er war als Opfer des Krieges von dem maßlosen Leiden und Sterben, das er gesehen hat, auch ohne eine frühkindliche Traumatisierung erlitten zu haben, nervlich zerrüttet und hatte einen depressiven Zusammenbruch erlitten.

In den Nachkriegsbildern hat Beckmann immer wieder versucht, seine schrecklichen Kriegserlebnisse und seine Hilflosigkeit, den Opfern und Sterbenden zu helfen, künstlerisch zu verarbeiten. Die Bildmappe *Die Hölle* drückt die Fortsetzung dieser Kriegserfahrungen in Beckmanns Privatleben aus. Aber auch eine bedrückende wirtschaftliche und soziale Not auf der Straße drängen sich thematisch auf.

Wie kann sich der Künstler mit den bedrohlichen, ja lebensgefährlichen Gefahren auseinandersetzen? Die Mappe *Die Hölle* drückt weitgehend Ratlosigkeit, Hilflosigkeit, Ausweglosigkeit und Angst aus. In dem Betrachter lösen die Bildgestalten in der Enge ihres Wohnraumes vor allem ein Gefühl der Klaustrophobie aus.

Tod, Gewalt, Lieblosigkeit, materielle Not sind Erinnerungen, die eine tief depressive Stimmung erzeugen und eine bedrückende Verfassung Beckmanns aus der Zeit des Ersten Weltkriegs mit einem körperlichen und psychischen Zusammenbruch bewirken. Der Erste Weltkrieg hatte den Sanitäter Max Beckmann geändert: Er wird gelitten haben bei dem Anblick aller Verwundeten, Sterbenden und Toten, denen er nicht wirklich hatte helfen können.

Freud beschreibt das Wesen der Depression als »seelisch ausgezeichnet durch eine tief schmerzliche Verstimmung, eine Aufhebung des Interesses für die Außenwelt, durch den Verlust der Liebesfähigkeit, durch die Hemmung jeder Leistung und die Herabsetzung des Selbstgefühls, die sich in Selbstvorwürfen und Selbstbeschimpfungen äußert und bis zur wahnhaften Erwartung der Strafe steigert. […] Nur dass uns die melancholische Hemmung einen rätselhaften Eindruck macht, weil wir nicht sehen können, was die Kranken so vollständig absorbiert« (Freud, 1915/1967a, S. 429, 431). Die Depression wird auch an der körperlichen Bewegungslosigkeit, an der Erstarrung der Gefühle, an der Kontaktunfähigkeit und an der Vereinsamung sichtbar. Beckmann kann erst einige Jahre nach dem Ende des Ersten Weltkrieges seine eigene Depression bildnerisch darstellen und kreativ bewältigen. Er kann auch versuchen, seine Erinnerungen an das Grauen der Kriegszeit zu überwinden.

Wie aus dem Lebensbericht seiner Frau Quappi hervorgeht, ist der in seinem Werk nicht selten brutal erscheinende Max Beckmann ein extrem Anteil nehmender, hoch sensibler Mensch, der mit Vorsicht und Achtung mit der Meinung anderer umgeht. Im Jahre 1918 sieht er für sich als Künstler eine altruistische Rolle: »Wir müssen teilnehmen an dem ganzen Elend, das kommen wird. Unser Herz und unsere Nerven müssen wir preisgeben dem schaurigen Schmerzengeschrei der armen getäuschten Menschen. Gerade jetzt müssen wir uns den Menschen so nah wie möglich stellen. Das ist das Einzige, was unsere recht selbstsüchtige Existenz motivieren kann. Dass wir den Menschen ein Bild ihres Schicksals geben« (zit. nach Schulz-Hoffmann und Weiss, 1984, S. 205).

Die Größe Beckmanns liegt in der Unerbittlichkeit, mit der er sein Grauen, sein Leiden und seine Depression zu anschaubaren Bildern macht. Er ist ein Realist, der versucht, sein inneres Bild von der Welt so deutlich wie möglich darzustellen.

Verborgene Schuld

Über einige Kunstwerke Anselm Kiefers

»Schaffend denke ich.«
Anselm Kiefer, 1962 (Albert Kiefer, 2003, S. 264)

Anselm Kiefer zählt zu den bekanntesten, erfolgreichsten und meist diskutierten deutschen Künstlern nach dem Zweiten Weltkrieg. Bekannt wird er vor allem durch seine Materialbilder. Wie kaum ein anderer Künstler unserer Zeit setzt sich Kiefer in seinem Schaffen mit historischen Ereignissen und Mythen auseinander und berührt auch Tabu- und Reizthemen der jüngeren Geschichte. So wird in seinem Werk insbesondere das Thema der NS-Herrschaft reflektiert.

Kiefers Bilder führen häufig Katastrophen vor. Nichts wird heroisiert. Seine Kunstwerke lösen Reaktionen aus, die mit dem Wissen um Geschichte und der mit dieser oft verbundenen Schuld zu tun haben. Seine Bilder stellen das Material zur Verfügung, mit dem der Betrachter arbeiten muss. Der Maler zwingt dem Betrachter die von ihm festgelegten Orte gleichsam auf. Damit sollen nicht die Erfahrungen Kiefers, sondern die des Betrachters zum eigentlichen Bildgegenstand werden. Dies könnte erklären, warum die Werke von Kiefer so menschenleer sind und lediglich mit assoziativen Metaphern wie Namen, Begriffen und Zeichen besetzt sind.

Im Folgenden soll die Kunst Anselm Kiefers in ihrer Beziehung zu seiner Biografie genauer betrachtet werden.

Anselm Kiefer wird in den letzten Tagen des Zweiten Weltkrieges, am 8. März 1945 als ältestes von drei Kindern eines Lehrerehepaars in Donaueschingen geboren, am Zusammenfluss der zwei Flüsse Brigag und Breg, aus denen die Donau hervorgeht. Anselm ist ein mittelalterlicher, christlicher (katholischer) Name, den der Künstler sein Leben lang gleichsam als Vermächtnis seiner Eltern trägt. Wie ein Echo auf seinen Geburtsort kommt später in der Werkreihe *Zweistromland* auch ein Ort mit zwei Flüssen vor, als sollte gesehen werden, dass die künstlerische Berufung Kiefers untrennbar mit seinem Geburtsort verbunden ist. Die Donaueschinger Wohnung war ausgebombt, als der kleine Anselm im Krankenhaus auf die Welt kam.

Anselm Kiefer wird die Erzählungen über Kriegsschäden in der Stadt in seinen Erinnerungen bewahrt haben. Sein Vater wird ihm vermutlich auch eigene Erinnerungen aus dem Zweiten Weltkrieg geschildert haben.

Deutsche Geschichte und Mythologie in Kiefers Werken

Kinderzeichnungen

Anselm Kiefer scheint in seiner frühen Kindheit häufig ängstlich gewesen zu sein. Sein Vater, Albert Kiefer, hat mehrere Zeichnungen seines Sohnes bewahrt und veröffentlicht. Mit etwa vier bis fünf Jahren malt das Kind ein Haus, streicht es danach mit Farbstrichen zu und sagt; »Jetzt ist es zu, da sperrt die Polizei ein, wenn man nicht brav ist« (zit. nach Albert Kiefer, 2003, S. 106). Für Anselm ist ein Gefängnis ein Gebäude, das »zu« ist, aus dem man nicht mehr heraus kann, und dieses Zu-sein wird durch das Zustreichen zum Ausdruck gebracht. Diese frühe Zeichnung könnte eine Verdichtung starker innerer und äußerer Erlebnisse sein und den Kern wichtiger unbewusster Phantasien und Ängste darstellen. Man hatte Anselm auch in Rastatt ein Gefängnis gezeigt und ihm dessen Bedeutung erklärt, das wird ihn stark beeindruckt haben. Seine frühen Zeichnungen, die ebenso als seine Erinnerungen verstanden werden können, sind als wichtige Hinweise im Blick auf den erwachsenen Menschen und seine Werke anzusehen.

Anselm zeichnet mit fünf Jahren und zehn Monaten ein Gefängnis mit einem Polizisten davor. Er kann auch hier seine Furcht vor dem Gefängnis und vor einem Polizisten ausdrücken, der vielleicht den Vater verkörpert, der Verbote und Drohungen ausspricht und dem Sohn als »gefährlich« erscheint (zit. nach Albert Kiefer, 2003, S. 108). Die häufigen Gefängniszeichnungen zeigen die Angst des Kindes, bestraft und eingesperrt zu werden, wenn es nicht »brav« ist. Könnte auch der von dem fünfjährigen Jungen gezeichnete Polizist vor einem Gefängnis ein Ausdruck von großer Verfolgungsangst vor einer strengen Autorität und deren Prügelstrafe sein?

Mit sieben Jahren zeichnet Anselm in dem Bild *Nach einer Prügelstrafe* – sie war 1952 noch erlaubt – sich selbst hinter einem Gitter liegend, wie der Vater in seinem Buch notiert (S. 124). Er wird unter Angst und Schuldgefühlen gelitten haben, wenn sein Vater von ihm Gehorsam verlangte, den der Junge auch sicher einmal verweigerte. Ob nun bewusst oder unbewusst, sowohl Schuldgefühle wie die Vorstellung, sich als ein Opfer zu fühlen, werden ihn bedrückt haben.

Anselm hat auch Angst vor einem großen Maikäfer, den er mit sieben Jahren zeichnet (zit. nach Albert Kiefer, 2003, S. 130). Später weiß er, dass es ein altes deutsches Lied gibt, das den stumpfen Wahnsinn des Krieges kennzeichnet. Pommern ist verloren und von den Russen besetzt. Überall herrscht Trostlosigkeit. Pommern trägt für die Deutschen der Nachkriegszeit die gleiche Bedeutung wie für jene aus der Entstehungszeit des Liedes, denn wie zur Zeit des Dreißigjährigen Krieges ist es bis heute für manche Menschen ein Teil des »verlorenen Deutschlands«. Die Gefühle der neueren deutschen Geschichte spiegeln sich in dem Lied wider.

Aus diesen Kinderzeichnungen – Anselm wird natürlich auch andere Motive gezeichnet haben – spricht neben der Angst ein Schuldgefühl, das auf ein extrem strenges Über-Ich, auf eine strenge innere moralische Instanz schließen lässt, strenger, als es die Eltern möglicherweise in Wirklichkeit sind. Die Mutter erzieht ihn allerdings wohl streng katholisch und prägt bei dem Kind sicherlich ein sehr sensibles Empfinden für Sünde und Schuld. Der Vater hält die Prügelstrafe nach seiner eigenen Aussage für ein wichtiges Erziehungsmittel.

Anselm, schon als Kind künstlerisch besonders begabt, könnte als junger Künstler die Erfahrungen mit seinem zeitweise autoritären Vater und seiner streng katholischen Mutter zum Anlass für seine malerischen Auseinandersetzungen mit der Gegenwart genommen haben. Als einer Generation zugehörig, die den Zweiten Weltkrieg nicht selbst erlebt hat, ergreift er die Chance, die sich aus seiner Distanz zu den Kriegsgeschehnissen ergibt. Es gibt in seinen Bildern keine narrativen Darstellungen. Es geht nicht um ein beschreibbares Ereignis, sondern um eine Vorstellung von geheimnisvollen oder auch unheimlichen Tatorten.

Die Angst des Kindes vor Schuldgefühl, vor einem verfolgenden Über-Ich durch eine gewalttätige Autorität scheint auch der erwachsene Anselm Kiefer erlebt zu haben. Die Nationalsozialisten zeigten oft ein autoritäres und sadistisches Verhalten, das unbedingten Gehorsam statt eines persönlichen Verantwortungsbewusstseins forderte. Die Angst vor der Verfolgung durch die Nationalsozialisten und ihre Abwehr, in der der Täter selbst zum Opfer wird, hat sich in Kiefers Malerei häufig niedergeschlagen.

Frühe Arbeiten

1965 beginnt Kiefer zunächst ein Jura- und Romanistikstudium an der Freiburger Universität. Er wechselt ein Jahr später und studiert nun Kunst an der Staatlichen Akademie der Bildenden Künste bei Peter Dreher, Freiburg, und Horst Antes, Karlsruhe, später bei Joseph Beuys an der Düsseldorfer Kunstakademie.

Seit Ende der 1960er Jahre wird Kiefers Bilderwelt vor allem von Sujets eingenommen, die durch das deutsche Nationalbewusstsein im 19. Jahrhundert populär geworden sind. Seine Arbeiten, die sich der deutschen Geschichte zuwenden, zählen sicher zu den eindrucksvollsten Historienbildern der Nachkriegszeit. Viele Gemälde entstehen in dieser Zeit, darunter *Besetzungen* (1969), *Maikäfer flieg* (1974), *Unternehmen Seelöwe* (1975), *Unternehmen Hagenbewegung* (1975). Die Werke dieser deutschen Phase zeichnen sich bei Kiefer durch eine dumpfe, fast depressiv wirkende, zerstörerische Formgebung aus. In den meisten seiner Arbeiten verwendet er eine Fotografie als Ausgangsfläche, um sie dann mit Erde und anderen Rohmaterialien der Natur zu bearbeiten. Gleichfalls charakteristisch für ihn ist es, dass man in vielen seiner Gemälde verschlüsselte Zeichen der jüngsten deutschen Vergangenheit findet.

Besetzungen (1969)
Anselm Kiefer erschließen sich in diesen Bildern neue Aussagemöglichkeiten. Er wird mit seinen Kunstwerken bekannt. Kie-

fer, als Künstler ein Einzelgänger, erhält von seinem Vater eine Uniform, einen Militärmantel, Reitstiefel und Reithose. In dieser militanten Erscheinung stellt er ab 1969 eine Schwarzweiß-Fotoserie her. *Besetzungen* – ein militärischer Titel – nennt er sein Werk. Es besteht aus einer Reihe von Fotografien, die Anselm Kiefer, der persönlich die Rolle der Selbstinszenierung als Hitler übernimmt, mit dem Hitlergruß am Rhein, in Frankreich und in Italien, zum Beispiel vor dem Vesuv, vor dem Kolosseum, dem Forum Romanum oder in Pompeji, zeigen. Die Pose des salutierenden Nazi scheint ihn besonders gereizt zu haben. Die mehr oder weniger stramm emporgereckte Rechte, die in allen diesen Arbeiten als Leitmotiv fungiert, repräsentiert die Ambivalenz des deutschen Selbstverständnisses nationalsozialistischer Prägung: Übermensch und Untertan gleichzeitig zu sein, lautet die paradoxe Pflicht, die in diesem Gruß symbolisch manifest wird.

Es sind Fotos von geschichtsträchtigen Orten, die von Hitlers Armeen besetzt worden waren, in denen eine kleine Figur vor oft gewaltigen, monumentalen Bauten steht. Fast immer tritt Kiefer dem Betrachter, seinem Gegenüber, frontal gegenüber. Hier versucht ein Künstler das Unmögliche: den Hitlergruß als Teil seiner Geschichte nachzuempfinden. Er will das Unvorstellbare verstehen und sich selbst wie ein Eroberer in Europa fühlen. Dies war die Geschichte seiner Vätergeneration, also ist sie auch die seine. Durch Selbst-Tun will Kiefer versuchen, diesen Teil der NS-Geschichte innerlich zu begreifen. Vielleicht will er auch eine bestimmte Generationserfahrung erfassen. Und so steht er einsam und verloren in fremden Ländern. Seine Serie der *Besetzungen* endet mit einer einzigen Rückenfigur auf einem Felsen in der Meeresbrandung. Unverkennbar ist diese Figur dem Gemälde *Wanderer über dem Nebelmeer* von Caspar David Friedrich (1818) nachempfunden. Einige Fotos von Kiefer mit grüßendem rechten Arm werden von ihm in Malerei übertragen (1970).

Der Ausdruck »Besetzung« bietet mehrere mögliche Deutungen an, die alle auf Kiefers Arbeit zutreffen. Er könnte eine Operation militärischer Besetzung bezeichnen, die zu den Fotografien passt, auf denen Kiefer in Militärkleidung an einstmals von der deutschen Armee besetzten Orten den »deutschen Gruß« vollzieht. Kiefer bekennt: »Ich identifiziere mich weder mit Nero noch mit Hitler. Aber ich muss ein kleines Stück mitgehen, um den Wahnsinn zu verstehen« (Kiefer 1974, zit. nach Arasse, 2007, S. 36). Kiefer schreibt weiter, dass dieses mit erhobenem Arm sich dahinstellen für ihn eine Selbsterfahrung war, um vor allem herauszufinden, wer er sei in der Tradition der Geschichte, insbesondere der jüngeren Geschichte.

Der Hitlergruß zeigt sich jedoch noch auf andere Weise doppeldeutig, da er auch zwischen dem sogenannten römischen und dem deutschen Gruß wechselt. Der Titel *Besetzung* hat schließlich im politischen Kontext der Studentenproteste der 1960er Jahre eine eigene Bedeutung. Es gehörte zum Repertoire des Protestes, öffentliche Institutionen zu besetzen.

Man kann sich auch fragen, ob Kiefer sich probeweise mit seinem eigenen Vater identifizieren will, dessen Uniform er trägt, um damit zu versuchen, ihn und die »Täter« des Dritten Reiches zu verstehen. Entspricht die äußere Haltung, der Hitlergruß, auch einer inneren Überzeugung der deutschen Besetzer?

Der Begriff *Besetzung* hat eine weitere Bedeutung: In der Psychoanalyse wird dieser Ausdruck häufig gebraucht. Freud benutzt den Terminus »Besetzung« bei dem Begriff der Trauerarbeit, bei der jede Erinnerung, in der die Libido an das verlorene Objekt geknüpft ist, in der erhöhten Form »Überbesetzung« benutzt wird. Dadurch kann die Lösung vom verlorenen Objekt vollzogen werden (Freud, 1915/1967a, S. 430). Kiefers Faszination von der deutschen Vergangenheit kann vielleicht auch eine Trauerarbeit ausdrücken. Könnte es sich um seine Trauer handeln, die dem in Kiefers Kindheit auch bewunderten Vater gilt? Dieser hat als Offizier im Zweiten Weltkrieg eine gewisse Rolle gespielt. Später als junger Künstler mag die Bewunderung des Sohnes für den Vater in Unverständnis umgeschlagen sein. Vielleicht wich sein anfänglicher Versuch des Nachempfindens einem Entsetzen über die Ungeheuerlichkeiten, die durch Deutsche im Zweiten Weltkrieg verübt worden waren.

Die *Besetzungen* sind der Auftakt eines monumentalen Projekts der Geschichtsbefragung, das den Künstler bis in die Mitte der 1980er Jahre beschäftigen wird.

Bei seinen frühen Bildern bezieht sich Anselm Kiefer, wie ausgeführt, oft auf die deutsche Geschichte oder Mythologie. Auch bei dem Buch *Heroische Sinnbilder* (1969) ist es die mit der ausgestreckten rechten Hand salutierende Gestalt, die unmittelbar mit der jüngeren deutschen Geschichte verbunden werden muss. Immer wieder werden auch durch Inschriften oder durch den Titel eines Bildes assoziative Vorstellungen des Kriegerischen geschaffen, zum Beispiel in dem Bild *Malerei der verbrannten Erde* (1974), das eine verbrannte Ackerlandschaft als Analogie zum politischen und militärischen Begriff der »verbrannten Erde« zeigt.

Maikäfer flieg (1974, Abb. 49)
In diesem Werk wird die Landschaft zum Sinnbild der in dem Kinderlied besungenen tödlichen Katastrophe. »Maikäfer flieg« ist der Anfang eines deutschen Kinderliedes mit allerdings politischem Inhalt. Das Bild vermittelt auf eindringliche und erschütternde Weise die historische wie die zutiefst unmenschliche Dimension des Krieges. Die zerfurchten Ackerfelder von Pommerland, die an ein verwüstetes, zum Teil noch brennendes Schlachtfeld denken lassen, werden in den Kämpfen des Krieges vom Feuer heimgesucht und völlig zerstört. Kiefer verleiht dabei seinen Landschaften durch Hinzufügen von Sand, Stroh und Asche einen irritierenden Wirklichkeitsgrad. Tod und Unheil schwelen über diesem schauerlichen Szenario (vgl. Arasse, 2007, S. 122 f.).

Es kann festgehalten werden, dass thematische Ausgangspunkte in Kiefers Werken Begebenheiten der deutschen Geschichte oder andere emotional stark wirksame Ereignisse sind, die nur als Zeichen erscheinen. Sie werden in der Malerei aufgefangen, um sie in der Kunst zu reflektieren. Anselm Kiefer bezieht über die Malerei Stellung; er zeigt, was er sieht oder denkt und wie er es sieht oder denkt; er lässt Gedanken, Erinnerungen und Assoziationen aus der Tiefe des Bewusstseins aufsteigen und zeigt sie dem Betrachter.

Unternehmen Seelöwe (1975)
»Unternehmen Seelöwe« ist die Bezeichnung für ein militärisches Vorhaben im Zweiten Weltkrieg, ein Deckname für Hitlers geplante England-Invasion 1940. Anselms Vater gibt seinem Sohn seine Unterlagen wie Tagebuchnotizen, Kriegsberichte, Fotos, Erzählungen, Texte und Bilder. Anselm Kiefer stellt dann das

»Unternehmen Seelöwe« 1975 in mehreren großformatigen Bildern und in Künstlerbüchern als Spiel mit Spielzeugschiffen in der Badewanne dar, von denen eins schon in Brand geraten ist. Es scheint so, als habe Kiefer für sich selbst ein Andenken oder eine Dokumentation an das schaffen wollen, an das er keine Erinnerung hat.

Mit den ihm verfügbaren Rückblicken, die er von seinem Vater erhält, stellt Kiefer dar, was mit der Zeit sein eigenes inneres Bild vom Krieg und dem Nationalsozialismus wurde. Er findet die Zinkbadewanne im Speicher seiner Großmutter, bei der er bis 1951 gelebt hat. Die von ihr ererbte Badewanne geht für ihn also auf seine Kindheit zurück. Sie wird zu einem persönlichen Gedächtnisgegenstand, aber sie lässt ihn auch die Naziherrschaft nicht vergessen. Sie ist für ihn natürlich keine eigene Erinnerung an das Dritte Reich und an das »Unternehmen Seelöwe«, aber in dem so bezeichneten Gemälde setzt er sie gleichsam als eine Metapher für das Meer ein, stellt sie in den Mittelpunkt des Bildes und erinnert daran, wie Hitlers Generäle den Überfall auf England vorbereiteten, als sie zu diesem Zweck kleine Schiffsmodelle und Badewannen benutzten. Die gezielte Aggression kam nicht zustande, weil die Royal Air Force die Luftherrschaft behielt.

Unternehmen Hagenbewegung (1975)
»Hagenbewegung« ist der Deckname für die verlustreiche Rückzugsbewegung der Deutschen 1943 in Russland. Anselms Vater hatte seinem Sohn wohl von den Rückzugskämpfen mit ihren vielen Gefallenen und Zerstörungen erzählt, von denen er später auch als 85-jähriger Zeitzeuge in seiner Autobiographie berichtet (Albert Kiefer, 2003, S. 51–54). Kiefers Bild zeigt das Desaster: Am Horizont sind aus Furcht vor Verfolgern flüchtende Gestalten zu sehen, und im Vordergrund flüchten Fahrzeuge durch die trostlose verschneite Landschaft. Aus den ehemaligen deutschen Angreifern sind Opfer geworden, die ihren Verfolgern zu entkommen versuchen, um ihr Leben zu retten. Kiefer stellt in diesem Kriegsbild keinen Sieg dar, sondern nur Tod, Vernichtung und Untergang. Auch dieser Rückzug ist Teil des deutschen Angriffskrieges, der in Russland scheitert.

Helden der deutschen Geschichte und der Mythen

Allmählich verändert sich der Blickwinkel Kiefers. Er konzentriert sich auf Gestalten der deutschen Mythologie und Geschichte, wie Siegfried, Brünhilde, Parsifal, auf Deutschlands Geisteshelden, auf die Hermannsschlacht. Er spricht das Dritte Reich nur indirekt in der Anspielung auf diese Figuren an, seine künstlerischen Gestaltungsräume sind dabei Dachböden, düstere Wälder oder weite Ackerlandschaften. Mit seinen Werken dieser Jahre beginnt gleichzeitig Kiefers Interesse für die Verwendung natürlicher, sogenannter »armer Materialien« wie Stroh und Erde.

Ab 1973 lässt Kiefer zahlreiche Werke und Werkreihen mit dem Thema Deutsche Geschichte und Kultur entstehen, repräsentiert durch Gestalten »berühmter Menschen«, bei denen sich die nationalsozialistische Konnotation als diffus erweist. Manche Bilder betreffen in Form von Porträts nur Einzelgestalten wie zum Beispiel Stefan George, andere rufen eine ganze Reihe von »großen Persönlichkeiten« ins Gedächtnis zurück. Das Bild *Deutschlands Geisteshelden* (1973) ist das dominante, mit 307 x 682 cm größte Gemälde der sogenannten Dachboden-Serie, die zwischen 1972 und 1974 entsteht. Diese Dachböden fungieren symbolisch als »Ort der Verdrängung«. Der Betrachter wird mit überdimensionalen Bildflächen konfrontiert. Es sind strenge Räume, weihevoll, sie könnten Orte eines Ritus sein. Die Fenster sind zumeist blind, sie zeigen keine Außenwelt. Alles konzentriert sich auf den Innenraum.

Ein Dachboden kann mehrere inhaltliche Bedeutungen haben. In früherer Zeit war er neben seiner Funktion als Trockenraum meist ein Raum zum Abstellen von Dingen, die nicht mehr gebraucht wurden. Das Kind Anselm Kiefer zeichnet im ersten Schuljahr den Dachboden des Hauses seiner Eltern. Sein Speicher hat dieselbe Holzkonstruktion wie die Dachböden in seinen späteren Bildern. In seinem Elternhaus wurde zum Beispiel der nicht mehr gebrauchte Kinderwagen abgestellt. Anselm ging auch über den Dachboden seiner Großmutter, wo er, wie schon erwähnt, die Badewanne seiner Kindheit fand. Großmutters Dachboden legte Teile seiner eigenen Vergangenheit frei. Der Dachraum ist auch bei ihm ein Raum, um Vergangenheit entweder zu vergessen oder sie zurückzuholen. Ein Rückgriff auf dieses Motiv eines alten Dachbodens ist eine Rückkehr zu einer Identität gebenden Räumlichkeit.

Auf die Flächen sind häufig Namen geschrieben. Als szenischer Hintergrund und gleichzeitig als Bühne von Kiefers entscheidenden Figuren repräsentiert der hölzerne Dachboden ein wichtiges Motiv.

Bei dem Bild *Deutschlands Geisteshelden* sind auf den Dielen des Fußbodens Namen historischer Persönlichkeiten aus verschiedenen künstlerischen und gesellschaftlichen Zusammenhängen niedergeschrieben. Man erkennt die Namen von sechs Dichtern, vier bildenden Künstlern und einem Komponisten: Dehmel, Weinheber, Beuys, Stifter, C. D. Friedrich, Böcklin, Musil, Lenau, Thoma, Storm, Wagner.

Ab 1976 entsteht ein neues Motiv: Die Hermannsschlacht. Dieses Thema ist dreigegliedert:
– Die Hermannsschlacht als geschichtliches Ereignis: Im Jahre 9 n. Chr. schlägt Hermann (römisch Arminius), der altgermanische Fürst, in einer dreitägigen Schlacht im Teutoburger Wald die drei römischen Legionen des Publius Quintilius Varus.
– Das Thema dieses Freiheitskampfes wird im Verlauf der deutschen Geschichte von Dichtern und Malern in bestimmten historischen Situationen immer wieder aufgegriffen.
– Anselm Kiefer bezieht sich bei seinen Bildern gleichzeitig auf die Schlacht und auf jene Dichter, die sich damit beschäftigten, das Bild in bestimmte Richtungen auszuweiten.

Piet Mondrian – Hermannsschlacht (1976)
Dieses Werk steht am Anfang der Reihe. Zwischen den Ästen des dargestellten Baumes öffnet sich eine Lichtzone, die mit ihren rechtwinkligen Formen an Mondrians Bilder erinnert. Könnte es sein, dass Kiefer versucht, mit diesem gemalten Hinweis auf Mondrian die straffe Ordnung der marschierenden römischen Legionen anzudeuten, im Gegensatz zu den seitlich angreifenden chaotischen, wilden und ungeordneten germanischen Kämpfern? Könnte man sich weiter vorstellen, dass am oberen Bildrand mehrere rechteckige Fensterkreuze zu sehen sind, die die Position eines Betrachters andeuten, der auf das Geschehen im Inneren des Teutoburger Waldes sieht? Hinter den symmetrischen Fens-

terkreuzen beginnt wohl, jedem Zugriff entzogen, die Geschichte in ihrer Grenzenlosigkeit.

Varus (1976, Abb. 50)
Das Bild zeigt einen naturalistisch aufgefassten Landschaftsausschnitt: einen Waldweg und die kahlen Äste eines winterlichen Nadelwaldes, in dem sich eine Schneise öffnet. Der Waldweg und die nackten Zweige, die sich über der Szenerie wie ein Dach schließen, sind verschneit. Die Namen berühmter Dichter und Philosophen wie beispielsweise Grabbe, Kleist, Hölderlin, Schleiermacher, Fichte und auch die von Hermann und seiner Frau Tusnelda in dem Bild können mit dem Sieg in Verbindung gebracht werden, den die germanischen Stämme unter dem Cheruskerfürsten Arminius/Hermann über die römischen Legionen davongetragen hatten. Dieses Bild stellt allerdings die Kehrseite des Sieges dar: Der verschneite Boden ist mit Blut befleckt, es fließt gleichzeitig über den Schnee des Bildes. Es ist das Blut von Krieg und Tod, das sich mit der Erde vermischt. Der bis dahin siegreiche Varus stürzt sich als Verlierer der Schlacht nach seiner Niederlage gegen Hermann in sein Schwert.

Hermannsschlacht (1977)
Kiefer verwendet in diesem formal ähnlichen Gemälde das Bild des Baumes für die Darstellung eines abstrakten Sachverhaltes. Vom Stamm des linken Baumes aus führen sich verzweigende Äste, die die Baumstämme gleichsam zu Stammbäumen werden lassen, an den Bildrand. Auf dem rechten und dem linken Baumstamm sind die Namen von Hermann und seiner Frau Tusnelda geschrieben. Auf den Ästen der Bäume stehen die Namen von deutschen Dichtern, Musikern und Philosophen: Fichte, Hölderlin, Kleist, Weber, Grabbe. Sie nehmen zur Zeit des Freiheitskampfes gegen Napoleon das Thema der Hermannsschlacht wieder auf. Kleist, Grabbe und Hölderlin haben dieses Motiv in Dramen verarbeitet. Caspar David Friedrich malte das Arminiusgrab (1812).

Wege der Weltweisheit: die Hermannsschlacht (1978)
Die Gruppierung der in diesem Bild ausgewählten historischen Figuren, mit denen die Kontinuität des Deutschtums illustriert

werden soll, ist weder logisch noch chronologisch überzeugend. Sie wirkt eher wie ein Labyrinth, das sich im Umkreis des zerstörerischen Feuers der Hermannsschlacht entwickelt. Einige berühmte Menschen Deutschlands erscheinen hier namenlos in Form von Porträts rings um das brennende Feuer der Hermannsschlacht. Ähnlich wie in *Deutschlands Geisteshelden* geht es auch hier um Philosophen, Dichter, Staatsmänner und andere Größen der deutschen Kulturgeschichte. Auffallend ist die Präsenz von zwei Figuren, Horst Wessel (1907–1930), aktiver Nationalsozialist, und Albert Leo Schlageter (1894–1923), ebenfalls der NSDAP zugehörig. Beide wurden in den Unruhen der 1920er Jahre erschossen. Ihre Gleichsetzung mit anerkannten Gestalten der deutschen Geschichte und Kultur reicht für Kiefer aus, um alle in einem Bild wie in diesem zu verschmelzen. Ihre Namen stehen nicht auf dem Gemälde, auch die beiden Nazis sind als solche nicht zu erkennen, nur ihre heimliche Präsenz gibt dem Bild eine zusätzliche Dimension.

Die Werke zum Thema Hermannsschlacht illustrieren sehr gut, worum es Kiefer in seiner Arbeit geht. Seit dem Beginn des 19. Jahrhunderts war Hermanns Sieg ein Symbol für die nationale Identität und Einheit. Noch bevor das Dritte Reich sie inszenierte, hatte schon das Zweite Reich unter Wilhelm I. für seine Zwecke die Begeisterung für die Hermannsschlacht – wie sie schon Klopstock, Kleist und Grabbe immer gefeiert hatten – wieder aufgegriffen. Die nationalsozialistischen Ideologen verherrlichten Hermann/Arminius als Kämpfer gegen die römischen Eindringlinge und stellten in ihm den Prototyp für den völkischen Germanen- und Heldenkult dar. Sie benutzten den Mythos, um aus ihm ein Instrument ihrer eigenen Propaganda zu machen. Dabei verschwiegen sie jedoch, dass Arminius als Führer der Hilfstruppen des Varus aus römischer Perspektive ein Verräter war. Es war sein tragisch anmutender Konflikt, dass er ein römischer geadelter Offizier und ein Vertrauter des Varus war, gleichzeitig jedoch sich zum Führer des Cheruskeraufstandes machte. Arminius griff die ursprünglich mit ihm verbündeten römischen Truppen in geschickter Taktik aus dem Hinterhalt an und erreichte schließlich deren Vernichtung, er errang seinen Sieg letztlich also durch einen Verrat an Rom und machte sich damit aus der Sicht der Römer schuldig. Auch in diesem Bild von Kiefer spielt die Schuldfrage auf Seiten des »Helden« eine wesentliche Rolle.

Die nationalsozialistische Vereinnahmung des identitätsstiftenden Mythos der Hermannsschlacht findet sich in Kiefers Werkreihe wieder. Ein Zusammenhang ist deutlich: Die Hermannsschlacht war wie die Kriege gegen Napoleon ein Freiheitskampf; weit auseinanderliegende Zeiträume werden hier also aufeinander bezogen. Der Freiheitskampf beendet eine Besetzung. Es erscheinen auch Porträts von Rainer Maria Rilke, Stefan George und Martin Heidegger sowie des preußischen Generals von Schlieffen im Bild. Bei Kiefer taucht jedoch plötzlich noch ein anderer Aspekt auf: bei Heidegger ist es die anfängliche indirekte oder direkte Unterstützung der Nazis. Man kann damit zum Ausdruck bringen, dass das Bild über seine Zeichen einerseits den Freiheitskampf der Deutschen und andererseits ihre Eroberungskriege, die immer mit der Unfreiheit anderer Völker verbunden sind, darstellt. Thematische Ausgangspunkte sind also Begebenheiten der deutschen Geschichte, die Kiefer in seiner Malerei auffängt, um sie in seiner Kunst zu reflektieren.

Parsifal (1973)
Seit 1971 beginnt die Auseinandersetzung Kiefers mit Richard Wagner und dessen Verarbeitung der Mythenstoffe von Parsifal (Parzival) und den Nibelungen. Zwei große Helden hat die deutschsprachige Dichtung des Mittelalters uns überliefert: Parzival und Siegfried.

Exkurs: Wer ist Parsifal?

»Parzival« ist einer der bedeutendsten höfischen Versromane, den Wolfram von Eschenbach etwa von 1190 bis 1220 in nahezu 25.000 Versen schuf. Der Name Parzival ist abgeleitet von dem des Helden des unvollendeten französischen Versromans »Le Conte du Graal« (»Perceval«) des Chrétien de Troyes, der von 1181 bis 1188 entstand.

In Wolfram von Eschenbachs Roman wächst Parzival in der Einsamkeit einer bäuerlichen Waldsiedlung auf; er lebt mit seiner Mutter Herzeloyde zusammen. Die Mutter erzieht ihn zu einem unwissenden Toren, behütet und ferngehalten vom Getriebe der Welt, in der sein Vater, der königliche Held Gahmuret, im Kampf den Tod gefunden hatte.

Parzival will nicht Kind bleiben. Narzisstisch, selbstverliebt, sein Abhängigkeitsbedürfnis verleugnend, verlässt er seine Mutter, die in ihrem Kummer um ihn stirbt. Der Sohn weiß nichts von ihrem durch ihn verschuldeten Tod; er hat keine Schuldgefühle.

Der alte Fürst Gurnemanz nimmt Parzival liebevoll in seine Obhut und vermittelt ihm die Grundregeln der ritterlichen Zucht. Parzival reitet weiter und kommt schließlich nach weiteren Erlebnissen, in denen er wiederum auf tragische Weise schuldig wird, erstmals zu einer geheimnisvoll verborgenen Burg, der Gralsburg, wo er den feierlichen Aufzug des Grals – nach Wolfram von Eschenbachs »Parzival« ein Stein mit wunderbaren Kräften, der von einem Gralskönig und Gralsrittern auf dem Berg Montsalvatsch gehütet wird – vor dem leidenden König Amfortas erlebt. Parzival tritt vor Amfortas, er bleibt aber aufgrund missverstandener Erziehungsregeln stumm, er fragt nicht nach des Königs Qualen. Zur Buße und Reifung wird er aus der Burg verbannt. Erst bei seinem zweiten Besuch der Gralsburg nach Jahren der Belehrung und Sühne stellt er Amfortas die Frage: »Was fehlt dir?«

Diese Frage zeigt seine Fähigkeit, Mitleid mit dem kranken König zu empfinden, sie hatte bei seinem ersten Besuch gefehlt. Jetzt wird sie aus Anteilnahme am Unglück des Anderen ausgesprochen. Das ist der Moment der Erlösung, und Amfortas darf jetzt sterben.

Der Parzival-Stoff kommt erst durch die musikdramatische Bearbeitung Richard Wagners Ende der 1870er Jahre zu größerer Popularität. Es war Wagners letzte große Arbeit und ist von ihm selbst als sein »Weltabschiedswerk« bezeichnet worden.

Veränderungen bei Wagner sind vor allem die Umwandlung des Namens »Parzival« in »Parsifal« und ein Wechsel der Funktion Kundrys von einer reinen Gralsbotin zu einer aktiv in das Geschehen eingreifenden Dämonin. Bei der Nachricht vom Tod Herzeloydes sinkt Parsifal schmerzüberwältigt zu Füßen Kundrys nieder, die ihm die Nachricht überbracht hatte. Kundry bietet ihm als letzten Gruß der Mutter den ersten Kuss der Liebe, um Parsifals Abschied von der Kindheit zu erwirken und ihn zum Mann werden zu lassen. Durch diesen Kuss wird Parsifal erwach-

Abbildung 12: Anselm Kiefer: Triptychon *Parsifal*, 1973. – *Parsifal I*. Öl auf Papier auf Leinwand, 299 x 425 cm. *Parsifal II*. Öl auf Raufasertapete auf Leinwand, 300 x 533 cm. *Parsifal III*. Öl auf Rauhfasertapete auf Leinwand, 324 x 219 cm. – Alle: Tate Gallery, London.

sen. Er erkennt erst jetzt seine Schuld am Tod der Mutter und hat zum ersten Mal ein wirkliches Schuldgefühl.

Gurnemanz nimmt ihn mit in die Gralsburg zum leidenden Gralskönig Amfortas. Parsifal ist dazu prädestiniert, Amfortas von seinem Leiden zu befreien. Er berührt mit dem heiligen Speer, den er von Klingsor, dem Zauberer, für den Gral zurückerobert hatte, Amfortas' Wunde, die sich schließt; dadurch ist Amfortas erlöst und kann sterben. Parsifal wird neuer Gralskönig.

Triptychon *Parsifal* (1973, Abb. 12)
Anselm Kiefers *Parsifal*-Tryptichon entstand 1973. Wiederum handelt es sich um ein Dachboden-Bild. Wie in den meisten Bildern Kiefers sind auch hier keine Menschen dargestellt. Auf der linken Seite ist ein Kinderbett abgebildet. Es steht, vom Betrachter aus gesehen, im hinteren Teil des Dachbodens unter einem Fenster und wird von diesem aus beleuchtet. Das Gitterbett wird nicht mehr benötigt, weil der Sohn ihm entwachsen ist, der aber weiterhin von seiner Mutter wie ein unwissendes Kind fern von der Welt gehalten wird. Das Gitterbett ist auch ein Symbol für die verlassene Mutter, die ihr Kleinkind verloren hat. Rechts neben dem Kinderbett steht, fast nicht lesbar, »Herzeleide«, der Name der Mutter, hier ein Zeichen für die Beziehung zwischen der Mut-

173

ter und ihrem klein gehaltenen Sohn. Im Mittelteil ist ein Speer zu sehen, der Gralsspeer, durch dessen Berührung Amfortas geheilt ist und sterben kann. Vorn steht die geschriebene Botschaft »Oh wunder-wundervoller heiliger Speer«, links darüber »Klingsor«, der Name des Zauberers, der den Speer vor Parsifal besessen hatte. Im Fenster darüber ist der Name »Fal parsi« zu lesen, was arabisch »reiner Tor« heißt.

Im rechten Triptychonflügel sind zwei Schwerter abgebildet, von denen das linke zerbrochen ist. Sie stehen als Metapher für Parsifals ersten Gang zu Amfortas, dem er die entscheidende Frage nach seinem Befinden nicht stellt. Die fehlende Mitleidsfrage ist seine Schuld. Die Fenster im Triptychon sind alle blind bis auf eines, das Licht auf das rechte Schwert wirft. Das unversehrte rechte Schwert und der darüber stehende Name »Parsifal« sind strahlend hell durch das Fenster darüber erleuchtet. Weil Parsifal jetzt die Mitleidsfrage dem kranken König stellen kann, ist er zum Gralskönig gereift.

Mit dem Rückgriff Kiefers auf die gleichnamige Oper von Richard Wagner werden alle drei Bilder des Triptychons auch psychoanalytisch deutbar. Im ersten Bildteil lässt sich das Kinderbett mit der Schrift »Herzeleide« daneben als Mahnmal der verhängnisvollen Konsequenzen überfürsorglicher mütterlicher Liebe mit ihrer völligen Abschirmung des Kindes deuten. Es ist eine beiderseitige Schuld: die der Mutter, die versucht hatte, ihren Sohn nicht erwachsen werden zu lassen, und die des Sohnes, der seine Mutter verlässt und damit ihren Tod verschuldet. Jeder von beiden macht sich unbewusst schuldig.

Narzisstische Menschen, deren eigenes Ich nach der Formulierung Freuds das Objekt libidinöser Liebe darstellt, also auch der junge Parsifal, können kein Mitleid mit anderen empfinden (Freud, 1914/1967). Schuldgefühle sind ihnen ebenfalls fremd. Erst durch ein von außen angeregtes Wissen, sich schuldig gemacht zu haben, können sie den nötigen Reifungsschritt vollziehen. Parsifal gelingt dieser Schritt. Die Begegnung mit Kundry befreit ihn aus seiner Kindhaftigkeit. Der abgebildete Speer im zweiten Kiefer-Bild, ein phallisches Symbol, ist ein Zeichen für Parsifals erreichte Männlichkeit. Er wird in der Wagner-Oper zum heiligen Speer des Gralskönigs und kann die Heilung der Wunde Amfortas' bewirken.

Im rechten Flügel des Triptychons wird, wie gesagt, die Wandlung Parsifals zum neuen Gralskönig metaphorisch durch das erleuchtete rechte Schwert und den geschriebenen Namen »Parsifal« dargestellt. Das Triptychon von Anselm Kiefer erzählt den Parsifal-Mythos analog zur dreiaktigen Oper Wagners in drei Teilen. Das von ihm verwendete formale Prinzip des Triptychons ist aus dem sakralen Bereich übernommen. Der unsichtbar bleibende geheimnisvolle, wundertätige Gral gilt als »heiliger« Gegenstand. Auch der Speer ist »heilig«.

Die Schuldfrage zieht sich also auch durch dieses Werk von Kiefer.

Der Nibelungen Leid (1973)
Neben Parsifal ist Siegfried der zweite große Heros in der mittelalterlichen deutschen Dichtung.

In dem Werk *Der Nibelungen Leid* schafft Kiefer mit der Abbildung eines Dachbodens einen mythischen Raum. Dieses Bild gehört mit seinem Dachboden zu den Metaphern für eine vergessene Vergangenheit. An der dem Betrachter scheinbar gegenüberliegenden Wand sind drei Fenster dargestellt, die wieder keinen Ausblick nach draußen gewähren. Direkt auf dem Fußboden, neben einigen abgebildeten Blutflecken, sind in Schreibschrift die Namenszüge »Gunther«, »Gernot«, »Hagen« und »Kriemhild« zu lesen. Auf der linken Wand ist der Schriftzug zu sehen, der auch der Titel des Kunstwerkes ist: »Der Nibelungen Leid«. Dem Bild sieht man das entsetzliche Schicksal der Nibelungen nicht unmittelbar an.

Der Betrachter könnte dieses Dachboden-Bild auch auf eine andere Weise deuten. Er könnte es mit Walhalla assoziieren, dem Ort der Götter und Helden. Wagner bezieht neben den nordischen Mythen der »Edda« auch das Nibelungenlied in seine Tetralogie ein. Kiefer folgt auch hier Wagner in starkem Maße.

Die Abbildung eines dunklen, scheinbar leeren Dachbodens drängt den Gedanken an eine weitere Deutung auf. Nach der Nibelungensage sind Gunther, ein Burgunderkönig, seine schöne Schwester Kriemhild, Siegfried und Hagen die Hauptakteure in einem Drama um Liebe und Tod. Siegfried, in Wagners Oper der Sohn des Geschwisterpaares Siegmund und Sieglind, soll Kriemhild nur unter der Bedingung zur Frau erhalten, dass er für

Gunter um Brünhilde, Königin von Island, wirbt. Diese Werbung muss in einem Wettkampf entschieden werden.

Kiefer zeigt in verschiedenen Fassungen das Bild *Siegfrieds Difficult Way to Brünhilde* (1977). Er stellt Eisenbahnschwellen auf einem steinigen Untergrund dar, die sich beim Betrachter unwillkürlich mit der Vorstellung der Rampe von Auschwitz verbinden, also mit dem Weg in den Untergang. Auch Siegfried wird sterben müssen.

Zunächst gewinnt er für Gunther den Wettkampf mit Brünhilde, und zwar mit Hilfe seiner Tarnkappe. Durch einen Vergessenheitstrunk, den er von Hagen bekommt, weiß er nichts mehr von seiner früheren Verbindung zu Brünhilde und erkennt sie nicht. Kiefers Bild *Siegfried vergißt Brünhilde* (1975) zeigt eine Winterlandschaft. Der Titel des Gemäldes, der in eine Längsfurche eingeschrieben ist, die sich im Unendlichen verliert, verbindet dieses Bild mit dem Vergessenheitstrunk. Brünhilde erkennt jedoch Siegfried wieder. Sie veranlasst Hagen, Siegfried auf einer Jagd zu ermorden.

Kriemhild heiratet Jahre nach dem Mord an Siegfried den Hunnenkönig Etzel. Sie will den Nibelungenschatz besitzen, der von Alberich, einem Zwerg und Schatzmeister des Nibelungenreiches, bewacht wird und ihr als Siegfrieds Erbe gehört. Kriemhild lädt die Burgunder zu einem großen Fest an Etzels Hof ein. Die Herausgabe des Schatzes wird Kriemhild trotzdem von Hagen verweigert. Es kommt zu einem blutigen Gastmahl mit einem Kampf zwischen Hunnen und Burgundern. Dabei werden Gunther und seine Brüder Gernot und Giselher getötet, Kriemhild köpft den vom Kampf geschwächten Hagen eigenhändig und wird danach von Hildebrand, dem Waffenkameraden Dietrichs von Bern, erschlagen. Alle Nibelungen sterben. Der Nibelungen Leid, eine Folge großer Schuld, endet in Unheil und Tod.

Das Ende von Wagners Oper ist nicht der Tod der Nibelungen, sondern Brünhildes Sterbegesang und ihr Tod, gemeinsam mit ihrem Pferd Grane und Siegfrieds Leiche auf einem brennenden Scheiterhaufen. In Kiefers Bild *Brünhildes Tod* (1976) sind nur brennende Holzscheite zu sehen, in einem späteren Bild *Brünhilde Grane* (1990) stellt Kiefer den brennenden Scheiterhaufen dar, darüber stehen die Namen »Brünhilde« und »Grane«.

Die agierenden Personen des Mythos in Kiefers Bild scheinen allein durch den Schriftzug ihres Namens im Dachboden anwesend zu sein. Die Nibelungensage ist im Gesamtraum existent. Das Motiv des Dachbodens weckt aber auch Erinnerungen an Handlungsorte in der Literatur: als Ort des verbotenen Bildes, als Ort der Verdrängung, wie zum Beispiel das Bild der Zigeunerin, das in Mörikes »Maler Nolten« auf dem Speicher hängt, oder »Das Bildnis des Dorian Gray«, das Oscar Wilde auf dem Dachboden enden lässt.

Von den Nationalsozialisten wird die Nibelungensage als Sinnbild der bedingungslosen »Nibelungentreue« missbraucht, das heißt als Aufforderung zu einem gemeinsamen Kampf bis zum Tod und als Durchhalteparole. Im Februar 1943 zitiert zum Beispiel Goebbels in seiner Sportpalastrede die Nibelungentreue im Zusammenhang mit seiner Frage nach dem »totalen Krieg«.

Vater, Sohn und Heiliger Geist (1973)
Zieht man ein anderes Werk Kiefers hinzu, so ergibt sich eine weitere Deutung für den Dachboden als Motiv. In dem Bild *Vater, Sohn und Heiliger Geist* ist ein mit dem Nibelungenbild beinahe identischer Dachboden dargestellt. Darauf stehen drei Stühle, die fast transparent wirken. Auf jedem Stuhl brennt ein Feuer. Auf dem Boden im Übergangsbereich steht in Handschrift *Vater, Sohn und Heiliger Geist* geschrieben. Hier ist auch ohne diese Schrift Bedeutendes mehrschichtig nachweisbar. Drei Feuer, wie sie auf den Stühlen abgebildet sind, die brennen, aber nichts verbrennen, also keine zerstörende Wirkung haben, gelten traditionell als Symbol der Präsenz des Heiligen Geistes zu Pfingsten. Die drei Stühle weisen durch die Drei als symbolische Zahl eindeutig auf die christliche Dreifaltigkeit hin. Die drei Fenster setzen die Trinitätsthematik der Stühle fort. Kiefer spielt hier direkt auf die christliche Ikonographie an, die eine Beziehung zu seiner christlichen Kindheit und Jugend herstellen könnte.

Nürnberg (1982)
Nürnberg als Schauplatz von Wagners Opernhandlung *Die Meistersinger von Nürnberg* ist – ablesbar an den ins Bild geschriebenen Titeln – hier das zentrale Thema Kiefers. Die Verbindung zu der Wagner-Oper wird betont durch den schriftlichen Verweis auf die

Festspiel-Wiese, die ihrerseits wieder als vertrocknetes Gras oder Stroh im Bild präsent ist. Kiefers Umgang mit diesem Material, zu dem auch verkohlte Holzscheite gehören, macht einen kompromisslosen Eindruck. Die hochgezogenen Horizonte verstärken das aus anderen Landschaftswerken Kiefers bekannte Gefühl des Betrachters, unmittelbar in das Bild hineingezogen zu werden. Dieser Effekt beruht vor allem auf dem in die Farbmasse eingearbeiteten Stroh, dem etwas Ruinöses anhaftet. Diese Materialien suggerieren eine verletzte, durchwühlte und zerstörte Landschaft.

Die Beschreibung des zerstampften, brennenden Nürnberg in Kiefers Bild wirkt so, als habe der Boden der Gespensterstadt und der Hitler'schen Erinnerungsmale eine Flammenspur bewahren sollen, die Europa bis hin nach Stalingrad verwüstet hatte. Das verbrannte Holz wie das chaotische Stroh sind physische Relikte einer gewaltigen Katastrophe.

Das Gemälde *Nürnberg* von 1982 knüpft unmittelbar an Kiefers charakteristische Ackerlandschaft an; es zeigt eine zerstampfte, vernichtete Stadt, strohbedeckte, von Farbflecken und Collage-Einsprengseln durchsetzte Felder, deren Furchen auf einen Fluchtpunkt am linken oberen Bildrand zulaufen. An der extrem hohen Horizontlinie erkennt man die winzige Andeutung eines Dorfes oder einer kleinen Stadt. Mit Phantasie lässt sich unterhalb der Inschrift *Festspiel-Wiese* ein für das historische Nürnberg typisches Walmdach ausmachen. Auch der Name *Eva* ist auf dem Acker eingeschrieben und erinnert an Wagners Oper. Die Stadt Nürnberg wird vorstellbar, ohne direkt dargestellt zu werden. Kiefers ausdrückliche Erwähnung Nürnbergs im Bild erweckt aber, wenngleich nur mittelbar, auch andere mit dieser Stadt verknüpfte Assoziationen. Nürnberg ist nicht nur die Stadt Albrecht Dürers, sie ist nicht nur die historische Meistersinger-Stadt und Wagner-Kulisse, sie war auch Ort der Reichstage im Mittelalter und wurde vielleicht deshalb Schauplatz der NS-Reichsparteitage, zum Entstehungsort der Nürnberger Rassegesetze und Druckort des antisemitischen Hetzblattes »Der Stürmer«, also zu einer von den Nationalsozialisten besonders bevorzugten deutschen Stadt. Als Ort der Kriegsverbrecherprozesse erhält die Beziehung Nürnbergs zum Nationalsozialismus eine zusätzliche Dimension. Am Beispiel einer deutschen Stadt wird die von Kiefer ins Auge gefasste, in der Sache selbst begründete Ambivalenz offenbar: die der Propaganda des Nationalsozialismus inhärente, unlösbare Verzahnung von mordender Gewalt mit ästhetischer Faszination, die durch die »Muster-Stadt« Nürnberg beispielhaft repräsentiert wird. »Faszination und Gewalt« heißt eine Dauerausstellung, die seit 1985 auf dem ehemaligen Reichsparteitagsgelände in Nürnberg an dieses Dilemma erinnert. Um das doppeldeutige Phänomen von ästhetischer Faszination, politischer Gewalt und Schuld geht es in Kiefers historischem Deutschland-Projekt.

Zusammenfassend kann man Nürnberg als eine Stadt sowohl der Bürgerlichkeit, der Meistersinger und Dürers als auch eine Stadt der Nationalsozialisten bezeichnen.

Märkischer Sand (1980, Abb. 51)
Zu Beginn der 1980er Jahre entsteht zu diesem Thema eine Reihe von Arbeiten. Mit dem Bild Märkischer Sand stellt Kiefer die Landschaft der Mark Brandenburg dar. Das Gesamtbild besteht aus einer Schwarzweiß-Fotografie als Untergrund, die eine kultivierte Ackerlandschaft zeigt. In der Ferne sind einige Häuser zu sehen. Durch die Ackerlandschaft wird Realität ins Bild gebracht. Über die Fotografie ist gelblich-brauner Sand gearbeitet, der der abgebildeten Landschaft entspricht. So wie die Assoziation zum Gesamtwerk Kiefers und auch zu anderen ästhetischen Werken der Literatur, zu Fontanes »Wanderungen durch die Mark Brandenburg«, gegeben ist, so setzt Kiefer auch direkt durch die Integration von Inschriften neue semantische Werte ins Bild.

Unten links im Bild ist die Beschriftung »Küstrin« zu lesen, auch »Oranienburg« ist deutlich hervorgehoben: zwei mit Assoziationen von schwerer Schuld belastete Namen. Mehr im Hintergrund verteilt stehen weitere Namen wie »Dreilinden«, »Freienwalde«, »Neuruppin«, »Wustrau«, »Lehnin«, »Paretz«, »Rheinsberg«, »Buckow«, »Chorin«. Sie alle können eher positive Vorstellungen wecken. Die scheinbar zwar öde, aber doch mit sprachlichen Zeichen beladene Landschaft erfährt hier ihren Sinn durch die Namen aus der Mark Brandenburg. Sie wird fast zum Spiegel des preußischen Historienbildes. Die Namen sind insofern essentieller Bestandteil der Landschaft. *Märkischer Sand* bildet kompositionell und inhaltlich ein Gegenstück zu dem Gemälde *Deutschlands Geisteshelden* (1973), das die Namen zahlreicher Geistesgrößen in einem großen Dachboden eingeschrieben zeigt. Die Ortsnamen erscheinen wie auf einem Gräberfeld. Dabei deutet zum Beispiel »Küstrin«, vorn im Bild, darauf hin, dass einst Friedrich der Große als Kronprinz um 1730 auf dem Höhepunkt seines Vater-Sohn-Konflikts als Gefangener nach Küstrin kam, nachdem er mit seinem Freund Katte einen Fluchtversuch gewagt hatte. Der Ortsname Küstrin ist geschichtlich bedeutsam. Auch mit ihm stellt Kiefer Schuld und Unheil dar.

»Oranienburg« steht als zweitgrößter Schriftzug im Bild. Hier entstand 1933 eines der ersten Konzentrationslager, der Name erinnert an die Leiden der Juden und Widerstandskämpfer in der NS-Zeit. Beide Ortsnamen symbolisieren die Tragödie der Opfer und die Schuld der Täter.

Die Kriegsereignisse enden auch in Kiefers Darstellungen mit einer Katastrophe. Kiefer stellt historische und mythologische Themen dar, auch solche aus der jüngsten Geschichte, um vielleicht nach ihren Wurzeln zu suchen, um sie besser zu verstehen und dem Betrachter vor Augen zu führen.

Jüdische und alt-vorderasiatische Mythen in Kiefers späterem Werk

Ein Gedicht von Paul Celan

Geschichte nach Auschwitz darzustellen und Erinnerungen an die menschenunwürdige deutsche Vergangenheit wachzurufen, bedeutet meines Erachtens in Kiefers Werk, Trauerarbeit zu leisten. Nach Freud, der diesen klassisch gewordenen Ausdruck einführte, handelt es sich dabei um eine notwendige intrapsychische Verarbeitung von traumatisierenden Eindrücken, dem durch sie hervorgerufenen Schmerz und der Erinnerung an sie. Wie wir von Freud wissen, begründet die Trauerarbeit einen Erkenntnisprozess, der ein Ertragen der Realität möglich macht und in der Folge einen neuen Blick auf die Gegenwart und die Zukunft gewährt (Freud, 1915/1967a).

Seit den 1980er Jahren gehört Kiefer zu den international meistbeachteten deutschen Künstlern. In dieser Zeit erschließt er sich neue Motivbereiche. Es geht weiterhin bei Kiefer um Tod, Schuld und Opfer, jetzt jedoch in neuen Mythen. Bis auf einige Ausnahmen verlässt Kiefer die nationalen Traditionen, um sich Themen aus der jüdischen Mystik, der Kabbala, dem Alten Testament, der griechischen und der orientalischen Mythologie zuzuwenden. Dabei werden auch traditionelle formale Elemente wie Ölfarbe und Acryl mit bis dahin unkünstlerischen Materialien wie Sand, Blei, Stroh, Holz, Kleidern und Pflanzen kombiniert.

Zahlreiche Autoren haben darauf hingewiesen, dass für die Aufarbeitung der jüngsten deutschen Vergangenheit ein Rückgriff auf die Geschichte der Opfer notwendig ist, weil die Deutschen durch die Ermordung der Juden einen entscheidenden Bestandteil ihrer eigenen Kultur zerstört und verloren haben. »Auschwitz«, schreibt Aleida Assmann, »ist die nationale Katastrophe, die das kulturelle Gedächtnis der Deutschen gesprengt hat und sprengt« (zit. nach Fenne, 2000, S. 82).

Ich möchte zunächst mit einem Gedicht von Paul Celan über dessen eigene Erfahrungen in verschiedenen NS-Lagern beginnen. Es liegt nahe, dass Anselm Kiefer vom Werk Paul Celans wohl besonders angezogen wurde. Der Titel »Mohn und Gedächtnis« ist die Überschrift von Celans erster in Deutschland erschienener Gedichtsammlung. Besonders eindrucksvoll wirkt sich die künstlerische Bearbeitung der beiden Frauengestalten der »Todesfuge«, Margarete und Sulamith, aus. Beide Figuren sind motivisch eng verzahnt mit anderen Themen der Kiefer'schen Werke: Margarete mit *Nürnberg*, Sulamith mit verschiedenen Themen aus der Geschichte des Judentums, insbesondere mit dem Holocaust.

Schon vor 1980 entstehen bei Kiefer immer wieder Arbeiten mit dem Titel *Margarethe*. Insgesamt sind es etwa 30 Werke. Inspiriert durch die Verse des jüdischen Dichters Paul Celan (1920–1970), dessen Eltern von den Nazis deportiert wurden und umkamen, erweitert Kiefer mit Beginn der 1980er Jahre sein Themenrepertoire der deutschen Geschichte und beginnt in seinem monumentalen Bildzyklus *Margarethe und Sulamith*, die schicksalhafte Beziehung von Deutschen und Juden sowie das Grauen der Vernichtungslager und des Holocaust zu thematisieren.

Todesfuge

Schwarze Milch der Frühe wir trinken sie abends
wir trinken sie mittags und morgens wir trinken sie nachts
wir trinken und trinken
wir schaufeln ein Grab in den Lüften da liegt man nicht eng
Ein Mann wohnt im Haus der spielt mit den Schlangen der schreibt
der schreibt wenn es dunkelt nach Deutschland dein goldenes Haar Margarete
er schreibt es und tritt vor das Haus und es blitzen die Sterne er pfeift seine
    Rüden herbei
er pfeift seine Juden hervor lässt schaufeln ein Grab in der Erde
er befiehlt uns spielt auf nun zum Tanz

Schwarze Milch der Frühe wir trinken dich nachts
wir trinken dich morgens und mittags wir trinken dich abends
wir trinken und trinken
Ein Mann wohnt im Haus der spielt mit den Schlangen der schreibt
der schreibt wenn es dunkelt nach Deutschland dein goldenes Haar Margarete
Dein aschenes Haar Sulamith wir schaufeln ein Grab in den Lüften da liegt man
    nicht eng

Er ruft stecht tiefer ins Erdreich ihr einen ihr andern singet und spielt
er greift nach dem Eisen im Gurt er schwingts seine Augen sind blau
stecht tiefer die Spaten ihr einen ihr andern spielt weiter zum Tanz auf

Schwarze Milch der Frühe wir trinken dich nachts
wir trinken dich mittags und morgens wir trinken dich abends
wir trinken und trinken
ein Mann wohnt im Haus dein goldenes Haar Margarete
dein aschenes Haar Sulamith er spielt mit den Schlangen

Er ruft spielt süßer den Tod der Tod ist ein Meister aus Deutschland
er ruft streicht dunkler die Geigen dann steigt ihr als Rauch in die Luft
dann habt ihr ein Grab in den Wolken da liegt man nicht eng

Schwarze Milch der Frühe wir trinken dich nachts
wir trinken dich mittags der Tod ist ein Meister aus Deutschland
wir trinken dich abends und morgens wir trinken und trinken
der Tod ist ein Meister aus Deutschland sein Auge ist blau
er trifft dich mit bleierner Kugel er trifft dich genau
ein Mann wohnt im Haus dein goldenes Haar Margarete
er hetzt seine Rüden auf uns er schenkt uns ein Grab in der Luft
er spielt mit den Schlangen und träumet der Tod ist ein Meister aus Deutschland

dein goldenes Haar Margarete
dein aschenes Haar Sulamith

(Celan, 1945/1994, S. 37–39)

An wen soll im Zyklus von *Margarethe und Sulamith* besonders gedacht werden, an die deutschen Täter oder an die jüdischen Opfer? Mit seinem Gedicht »Todesfuge« schuf Celan ein erschütterndes Szenario von Tod und Gewalt. Kontrapunktisch verfasst er in den Figuren von Sulamith und Margarete im Spiegel ihrer aschenen bzw. blonden Haare und mit der Rede vom »Tod [...] ein Meister aus Deutschland« einen Text, den Kiefer in seine Bildwelt überträgt. Celan wie Kiefer sinnen über die tragische, gescheiterte Symbiose zwischen Deutschen und Juden nach. Die Namen der beiden Frauen werden mehrfach wiederholt: Sie gehören zur Welt der Täter und zu der Welt der Opfer.

Ein Beispiel aus der *Margarethen*-Serie von Anselm Kiefer ist das Bild *Dein goldenes Haar, Margarethe – Johannisnacht* (1981, Abb. 52). Dieses Bild und *Dein aschenes Haar, Sulamith* (1981) sollen jetzt näher beleuchtet werden.

»Dein goldenes Haar, Margarete«, »Dein aschenes Haar, Sulamith« sind Anrufungen von zwei weiblichen Personen, die in Celans »Todesfuge« zusammentreffen. Sie stehen für zwei verschiedene Welten. Margarete, die »Arierin« mit dem goldenen Haar, ist die deutsche Gegenfigur der Sulamith. Sie vertritt den germanischen Frauentyp der NS-Ideologie. Selbst wenn sie keine direkte Schuld auf sich geladen hätte, wird auch sie mit in das allgemeine tödliche Verderben gerissen. Kiefer weist durch das Feuer darauf hin, welches auf dem Bild in kleinen Flammen an den Enden mehrerer langer Strohbündel züngelt. Der Name Margarethe lässt auch an Gretchen aus Goethes »Faust« denken, die aus Liebe zur Mörderin geworden ist, dann jedoch selbst dem Tod überlassen wird.

Anselm Kiefer zeigt auf einem dunkelblau-schwarzen Bildhintergrund einen mit Sternen erfüllten Nachthimmel. Am linken Bildrand findet sich die handgeschriebene Inschrift »Dein goldenes Haar Margarethe«, die damit Celans Todesfuge am nächtlichen Himmel markiert. Was sich dem Betrachter vor allem einprägt, sind die auf den dunklen Hintergrund geklebten hohen Strohbüschel mit brennenden Spitzen. Kiefer will damit auf die Johannisfeuer hinweisen, die als Brauch zur Sommersonnenwende und gleichzeitig zum Geburtstest Johannes des Täufers gefeiert werden. Es ist eine Tradition, die seit dem 12. Jahrhundert bezeugt ist und Volksreligion und Christentum vermischt.

Die Johannisnacht weist in doppeldeutiger Weise auf die Zukunft hin: Mit der Sommersonnenwende nimmt die Dunkelheit im Jahreszyklus wieder zu; Johannes kündet den kommenden Messias an.

Die Strohbündel werfen schemenhafte Schatten. Kiefer führt in seine Reihe von 30 Werken der *Margarethen*-Serie ab 1981 Stroh in die Gemälde ein, um Margarethes Haare zu gestalten. Die Strohbündel symbolisieren in diesem Bild auch die Figur der blonden Margarethe, die ausgetrockneten Halme könnten das fehlende Gesicht sowie ihren gleichfalls fehlenden Körper darstellen. Trotz des goldenen, strohblonden Anblicks schreibt sich das Andenken an die zerstörerische Gewalttätigkeit des Dritten Reiches in das Gemälde ein. Es ist eng mit den Bildern *Die Meistersinger* (1982) und *Nürnberg* (1982) verbunden. Das Material Stroh ist außerdem eine ironische Verfremdung der nationalsozialistischen Ästhetik des lebenstüchtigen deutschen Menschen. Von diesem Deutschland ist nichts als leeres Stroh übrig geblieben. In diesem Gemälde ist es – der Deutung Kiefers entsprechend – im Begriff, ein Opfer der Flammen zu werden.

Kiefer war wohl von dem Thema der Todesfuge von Celan, insbesondere der Margarete, stark berührt. Indem er dem Stroh eine wichtige Rolle zuweist, gibt er die Darstellung der klassischen Malerei weitgehend auf und eröffnet eine Technik, die von da an seine Arbeit kennzeichnen wird. Die Benutzung von Stroh ändert sich von Werk zu Werk. In einem anderen Bild der *Margarethen*-Serie benutzt Kiefer den bekannten »Landschaftstypus«: Er klebt eine Garbe aus ineinander verflochtenen Strohhalmen auf das Bild von einem Land, dessen bildnerischer Hintergrund einen Bezug zur deutschen Landschaft bildet. Meines Erachtens ist es Kiefer gelungen, eine neuartige Form zu gestalten, die als Kunst auch nach Auschwitz ihre Berechtigung, ja Notwendigkeit hat.

Dein aschenes Haar, Sulamith (1981, Abb. 53)
Der goldhaarigen Margarethe wird Sulamith gegenübergestellt. Sulamith ist geradezu eine Personifizierung der jüdischen Leiden in der Zeit des Nationalsozialismus. Im Zentrum des Bildes sitzt eine nackte weibliche Gestalt. Ihr Haar ist zu Asche verbrannt. Sie steht, gezeichnet durch das verbrannte, aschene Haar, stellvertretend für die ermordeten und verbrannten Juden. Die dunklen,

verbrannten langen Haare verdecken das Gesicht der Sulamith, das nicht mehr zu sehen ist. Sie fallen an ihrem geschundenen Körper wie ein Gewand hinunter. Der nackte Körper der mit angezogenen Knien und darauf gestützten Armen gebeugt sitzenden Frau ist in seinen Konturen unter den Haaren zu erkennen. Die Gestalt hockt zusammengebrochen auf einem dunkelgrünschwarzen Gegenstand oder auf einer Erdanhäufung. Links über dem Oberkörper und dem Kopf ist das handgeschriebene Zitat »Dein aschenes Haar, Sulamith« – die Zeile aus Celans Gedicht – zu lesen.

Die Hochhäuser im Hintergrund links oben im Bild und, mit ihren hellen Fensterreihen, rechts oben signalisieren eine normale Wohnwelt. Sie konfrontieren den Ort des traurigen Sulamith-Geschehens mit einer davon nicht berührten Gegenwart. Im Gegensatz zu Kiefers meist menschenleeren Gemälden ist auf diesem Bild eindeutig eine menschliche Gestalt ohne Gesicht, ein Opfer, zu sehen. Haare und Asche sind Synonyme für den Genozid an den Juden in den Konzentrationslagern.

Auf literarischer Ebene ist Sulamith die Jüdin, die schon im Alten Testament als schöne Geliebte besungen wird.

»Asche ist ja etwas sehr Sanftes«, äußert Kiefer 1990 in einem Interview, »etwas, was nach dem Feuer übrig bleibt und nicht mehr verändert werden kann« (Kämmerling und Pursche, 1990, S. 28). Bei dem aschenen Haar und beim Anblick des farblosen Körpers der Sulamith denkt der Betrachter unweigerlich an den Holocaust. Kiefer schafft hier ein aussagestarkes Zeichen für den thematisierten Mordvorgang.

Zwei Frauen stehen für zwei Welten, die in Paul Celans »Todesfuge« zusammentreffen. Der Kontrast der zwei Frauentypen erinnert an die Problematik ihrer gegensätzlichen Kulturen und darüber hinaus an die Grauen des Nationalsozialismus. Beide Frauen sind außerdem der Inbegriff von zwei wichtigen Teilen der deutschen Identität. Die blonde, arische Margarete verkörpert bis zu ihrer Verbrennung nach Auffassung der Nationalsozialisten den lebenstüchtigen deutschen Menschen, Sulamith, die sterbende Jüdin, stellt den zweiten, jedoch zerstörten Anteil der deutschen Identität dar. Beide Frauen sind durch Celans Gedicht und Kiefers Bilder untrennbar miteinander verbunden.

Skulpturen

In Kiefers Arbeiten fehlen häufig Farbe und Licht. Das Trübe, Verschwimmende und Dämmrige herrschen vor. Schwarz und Grau als Farben des Todes dominieren ebenso wie tote Materialien: Sand, vertrocknete Blumen, totes Geäst, leeres Stroh. Immer wieder sind auch Brandspuren an den Oberflächen der Bilder zu beobachten. Mit dem Übergang von erdiger Materialität zur Verwendung von Blei ist spätestens seit Mitte der 1980er Jahre die Schwelle in eine neue Werkphase markiert. Seitdem wird die Arbeit durch Bücher, Gemälde und Skulpturen aus Blei bestimmt, das zu einem persönlichen Markenzeichen Kiefers geworden ist. Mit Bleibahnen war das Dach des Kölner Domes gedeckt. Als es renoviert wurde, hat Kiefer dieses Blei gekauft.

Was könnte den Künstler veranlasst haben, dieses Material zu einem seiner wichtigsten und ausdrucksstärksten Gestaltungs- und Aussagemittel zu machen? Man könnte seine Werke als Zustandsbeschreibungen bezeichnen. Oft haben wir es auch mit Gedankenbildern zu tun; wiederholt wird Sprache in seine Werke eingefügt. Dabei werden zum Beispiel Namen historischer und mythischer Gestalten zitiert, die als Figuren auf den Gemälden nicht auftauchen, oder aber Ortsbezeichnungen, geschichtliche Ereignisse, Liedzeilen oder Gedichtverse. Kiefers bildnerisches Denken scheint von unmittelbarer Betroffenheit geprägt zu sein.

1978 benutzt Kiefer zum ersten Mal Blei. Es ist eines der ersten zum Töten und Schmücken verwendeten Metalle. 1990 erklärt Kiefer in dem schon angeführten Interview: »Blei war einerseits stumpf, schwer und mit Saturn verbunden […] andererseits enthält es Silber« (Kämmerling und Pursche, 1990, S. 28). Saturn ist eine römische Gottheit der Saaten und der Fruchtbarkeit, gleichzeitig ist er ein Planet des Unglücks und der Zerstörung. Im 16. Jahrhundert diente Blei zur Gewinnung von Silber. Blei und Silber wurden im sogenannten Treibprozess aus den Erzen herausgeschmolzen. In der Gluthitze oxydierte das Blei und floss ab, während das Silber zurückblieb. Zwischen 1985 und 1991 stellte Kiefer mehrere Werke aus Blei her. In der riesigen Halle der Ziegelei, in der Kiefer arbeitete, liegt ein großes Bleiflugzeug. Es liegt da, bleischwer und kann nicht fliegen. Aber es kann Ideen transportieren.

Abbildung 13: Anselm Kiefer: *Mohn und Gedächtnis – der Engel der Geschichte*, 1989. Skulptur. Blei, Glas und Mohn, 250 x 630 x 650 cm. Nationalgalerie im Hamburger Bahnhof, Sammlung Marx, Berlin.

Mohn und Gedächtnis – der Engel der Geschichte (1989)
Der Titel dieses Werkes stellt eine doppelte Huldigung dar: an Paul Celan und seinen Gedichtband »Mohn und Gedächtnis« und an Walter Benjamin, der den *Engel der Geschichte* zur zentralen Gestalt seiner neunten These in seinem Aufsatz »Über den Begriff der Geschichte« gemacht hat (Benjamin, 1940/1991). Ab 1979 existieren sieben flugzeugähnliche, aus Blei gebaute Objekte mit Titeln wie *Mohn und Gedächtnis, Melancolia* und *Jason*. Die von Kiefer hergestellten Flugobjekte sind zwischen 3,50 und 4,50 Meter lang. Auf den beiden Tragflächen liegen mehrere Bleifolianten.

1989 findet in Köln unter dem Motto *Der Engel der Geschichte* eine Ausstellung mit fünf Flugzeugen als neuen Skulpturen statt. *Mohn und Gedächtnis* heißt eine kleinere Präsentation eines Flugzeuges. *Lilith* und *Jason* sind die Titel zweier weiterer Ausstellungen im Jahr 1991 in New York und Dublin. Diese Beispiele zeigen, dass dem plastischen Kunstwerk Anselm Kiefers häufig ein Name oder ein Zitat zugeordnet wird, jedoch nicht im Sinne einer eindeutigen Erklärung, sondern wie um den Betrachter irrezuführen,

Abbildung 14: Anselm Kiefer: *Melancolia*, Skulptur, Blei und Glas, 470 x 370 x 215 cm. San Francisco Museum of Modern Art, acc.no. 841:1983.

um darauf hinzuweisen, dass es einen ganz bestimmten, materiell nicht fixierbaren Zusammenhang geben müsste zwischen dem Namen und dem, was der Name bezeichnen könnte.

Die Einordnung der Flugzeuge in Typen ist bei Kiefer nicht möglich. Es handelt sich um solche, bei denen es Kiefer auf die Beladung ankommt. Auf den beiden Tragflächen und der Heckflosse des Flugzeuges *Mohn und Gedächtnis – der Engel der Geschichte* (Abb. 13) liegen mehrere große Bleifolianten, die sich an den Seiten überlappen. Drei oder vier Bücher liegen übereinander. In den Büchern des Flugzeuges *Mohn und Gedächtnis* steckt getrockneter Mohn, der insbesondere als Rauschmittel Vergessenheit bedeutet, während die Bücher Erinnerungen festhalten.

Aufgrund ihres plumpen und schweren Charakters werden die Flugzeug-Objekte natürlich niemals fliegen. Das Flugzeug und die Bücher können als Zeichen unserer Zivilisation verstanden werden. Flugzeuge können Kontinente überfliegen, Bücher können Wissen speichern. Die Inhalte der Bücher bei Kiefer bleiben verschlossen, weil die Bücher nicht zu öffnen sind. Sie sind aus Blei. Die Polarisierung von *Mohn und Gedächtnis* lässt sich als ein Gegensatzpaar von unbewussten Phantasien und von rationalem Denken beschreiben. Doch geht die Polarität noch weiter. Der Name des Flugzeugs könnte bei Kiefer in Erinnerung an ein Gedicht von Celan entstanden sein. Damit käme auch eine erotische Komponente in das Werk. Das Zitat aus dem Gedicht »Corona« von Paul Celan: »Wir lieben einander wie Mohn und Gedächtnis« (Celan, 1994, S. 33) sagt deutlich, dass Celans größtes Glück identisch ist mit dem harmonischen Ineinandergreifen beider Momente: dem unkontrollierten Rauschhaften, dem Vergessen durch den Mohn, und dem Erinnern durch die Bücher. Celan gelingt es, aus dem Widersprüchlichen eine Einheit zu bilden.

Melancolia (1989, Abb. 14)
Auf einer Tragfläche eines Flugzeugs von Kiefer ist anstelle der Bleibücher ein überdimensionaler gläserner Polyeder gelegt, der zusammen mit dem Titel des Flugobjektes *Melancolia* (1989) und dem auf einer Bleiplatte geschriebenen Wort »melancolia« eindeutig auf Albrecht Dürers 1514 entstandenen Kupferstich *Melencolia I* Bezug nimmt. Innerhalb des Dürer'schen Werkes gehört der Polyeder zu den mathematischen Grundformen. Er unterstreicht dort die Macht der Wissenschaft, die es vermag, die Lebensbedingungen des Menschen zu erweitern. Der Polyeder wurde in der Zeit Dürers als »Kostbarkeit« eingeschätzt. Bei Kiefer ist er mit Resten von Sand, Erbsen oder Zigaretten gefüllt, mit dem Kehricht des Ateliers. Kiefer stellt damit ein Gleichgewicht her zwischen Innen und Außen, zwischen dem Polyeder und seinem Inhalt. Offenbar hat auch der Kehricht für Kiefer einen Wert.

Kiefer bezieht sich in seinem Werk auf die traditionelle künstlerische Darstellung der Melancholie; er zitiert die Symbole nicht nur, sondern integriert sie auch in die zeitgenössische Geschichte und verleiht ihnen damit wieder Aktualität. Er wählt also kein geflügeltes Wesen, wie Dürer dies tat, sondern ein zerstörendes Flugzeug, das an die Bombenangriffe im Zweiten Weltkrieg erinnert. Bei Dürer fehlt auch der Bezug zur Kabbala, die erst die neueren Interpreten Kiefers Skulptur *Melancolia* zugesprochen haben.

Durch die Integration vieler Objekte in Dürers Bild werden die Theologie, Astrologie und andere Wissenschaften in einen großen Bildzusammenhang gebracht, und zwar bezüglich der Melancholie. Ihr Verhältnis und ihr Bezug zur Melancholie machen einen Teil des Rätsels dieses Bildes aus. Dürer ebenso wie Kiefer verwenden gegensätzliche Symbole, Zeichen oder Materialien und integrieren sie zu einer neuen Einheit.

Hartmut Böhme versteht Dürers Bild so, dass sich in ihm die Verstrickung in einem Zirkel von menschlicher Erkenntnissuche bis zu melancholischer Verwirrung bewegt. Darin ist ein bisher unbekannter Teil der Frage nach der Stellung des Menschen in der Welt eingeschlossen. Böhmes Rat, dem Labyrinth der Deutungen des Dürer-Bildes zu entgehen, hat gute Gründe. Wegen der Gegenstandsüberfülle im Bild habe man bei der Interpretation oft übersehen, dass ein solcher Ansatz auch durch Abwesenheit charakterisiert ist. In Dürers Bild ist zum Beispiel der Mensch abwesend. Natur erscheint als ferner Hintergrund. Arbeit wird nicht dargestellt, es ist kein Selbstporträt Dürers, keine Darstellung der Philosophie, es ist kein Melancholiker zu sehen, es gibt keine mythologische Figur, nicht Saturn, nicht Jupiter, nicht Merkur. Die *Melencolia I* gewinnt ihre Eigenart dadurch, dass sie aus nichts als Zeichen besteht (Böhme, 1989, S. 44).

Jason (1989)
Auf einem anderen Flugobjekt Kiefers ist, handschriftlich geschrieben, der Name *Jason* zu lesen. Mit der Bezugnahme auf Jason geht Kiefer zeitlich zurück zu der griechischen Sage der Argonauten. Sie wollten in Kolchis das sogenannte Goldene Vlies zurückholen.

Durch die verschiedenen Anspielungen auf Kiefers Flugzeugobjekte ergibt sich eine Kette von Themenbereichen aus der Kulturgeschichte. Es lassen sich fünf Zeitebenen aufzeigen, die in Kiefers Flugobjekten sowohl inhaltlich durch den Objekttitel als auch stofflich integriert sind.
1. Die erste Zeitebene, das 20. Jahrhundert, wird mit dem Jahr 1989 dargestellt. Sowohl das Flugzeug als auch die darauf liegenden Bücher sind aus Bleiplatten, die Kiefer in diesem Jahr aus Köln geholt hat.
2. Die zweite Zeitebene, ebenfalls im 20. Jahrhundert, ist durch

die Beziehung zu Paul Celan gekennzeichnet. Der Gedichtband »Mohn und Gedächtnis« wird angesprochen durch den Titel, durch die Bücher und durch die getrockneten Mohnhalme im Flugobjekt.
3. Die nächste Zeitebene ist die des Jahres 1932. Louis-Ferdinand Celine (1894–1961), ein Arzt, Schriftsteller, Antisemit und Faschist, wird mit seinem Roman »Reise ans Ende der Nacht« in Kiefers Werk einbezogen.
4. Eine nächste Zeitebene im Werk existiert durch die Anbindung an Dürers *Melencolia I* aus dem 16. Jahrhundert.
5. Die Integration der am weitesten zurückreichenden Zeitebene, der griechischen Antike, wird durch den Bezug zu Berenike hergestellt, einer ägyptischen Königin. Sie stirbt 221 v. Chr. Aus der griechischen Mythologie stammt Jason, der Führer der Argonauten, den Kiefer in sein Werk einbezieht.

Kiefer spielt also auch auf Begriffe aus der Kulturgeschichte an. Dass die sieben Flugobjekte, beladen mit kulturellem Gut der Vergangenheit, sich als schweren kulturellen Ballast verstehen lassen, liegt an der Verwendung von Blei. Sieht man alle sieben Flugobjekte als Gesamtskulptur, scheinen sie einem Geschwader gleich, als seien die Objekte gerade gelandet und belagerten die Gegend mit Vergangenheit. Von der Frühzeit bis zur Gegenwart wird auch eine unendliche Zeit des Todes in den Bildern thematisiert, die mit der Frage der Schuld verknüpft ist. Dabei finden sich immer Bereiche, die nicht einsehbar sind, zum Beispiel im Innern der Flugzeuge oder bei den Büchern, deren Inneres nicht sichtbar ist; nur die herausschauenden Mohnkapseln lassen den Inhalt erahnen. Es geht Kiefer offensichtlich in besonderem Maße um das Thema des Vergessens oder des Verdrängens von Geschichte.

Das Goldene Vlies (1990)
Kiefer benutzt Titel, die eine bestimmte Aura haben, wie *Märkischer Sand* oder *Lilith*. Derartige Titel erzeugen eine Ahnung, ein Gefühl, dass dahinter etwas verborgen sei. Das Gedächtnis – so Kiefer – bildet sich nicht erst, wenn wir geboren werden, sondern es kommt von weiter her, hat Grunderfahrungen gespeichert, die sich in Tausenden von Jahren gesammelt haben.

Auch der Name »Jason« hat diese Aura. Nach dem Mythos

war er der Führer der sagenhaften Argonauten, die, benannt nach ihrem Schiff Argo – »die Schnelle« – im Auftrag des Königs Pelias übers Meer in das ferne, an der Ostküste des Schwarzen Meeres gelegene Kolchis fahren, um das Goldene Vlies nach Hellas zurückzuholen. Es war ein Geschenk von Jasons Vater für den König Aietes von Kolchis gewesen. Jason muss sich in Kolchis einer schweren Probe unterziehen: Er muss zunächst einen ungeheuren Drachen töten, der das Goldene Vlies bewacht, der aber von der Königstochter und Dämonin Medea eingeschläfert worden war. Die Drachenzähne muss Jason aussäen und die daraus erwachsenden riesigen Krieger töten. Medea war in starken inneren Nöten, weil sie ihren Vater verraten musste, sich aber inzwischen in Jason verliebt hatte. Sie hilft ihm, seinen Auftrag zu erfüllen, und wird später seine Gemahlin.

Auf der Flucht vor dem Herrscher von Kolchis, Aietes, wird Medeas Bruder von Jason zerstückelt und vor die Füße der Verfolger geworfen. Die Griechen sind damit gerettet. Die Argonauten können mit Medea nach Griechenland entkommen. Jason lebt zehn Jahre lang mit Medea zusammen und bekommt mit ihr zwei Söhne. Dann verliebt er sich in Glauke, die Tochter des Korintherkönigs Kreon. Medea ist entrüstet, als sie von Jasons neuen Eheplänen erfährt. Sie rächt sich an Glauke, indem sie ihr ein schönes Kleid schenkt, das vergiftet ist. Als diese es anzieht, löst sie sich sofort in nichts auf. Nur das Kleid bleibt übrig. Medea tötet ihre beiden Kinder aus Rache an ihrem treulosen Ehemann und fliegt mit ihren dämonischen Kräften durch die Lüfte davon. Jason überkommt Verzweiflung, er stürzt sich in sein Schwert und stirbt auf der Schwelle seines Hauses. Auch die räuberische Mission der Argonauten endet in einer furchtbaren Tragödie.

Der Mythos erzählt also von einem Raubzug, der nur mit den Zaubermitteln Medeas und mit der Ermordung ihres Bruders gelingt; er erzählt von den ehebrecherischen Plänen Jasons und von Medeas Racheplänen, er erzählt von Schuld, Mord und Selbstmord.

Asche, Kleider und Blei sind klassische Kiefer-Symbole. Kiefer bietet mit dem leeren hellen Kleid gleichsam ein Negativbild an, in das der Betrachter das Positiv, das heißt die dazugehörige weibliche Person, projizieren muss, wenn er das Bild verstehen will. In Kiefers Bild vom Goldenen Vlies stehen die Krieger, die wie

Abbildung 15: Anselm Kiefer: *Zweistromland – The High Priestess*, 1985–1989. Etwa 200 Bleibücher in stählernem Regal, mit Glas und Kupferfaden, ca. 500 x 800 x 100cm. Sammlung Hans Rasmus Astrup, Oslo.

Soldaten unserer Tage gekleidet und bewaffnet sind, rund um das auf der Erde liegende Kleid. Es könnte entweder das von Medea vergiftete Kleid der Glauke oder das von ihr zurückgelassene eigene Kleid sein. Beide Frauen haben Schuld auf sich geladen: Glauke durch ihren Ehebruch, Medea durch die Tötung Glaukes und durch die Ermordung ihrer eigenen Kinder. Die größere Schuld hat zweifellos Medea. Was ist die Aufgabe der Krieger? Auf wen wollen sie jetzt noch schießen? Oder wollen sie jemanden beschützen, vielleicht Jason vor seiner Verzweiflungstat?

Zweistromland – The High Priestess (1985–1989, Abb. 15)
Dieses Werk ist Kiefers größte und anspruchsvollste Arbeit. Sie besteht aus zwei riesigen, über vier Meter hohen Bücherregalen, die gleich den Seiten eines aufgeschlagenen Buches im Winkel zueinander aufgebaut sind. In stählernen Regalen steht eine gigantische Ansammlung von aus dünnen Bleiplatten gearbeiteten Bleifolianten. Mehrere Männer sind nötig, um ein Buch anzuheben. Ein leichter Zugang durch gewöhnliche Sterbliche ist durch das gewaltige Gewicht vergangenen Denkens unmöglich. Die Bücher sind verschlossen. Ihr Inhalt wird vom Künstler verborgen gehalten und bleibt uns unbekannt.

Zwischen 1990 und 2000 entstehen nicht weniger als 124 Bände. Sie haben vermutlich unzählige Bedeutungen. Es ist daher nicht verwunderlich, dass diese Arbeit Kiefers über zwei Titel verfügt. Auf Deutsch heißt sie *Zweistromland* und spielt auf das alte Land Mesopotamien an, das von den Flüssen Euphrat und Tigris begrenzt wird, mit der Hauptstadt Babylon und der Stadt Ninive, Fundort zahlreicher Keilschrift-Tafeln. Den Titel *The High Priestess* erhält das Werk in der englischen Ausgabe, womit Kiefer vielleicht einen besonderen, religiösen Akzent setzen will.

Die Bücher sind ein Ausdruck für das Gute, für die frühe kulturelle Hochblüte des Landes mit der Entwicklung von Schrift und Zahlen. Die Bücher behalten diese Erinnerungen, und das möchte uns Kiefer vielleicht immer wieder vermitteln. Die Riesenbibliothek in Mesopotamien war ein Hort des Wissens und eine Quelle der Weisheit. Fast alles, was wir heute über die hochentwickelte babylonische Kultur wissen, war dort auf tönernen Tafeln verzeichnet. Dabei geht es nicht nur um dargestellte Zahlen und Schriften, sondern auch um Musikinstrumente wie Leiern und Langhalslauten, deren älteste bekannte Abbildung aus dem 3. Jahrtausend v. Chr. in Mesopotamien stammt.

Die Bücher können jedoch – wie alles Geschriebene – neben dem Guten auch Schlechtes enthalten, zum Beispiel Kriegsberichte. Das Zweistromland war immer auch ein Land der Kriege oder der Besetzung durch andere Völker. Vielleicht ist Mesopotamien für Kiefers kritischen Blick besonders wichtig durch den Bezug zum alten Babylon, das in Kiefers Werk als Ort für seine Schuldthemen natürlich nahe liegt. Babylon war unter anderem der Ort der babylonischen Gefangenschaft der Juden nach der Zerstörung des Tempels in Jerusalem, für die Juden eine leidvolle Zeit als Opfer.

Wenn Kiefer seine Bücher aus Bleifolien herstellt, dann hat dies mit dem Charakter des Metalls zu tun. Blei weist von allen Metallen das geringste Schwundmaß auf und gibt daher beim Guss sehr genau die Form wieder. Entscheidend sind vor allem die Weichheit, die Biegsamkeit und das enorme Gewicht. In dieser wuchtigen, unhandlichen Bibliothek Kiefers kann allein unsere Phantasie blättern.

Kiefers große Bleibibliothek *Zweistromland* arbeitet seine Vorstellungen vom Wesen der schriftlichen Überlieferung aus. Manche Folianten sind aus Bleiblättern gemacht, bei denen sich Kiefer darauf beschränkt hat, die Zeit auf sie einwirken zu lassen, indem er die Blätter draußen auf den Boden legte, wo sie große Farbunterschiede und fremde Spuren angenommen haben. Der Inhalt der Bibliothek ist uns, wie gesagt, verschlossen. Die monumentale Doppelbibliothek, darauf deuten der erste Teil des Titels und die in der Mitte geschriebenen Namen Euphrat und Tigris hin, spielt auf Mesopotamien und auf die sumerischen, babylonischen und assyrischen Kulturleistungen an, die sich dort seit dem 3. Jahrtausend vor Chr. bis zur Eroberung des Gebietes durch Alexander den Großen entwickelt haben. Die Bände könnten vielleicht auch einen Hinweis auf das Andenken an diese alten Zeiten geben.

Den Titel, *The High Priestess*, die Hohepriesterin, erhält das Werk, wie schon erwähnt, in der englischen Ausgabe. Hier versetzt der Titel die Bücher der Bibliothek in den Kontext eines ursprünglichen, göttlichen Wissens, der zu Kiefers Interesse für das Alte Testament und die Kabbala passt. Die Doppelbibliothek *ist* die Hohepriesterin, die Hüterin des in den Büchern aufbewahrten Wissens.

Der Titel *Zweistromland* weist auf eine Zivilisation hin, deren Denkmäler anders als in Ägypten weitgehend untergegangen und deren Siedlungen zu Schutt geworden sind, so dass man mit den unscheinbaren Hügeln und den Fundstätten im Irak nur noch an kärgliche Reste der einstigen Größe des mesopotamischen Reiches erinnert wird. Auf seinen Untergang folgte ein jahrhundertelanges Brachliegen, das ein Austrocknen des einst fruchtbaren Landes zur Folge hatte. Mesopotamien galt vor der mythischen Sintflut als der Garten Eden, wo laut Schöpfungsgeschichte Adam aus dem Staub der Erde erschaffen wurde. Später sind auch die architektonischen Monumente Mesopotamiens zerfallen, so hat Geschriebenes, auf den gebrannten Tontafeln überliefert, länger überdauert, als jedes Papier es könnte.

Exkurs: Wer ist Lilith?

Zuvor einige kurze Hinweise zur Kabbala. Seit den 1980er Jahren bildet die Beschäftigung mit der Geschichte des Judentums und mit der Kabbala einen wichtigen Sektor von Kiefers umfangreichem Werkkomplex. Bildtitel wie *Lilith* – ein jüdischer Name – belegen das hinreichend.

»Kabbala« (hebr. »Überlieferung«) ist die Bezeichnung für die jüdische Mystik und die Geheimlehre aus der Zeit zwischen dem 12. und 17. Jahrhundert. Sie hat bis heute ihre Bedeutung behalten. Das Wort Kabbala bezeichnet ursprünglich alles, was nicht zum Pentateuch, also den fünf Büchern Moses des Alten Testaments, gehört. Die jüdische Mystik und vor allem die Kabbala waren eine Geheimlehre, die nur an auserwählte Anhänger weitergegeben wurde.

Ursprung und Bedeutung der Kabbala sind auch heute noch nicht restlos aufgeklärt und bleiben somit weitgehend im Dunkeln. Über die Kabbalisten ist nur wenig bekannt, da sie die Veröffentlichung ihrer autobiographischen Hinweise verhindert haben. Kern ihrer Botschaft ist der, dass alles von Gott ausgeht. Es gibt keine »Schöpfung« im üblichen Sinne. Die Vermenschlichung Gottes wurde vom offiziellen Judentum als höchst anstößig empfunden. Das göttliche Wesen ist nicht Gott selbst, sondern nur seine Erscheinung, die sich jeder Beschreibung entzieht.

Lilith (1990)
Lilith, ein weiblicher altisraelischer Dämon, ist israelische Volksmythologie. Es gibt zahlreiche jüdische Legenden um Lilith. Gott erschuf Adam und Lilith aus demselben Lehm, um Adam eine Partnerin zu schenken. Gott holte Lilith noch vor der ersten Nacht zu sich und sagte ihr, sie solle Adam untertan sein. Dies wurde von Lilith nicht akzeptiert, denn der Lehm, aus dem sie erschaffen worden war, war durch den Speichel des verstoßenen Bösen, personifiziert als Satan oder Samael, verunreinigt worden. Lilith stritt sich mit Adam und verschwand dann aus dem Paradies in die Wüste. Dort verkehrte sie jeden Tag mit tausend Mischwesen und brachte tausend Kinder pro Tag auf die Welt. Adam beklagte sich bei Gott über seine Einsamkeit, und dieser erschuf Eva aus Adams Rippe.

Kein Motiv der jüdischen Mythologie ist bis zum heutigen Tag so lebendig geblieben wie der Mythos von Lilith. Innerhalb der Dämonenvorstellungen des Judentums nimmt Lilith eine zentrale Stellung ein. Sie ist deren weitaus profilierteste Gestalt. In der Bibel wird sie ein einziges Mal erwähnt (Jes 34,14). In talmudischen Quellen (3. bis 5. Jahrhundert n. Chr.) geistert Lilith als Nachtdämon umher – als weibliche Dämonin, die Männer verführt und als furchtbare, verschlingende Mutter schwangere Frauen schädigen und ihre neugeborenen Kinder rauben will. Gegen ihre Todeswünsche und Angriffstendenzen werden noch heute in den Wöchnerinnenstuben jüdischer Familien verschiedene Amulette aufgestellt oder der Mutter und ihrem neugeborenen Kind umgehängt, die ihnen Schutz vor dieser Unheil bringenden und bedrohlichen Gestalt gewähren sollen.

Die kabbalistische Tradition gibt Lilith eine Hauptrolle. Als des Dämonenfürsten Samaels Frau steht sie hoch in der Hierarchie. Lilith gehört zu den zahlreichen Dämonen, die in der Bibel, im Talmud und in der rabbinischen Tradition erwähnt werden.

Die Gestalt der Lilith ist durchaus nicht eine ausschließlich auf die jüdische Mythologie beschränkte Figur. Ihr Vorkommen lässt sich auch schon bei den Babyloniern, Assyrern, Sumerern und Hethitern nachweisen. Aber nur innerhalb der jüdischen Mythologie hat sich der Lilith-Mythos über mehr als zweieinhalb Jahrtausende erhalten.

Lilith repräsentiert, aus Lehm geschaffen, im Bild des verdreckten Kleides die dunkle Gegenseite zur biblischen, reinen Eva. Die Geschichte von Lilith und Adam stellt sie in totalen Gegensatz zu Eva; Lilith tötet und gebiert nichts anderes als Dämonen. Sie ist, anders als Eva, nicht die Untergebene Adams. Man könnte sie als Vorläuferin der heutigen Feministinnen oder als Symbolfigur der weiblichen Emanzipation bezeichnen.

Seit seiner ersten Israel-Reise 1983–1984 intensiviert Kiefer seine Auseinandersetzung mit Motiven der jüdischen Kabbala. Er rechtfertigt sie so: »sie gründet in meiner streng katholischen eigenen Herkunft mit meiner christlichen Erziehung, die mich gelehrt hat, allen religiösen Dogmen zu misstrauen« (zit. nach Schwerfel, 2001).

In einem Bild von Anselm Kiefer ist *Lilith* mit ihren aschenen Kleidern ein Überbleibsel von etwas, das einmalig lebendig war, ein Todesgeschenk an das Leben. Auch die Kleider sind ein solches Mittel der Todesdarstellung. Sie sind nichts, von Sand und Dreck verkrustet, ein Behälter, ein leeres Gefäß, das mit Bedeutung gefüllt werden muss. Die Kleider beschwören viele Assoziationen, die bis zum Gedenken an den Holocaust ausgedehnt werden können, da die Haare ohne ihre Träger und die Kleider ohne die Körper zwei der eindrücklichsten Bilder sind, die wir in Hinsicht auf die Toten des Holocaust mit uns tragen. Solch traurige Assoziationen werden leicht hervorgerufen, wenn man auf das große helle Gewand blickt, das sich neben kleineren Exemplaren seiner Art ausbreitet.

Lilith und ihre Töchter, deren Kleider in einem Buch Kiefers genauer dargestellt sind, gewinnen ihre Identität in dem Augenblick, als Eva erscheint, die nicht aus demselben Stoff ist, aus dem Lilith und Adam gemacht sind. Lilith ist vor allem eine Figur der Gegensätze. Die Erinnerung an den Holocaust greift sie als mythische Männer- und Kindesmörderin auf. Man fragt sich, welche Rolle sie in Kiefers Bildern spielt. Sie könnte eine zwiespältige Figur sein, eine hoffnungsvolle Gestalt, eine nährende Frau für die von ihr geborenen Kinder, aber auch eine Gestalt der unsinnigen Zerstörung, eine abgrundtief böse Figur, gefährlich und Unheil bringend.

Lilith bleibt unsterblich, da sie nie die verbotene Frucht vom Baum der Erkenntnis aß.

Bruch der Gefäße (1990)
Chevirat Ha-Kelim, Bruch der Gefäße, ein kabbalistisches Motiv, ist eine Bibliothek aus Bleibüchern, mit der Kiefer 1990 erstmals den kabbalistischen Schöpfungsmythos thematisiert.

Die meisten Arbeiten Kiefers, die sich auf kabbalistische Themen beziehen, gehen auf das frühe 5. Jahrhundert und auf spätere Quellen aus dem 13. Jahrhundert zurück. Dieses Werk von Kiefer besteht aus etwa 30 Büchern in stählernem Regal, mit Acryl, Blei, Glas und Kupferdraht. Kiefers Skulptur *Zweistromland – The High Priestess* ist untrennbar verbunden mit dem Zyklus *Chevirat Ha-Kelim, Bruch der Gefäße*, einem Schöpfungsmythos der jüdischen Kabbala. Im Jahre 2000 wurde das Werk in der Chapelle La Salpêtrière in Paris, einer katholischen Krankenhauskirche aus dem 17. Jahrhundert, installiert. Von diesem Zyklus, der aus insgesamt sechs Gemälden im Format von 800 x 500 cm besteht, geht eine meditativ-religiöse Stimmung aus.

In der Lehre Isaak Lurias findet Kiefer die Gedanken, nach denen er gesucht hat. Die meisten Arbeiten Kiefers beziehen sich auf die lurianische Kabbala. Isaak Luria (1534–1572), ein berühmter Kabbalist in Obergaliläa, war mit einem ungeheuren Geist und starker Einbildungskraft begabt. Nach seiner Lehre hatte die Schöpfung drei Phasen:

a) Am Anfang war Gott ohne Grenzen. Um Platz für die Schöpfung zu machen, beschränkte sich Gott selbst, zog sich in sich selbst zusammen, ging in ein inneres Exil. Er machte damit einen Platz frei für die Welt, die sich dadurch frei entfalten konnte.

Zurück blieb Gottes Licht, und aus ihm strömte der erste Mensch, Adam Kadmon, (hebr. »Urmensch«, der nicht mit dem biblischen Adam gleichgesetzt werden darf), eine Art von Licht-Konfiguration, Gottes erste Formung. Aus seiner Nase, seinen Augen und Ohren und aus seinem Mund strömte das Licht des En-Soph, der (hebr.) »Endlosen Welt«.

b) Es geschah aber, dass das Licht, das aus den Augen Adam Kadmons kam, zu stark für die Gefäße war, die es enthalten sollten. Die Gefäße brachen, das göttliche Licht ging zurück an seinen Ursprung und nur kleinere Teile, die sich nun mit den Partikeln des Bösen vermischten, blieben zurück. Das Böse und damit die Schuld waren vor der Schöpfung ein Teil von Gottes Macht. Sie erhielten jetzt ihre eigene Identität und wurden in der Welt manifest. Durch den Rückzug Gottes kam also das Böse in die Welt. In einem Interview aus dem Jahre 2005 nimmt Kiefer Bezug auf sein Werk *Bruch der Gefäße*. Dieses sei zugleich eine Freude und eine Zerstörung gewesen. In der jüdischen Mythologie sei nichts eindeutig (Dermutz, 2005).

c) Die dritte Phase, die Wiederherstellung, enthält messianische Elemente. Lurias Restitution macht es jedem Juden möglich, durch Gebete und religiöse Pflichten die Welt zurück in ihren Zustand vor dem Bruch zu versetzen.

Nach der Mystik des Kabbalisten Isaak Luria kommt das Böse in die Welt, weil Gott sich zurückgezogen hat. Der Mythos endet mit dem Gedanken an eine Wiederherstellung an den Zustand vor dem Bruch der Gefäße, das heißt aus psychoanalytischer Sicht mit der Wiedergutmachung von Zerstörungen und begangenem Unrecht. Hier taucht der Gedanke auf, dass Menschen die Möglichkeit haben, das Böse zu bekämpfen und den Schaden, den die aggressiven Komponenten der menschlichen Psyche angerichtet haben, zu beheben und wiedergutzumachen. Dabei handelt es sich um eine Aktivität in der von Melanie Klein so genannten depressiven Position, die ein äußeres und inneres verlorenes oder beschädigtes Objekt wiederherstellen will (vgl. Hinshelwood, 1993, S. 199–226).

Anselm Kiefer hat in seinen Arbeiten oft kabbalistische Gedanken verwendet. Etwas Rätselhaftes liegt in der Darstellung des *Bruchs der Gefäße*, aber dieses Element findet sich in vielen Werken Kiefers. Kiefers Bilder und Skulpturen handeln nicht von dem, was man sieht, sondern von dem, was nicht gezeigt werden kann.

Zusammenfassende Deutung

Ich bin von den Zeichnungen des Kindes Anselm Kiefer ausgegangen, von Gefängnisdarstellungen, die mit seinen Erinnerungen an starke innere und äußere Erlebnisse und Erschütterungen zusammenhängen könnten. Obwohl Freud vorschlug, früheste Erinnerungen nicht als diagnostisches Werkzeug zu nutzen, öffnete er doch die Tür für eine solche Überlegung, indem er schrieb: »In jeder psychoanalytischen Bearbeitung einer Lebensgeschichte gelingt es, die Bedeutung der frühesten Kindheitserinnerungen […] aufzuklären. Ja, es ergibt sich in der Regel, dass gerade diejenige Erinnerung, […] mit der der Analysierte seine Lebensbeichte einleitet, sich als die wichtigste erweist, als diejenige, welche die Schlüssel zu den Geheimfächern seines Seelenlebens in sich birgt« (Freud, 1917/1966, S. 17).

Später erkennt der Betrachter allmählich, dass es Kiefer gelungen ist, in seinen Werken nahezu durchgehend entweder böse oder zwiespältige, das heißt in sich gegensätzliche Gestalten anzudeuten und auf eine bewusste oder auch tragische, das heißt eine unvermeidliche Schuld durch Zeichen oder Symbole hinzuweisen. In der jüngsten deutschen Geschichte geht es um mörderische Täter, die Opfer leiden in den deutschen Konzentrationslagern und werden gezielt umgebracht. Die Gestalt der Sulamith ist eine Identifikationsfigur des jüdischen Leidens und ihrer Vernichtung trotz Schuldlosigkeit. Von den Nationalsozialisten wurden den Juden durch Projektion alle Bosheiten zugesprochen, sie wurden millionenfach umgebracht, wie wir wissen. Kiefers Symbolsprache im Blick auf die furchtbaren Verbrechen ist in seinen künstlerischen Arbeiten wohl gekennzeichnet von seinem inneren Erleben der Schuld in der deutschen Geschichte. Man spürt, wie stark die Gewalttaten in der deutschen Vergangenheit ihn immer wieder umtrieben. Er gibt keine Erklärungen für das mörderische Verhalten der Nationalsozialisten und dessen Wurzeln in der deutschen Geschichte, sondern bringt den Betrachter dazu, über das, was er in den Bildern sieht, seine eigenen Interpretationen zu finden. Kiefer gibt zum Beispiel in seinen Bildern der Hermannsschlacht nur metaphorische Hinweise zu diesen kriegerischen Ereignissen.

In der frühen Arbeitsphase der 1970er Jahre zeichnen sich Kiefers Bilder durch Themen des Grauens, der Vernichtung und des Todes aus. Er hat ein besonderes Interesse an germanischen Mythen und schildert in Form und Inhalt seiner Bilder Ereignisse der deutschen Mythologie, die er jedoch immer nur symbolisch andeutet. Ein Beispiel ist das Triptychon vom Parsifal-Mythos. Das Gitterbett in seinem ersten Teil erinnert an das Gitterbett, das Kiefer als Kind selbst gezeichnet hatte. Es wirkt wie ein Gefängnis. Das zweite und dritte Bild zeigen ebenfalls nur metaphorisch das weitere Schicksal Parsifals.

Die Werke der 1980er Jahre wirken überzeugend auf den Betrachter in ihrem Zugriff auf die Thematik Kiefers. Bei einem Vergleich mit orientalischen Mythen wird deutlich, dass dort ebenfalls die beiden Seiten der Täter-Opfer-Dynamik einen großen Einfluss ausüben. Auch da stellt Kiefer Opfer und Täter nicht als Gestalten dar, sondern nur durch bestimmte Symbole oder Namen, die er in die menschenleeren Bilder schreibt. So können die Betrachter zum Beispiel nur die farblosen, körperlosen Kleider von Lilith, der mörderischen Dämonin, oder von Medea sehen, bei der das leere Kleid auch als Mordwerkzeug gedeutet werden kann.

Die monumentale Bleibibliothek *Zweistromland* ist Kiefers aufwendigste Arbeit. Durch die zahlreichen Bleibücher wird nicht nur auf das Böse, auf die katastrophalen Kriege in Mesopotamien, bis heute ein Land kämpferischer Auseinandersetzungen, hingewiesen, sondern ebenso auf das Wertvolle des Landes: den Ursprung der Kultur.

Sowohl die Leiden der Opfer wie die Verbrechen der mordenden Täter ziehen sich, wenn auch oft nur indirekt, durch fast alle Bereiche der Kunstwerke Kiefers. Warum sind jedoch bis auf wenige Ausnahmen seine Bilder menschenleer? Könnte es mit Kiefers intensiver Beschäftigung mit der jüdischen Kabbala zusammenhängen und mit seiner Ansicht, dass »der Mensch […] ein Wesen [ist], das abgrundtief böse ist, abgrundtief böse sein kann« (siehe Dermutz, 2005)? Seinen Bildern sieht man kabbalistische Gedanken nicht an. Möchte Kiefer seine Bilder verrätseln, um weder »abgrund tiefböse« noch zwiespältige Gestalten malen zu müssen und selbst auch keine Interpretationen zu geben? Vor allem Darstellungen menschlicher Täter scheint es in seinen Werken nicht zu geben, nur wenige Bilder von menschlichen Opfern sind mir bekannt. Vielleicht sollen seine Werke gleichsam als Leerstellen vom Betrachter mit Inhalt und Gefühlen projektiv gefüllt und dadurch auf eine jeweils eigene Weise verstanden werden. Meines Erachtens zwingt Kiefer den Betrachter mit der Erschütterung durch seine Kunstwerke zum vertieften Nachdenken über Vernichtung und Schuld und erreicht so eine aufwühlende Katharsis.

Wie oben schon bemerkt, kommt nach der Mystik des Kabbalisten Isaak Luria durch den Rückzug Gottes das Böse in die Welt. Die Möglichkeit einer Wiedergutmachung durch den Menschen wird jedoch zugelassen. Aus psychoanalytischer Sicht bedeutet das die Wiederherstellung eines ambivalent geliebten beschädigten Objekts als Reaktion auf depressive Angstgefühle und Schuld.

»Schaffend denke ich«, schreibt Anselm Kiefer. In seinen Werken spürt man ein intensives Nachdenken über die Geschehnisse der alten und der jüngsten Geschichte. Die Frage der Schuld zieht sich durch das gesamte Werk des Künstlers. Kiefer trägt durch seine Kunst dazu bei, dass mörderische Verbrechen in der Welt, vor allem die der Nationalsozialisten, nicht vergessen werden, sondern in Erinnerung bleiben müssen. Sonst bliebe die Schuld bei uns, den Überlebenden.

Literatur

Arasse, D. (2007). Anselm Kiefer. München: Schirmer/Mosel.
Arnold, M. (1986). Edvard Munch. Reinbek: Rowohlt.
Barthes, R. (2000). Der Tod des Autors. In Fotis Jannidis (Hrsg.), Texte zur Theorie der Autorschaft (S. 7–29). Stuttgart: Reclam.
Bastian, H. (2008). Anselm Kiefer: Bücher. Ausstellungskatalog, Ausstellungsraum Céline und Heiner Bastian, Berlin, 18. Oktober bis 29. November 2008. München: Schirmer/Mosel.
Bauer, C. (2008). Sacrificium intellectus. Das Opfer des Verstandes in der Kunst von Karlheinz Stockhausen, Botho Strauß und Anselm Kiefer. München: Wilhelm Fink.
Beckett, W. (1995). Die Geschichte der Malerei. 8 Jahrhunderte in 455 Meisterwerken. Köln: DuMont.
Beland, H. (2009). Religion und Gewalt. Der Zusammenbruch der Ambivalenztoleranz in der konzeptuellen Gewalt theologisch/politischer Begriffsbildungen. Psyche – Z. Psychoanal., 63 (9/10), 877–906.
Benjamin, W. (1940/1991): Über den Begriff der Geschichte. In W. Benjamin, Gesammelte Werke. Hrsg. v. H. Schweppenhäuser und R. Tiedemann, Band I/2 (S. 690–708). Frankfurt a. M.: Suhrkamp.
Bergmann, G. (1999). Claude Lorrain: Das Leuchten der Landschaft. München: Prestel.
Bischoff, U. (2005). Edvard Munch: 1893–1944. Bilder vom Leben und vom Tod. Köln: Taschen.
Bockemühl, M. (2007). J. M. W. Turner: 1775–1851 – die Welt des Lichtes und der Farbe. Köln: Taschen.
Böhme, H. (1989). Albrecht Dürer. Melencolia I. Frankfurt a. M.: Fischer.
Buchhart, D. (Hrsg.) (2007). Edvard Munch: Zeichen der Moderne. Ostfildern: Hatje Cantz.
Celan, P. (1994). Mohn und Gedächtnis. Gedichte (13. Aufl.). Stuttgart: Deutsche Verlags-Anstalt. (Erstausgabe 1952)
Dermutz, K. (2005). Der Mensch ist böse. Der große deutsche Maler und Mythologe Anselm Kiefer wird 60. Zeit für ein Gespräch über Gott und den Sinn

des Lebens. Die Zeit, Nr. 10 (3. März 2005), S. 45. Online: http://www.zeit.de/2005/10/Interv_AnselmKiefer [eingesehen 10. Februar 2010].

Dermutz, K. (2008). Maler Anselm Kiefer und die Suche nach Maria. Interview in: Die Welt, 29. Juli. 2008 Online: http://www.welt.de/kultur/article2260446/Maler-Anselm-Kiefer-und-die-Suche-nach-Maria.html [eingesehen 10. Februar 2010].

Dückers, A. (Hrsg.) (1983). Max Beckmann. Die Hölle 1919. Ausstellungskatalog, Kupferstichkabinett Berlin, Staatliche Museen Preußischer Kulturbesitz, 21. Oktober bis 18. Dezember 1983. Berlin: Frölich und Kaufmann.

Fenne, C. (2000). Anselm Kiefer. Historienmalerei nach Auschwitz. Egelsbach: Hänsel-Hohenhausen (Mikrofiche-Ausgabe).

Fischer, K. (1889). Über den Witz. Heidelberg: Winter.

Fischer, F. W. (1990). Der Maler Max Beckmann. Köln: DuMont. (Erstausgabe 1972)

Fraenger, W. (1924). Der Traum. Ein Beitrag zur Physiognomik des Grotesken. In C. Glaser, J. Meier-Graefe, W. Fraenger, W. Hausenstein, Max Beckmann (S. 35–38). München: Piper.

Fraenger, W. (1922/1986). Die Radierungen des Hercules Seghers. Ein physiognomischer Versuch. Hrsg. v. H. Frank. Leipzig: Reclam.

Frank, H. (2004). Aussichten ins Unermeßliche. Perspektivität und Sinnoffenheit bei Caspar David Friedrich. Berlin: Akademie.

Frank, T. (1992). Lyonel Feininger, ein Romantiker der Moderne. In H. Gärtner, A. Purfürst (Hrsg.), Berliner Romantik. Orte, Spuren und Begegnungen (S. 93–104). Berlin: Trescher.

Freud, S. (1895/1964). Studien über Hysterie. Gesammelte Werke, Bd. I. Frankfurt a. M.: S. Fischer.

Freud, S. (1900/1961). Die Traumdeutung. Gesammelte Werke, Bde. II/III. Frankfurt a. M.: S. Fischer.

Freud, S. (1906/1948). Der Witz und seine Beziehung zum Unbewussten. Gesammelte Werke, Bd. VI. London: Imago.

Freud, S. (1914/1967). Zur Einführung des Narzißmus. Gesammelte Werke, Bd. X (S. 137–170). Frankfurt a. M.: S. Fischer.

Freud, S. (1915/1967). Triebe und Triebschicksale. Gesammelte Werke, Bd. X (S. 210–232). Frankfurt a. M.: S. Fischer.

Freud, S. (1915/1967a). Trauer und Melancholie. Gesammelte Werke, Bd. X (S. 428–446). Frankfurt a. M.: S. Fischer.

Freud, S. (1917/1966). Eine Kindheitserinnerung aus »Dichtung und Wahrheit«. Gesammelte Werke, Bd. XII (S. 15–26). Frankfurt a. M.: S. Fischer.

Freud, S. (1926/1968). Hemmung, Symptom und Angst. Gesammelte Werke, Bd. XIV: (S. 111–205. Frankfurt a. M.: S. Fischer.

Gallwitz, K. (Hrsg.) (1962). Max Beckmann: Die Druckgraphik. Radierungen, Lithographien, Holzschnitte. Ausstellungskatalog, Badischer Kunstverein Karlsruhe, 27. August bis 4. November 1962. Karlsruhe: Müller.

Gallwitz, K. (Hrsg.) (1981). Max Beckmann: die Triptychen im Städel. Ausstellungskatalog, 16. April bis 21. Juni 1981. Frankfurt a. M., Städtische Galerie im Städelschen Kunstinstitut.

Gallwitz, K., Weisner, U. (Hrsg.) (1982). Max Beckmann: Die frühen Bilder. Ausstellungskatalog, Kunsthalle Bielefeld, 26. September bis 21. November 1982, Städtische Galerie im Städelschen Kunstinstitut Frankfurt a. M., 28. Januar bis 17. April 1983. Bielefeld: Kunsthalle, Frankfurt: Städtische Galerie.

Gantner, J. (1974). Goya. Der Künstler und seine Welt. Berlin: Gebr. Mann.

Greve, G. (2009). Bilder deuten. Psychoanalytische Perspektiven auf die bildende Kunst. Göttingen: Vandenhoeck & Ruprecht.

Guillaud, J., Guillaud, M. (1988). Goya. Die phantastischen Visionen. Stuttgart: Klett-Cotta.

Haxthausen, C. W. (1984). Der Erste Weltkrieg – Katalysator eines Neubeginns? In C. Schulz-Hoffmann, J. C. Weiss (Hrsg.), Max Beckmann. Retrospektive (S. 71–81). München: Prestel.

Held, J. (1980). Francisco de Goya. Reinbek: Rowohlt.

Heller, R. (1993). Edvard Munch. München: Prestel.

Hellwig, K. (2005). Von der Vita zur Künstlerbiographie. Berlin: Akademie.

Henze, A. (1982). Edouard Manet. Leben und Werk. Stuttgart u. Zürich: Belser.

Herold, I. (1997). Turner auf Reisen. München: Prestel.

Hess, H. (1991). Lyonel Feininger. Stuttgart: Kohlhammer. (Erstausgabe 1959)

Hinshelwood, R. D. (1993). Wörterbuch der Kleinianischen Psychoanalyse. Stuttgart: Internationale Psychoanalyse.

Hofmann, W. (2003). Goya. Vom Himmel durch die Welt zur Hölle. München: Beck.

Hughes, R. (2004). Goya. Der Künstler und seine Zeit. München: Blessing.

Hurwitz, S. (1980). Lilith, die erste Eva – eine Studie über dunkle Aspekte des Weiblichen. Zürich: Daimon.

Kämmerling, C., Pursche, P. (1990). »Nachts fahre ich mit dem Fahrrad von Bild zu Bild«. Ein Werkstattgespräch mit Anselm Kiefer über seine Arbeit und seine Weltsicht. Süddeutsche Zeitung Magazin, 16. November 1990, S. 24–30.

Kiefer, Albert (2003). In Kriegs- und Friedenszeiten. Ästhetische Erziehung als Lebensaufgabe. Mit der erstmaligen Veröffentlichung der bildnerischen Entwicklung in Kindheit und Jugend des Sohnes Anselm Kiefer. Hamburg: Dr. Kovač.

[Kiefer, Anselm] (1978). Anselm Kiefer: Bilder und Bücher. Ausstellungskatalog, Kunsthalle Bern, 7. Oktober bis 19. November 1978. Red.: M. Schmidt-Miescher u. J. Gachnang. Bern: Kunsthalle/Stämpfli.

[Kiefer, Anselm] (1990). Anselm Kiefer: Jason. [Ausstellungskatalog, Dougls Hyde Gallery, Dublin, 13. Juni bis 18. August 1990, mit einem Essay von J. Hutchinson]. Stuttgart: Cantz.

[Kiefer, Anselm] (1991). Anselm Kiefer [Ausstellungskatalog, Neue Nationalgalerie, Staatliche Museen Preußischer Kulturbesitz, Berlin, 10. März bis 20. Mai 1991]. Berlin: Staatliche Museen Preußischer Kulturbesitz/Nicolai.

Klein, M. (1935). Zur Psychogenese der manisch-depressiven Zustände. Neuabdruck in M. Klein (1962), Das Seelenleben des Kleinkindes und andere Beiträge zur Psychoanalyse (S. 44–71). Hrsg. von H. A. Thorner. Stuttgart: Klett-Cotta; erneut in R. D. Hinshelwood (1993), Wörterbuch der Kleinianischen Psychoanalyse (S. 199–226). Stuttgart: Internationale Psychoanalyse.

Klein, M. (1940). Die Trauer und ihre Beziehungen zu manisch-depressiven Zuständen. Neuabdruck in M. Klein (1962), Das Seelenleben des Kleinkindes und andere Beiträge zur Psychoanalyse (S. 72–100). Hrsg. von H. A. Thorner. Stuttgart: Klett-Cotta.

Klein, M. (1946). Bemerkungen über einige schizoide Mechanismen. Neuabdruck in M. Klein Das Seelenleben des Kleinkindes und andere Beiträge zur Psychoanalyse (S. 131–163). Hrsg. von H. A. Thorner. Stuttgart: Klett-Cotta.

Klein, M. (1962). Das Seelenleben des Kleinkindes und andere Beiträge zur Psychoanalyse. Hrsg. von H. A. Thorner. Stuttgart: Klett-Cotta.

Koch H. (1977). William Turner. Ramerding: Berghaus.

Költzsch, G.-W. (2003). William Turner. Die Wahrheit der Legende. Köln: DuMont.

Leslie, C. R. (1843/1951). Memoirs of the Life of J. Constable. Ed. J. Mayne. London: Phaidon.

Luckhardt, U. (1998). Lyonel Feininger (2. Aufl.). München: Prestel.

Mächtlinger, V. (2008). Resilience: Psychoanalytische Überlegungen zur späteren Entwicklung der sechs Kinder, die als Kleinkinder Theresienstadt überlebt haben (Die »Kinder von Bulldogs Bank«). Semesterjournal des Berliner Psychoanalytischen Instituts – Karl-Abraham-Institut – der Deutschen Psychoanalytischen Vereinigung, 14, 19–41.

März, R. (1998). Lyonel Feininger. Von Gelmeroda nach Manhattan. Retrospektive der Gemälde. Ausstellungskatalog, Berlin, Neue Nationalgalerie, 3. Juli bis 11. Oktober 1998, München, Haus der Kunst, 1. November 1998 bis 24. Januar 1999. Berlin: G + H.

Manner, B. (2006). »Ich überlebe nur – und unterhalte mich dabei.« Gespräch mit Anselm Kiefer. In C. Reder (Hrsg.), Lesebuch Projekte. Vorgriffe, Ausbrüche in die Ferne (S. 66–83). Wien u. New York: Edition Transfer/Springer.

Meier, C. (1992). Anselm Kiefer: Die Rückkehr des Mythos in der Kunst. Essen: Die Blaue Eule.

Messerer, W. (1983). Francisco Goya. Form und Gehalt seiner Kunst. Freren: Luca.

Müller, D. (2001). Der Berg, der Boden und die Stadt. Interview mit Anselm Kiefer über seine Pläne in Südfrankreich und über sein Skulpturenprojekt in Salzburg. Süddeutsche Zeitung, 11. August 2001.

Neret, G. (2008). Edouard Manet. Vorreiter der Moderne. Köln: Taschen.

Osterwold, T., Zentrum Paul Klee, Bern (Hrsg.) (2006). Max Beckmann. Traum des Lebens. Ausstellungskatalog, Bern, Zentrum Paul Klee, 31. März bis 18. Juni 2006. Ostfildern: Hatje Cantz.

Piper, R. (1950). Nachmittag. Erinnerungen eines Verlegers. München: Piper.

Przybyszewski, St. (1895). Unterwegs. Berlin: Fontane.

Quermann, C. (2006). Edvard Munch. »Gemalte Präparate der Seele.« In U. Luckhardt (Hrsg.), Edvard Munch: »… aus dem modernen Seelenleben«. Ausstellungskatalog, Hamburger Kunsthalle, 3. März bis 14. Mai 2006 (S. 10). Bremen: Hachmannedition.

Reimertz, S. (1995). Max Beckmann. Reinbek: Rowohlt.

Reuter, A. (2002). Das Bild der Gewalt im Werk Goyas. Frankfurt a. M.: Lang.

Roethlisberger, M. (Hrsg.) (1983). Im Licht von Claude Lorrain. Landschaftsma-

lerei aus drei Jahrhunderten. Ausstellungskatalog, Haus der Kunst, München, 12. März bis 29. Mai 1983. München: Hirmer.
Rosenfeld, H. A. (1981). Zur Psychopathologie des Narzißmus – ein klinischer Beitrag. In H. A. Rosenfeld: Zur Psychoanalyse psychotischer Zustände (S. 196–208). Frankfurt a. M.: Suhrkamp.
Runge, P. O. (1805/1840). Kurze Charakteristiken einiger großen Mahler; zu Waagen's Katalog seiner Kunstausstellung in Hamburg 1805. In J. D. Runge (Hrsg.), Hinterlassene Schriften von Philipp Otto Runge, Mahler. Bd. 1 (S. 55–58). Hamburg: Perthes.
Sandrart, J. v. (1675). Teutsche Academie der Bau-, Bild- und Mahlerey-Künste. Nürnberg: Miltenberger.
Schade, W. (1996). Claude Lorrain. Gemälde und Zeichnungen. München, Paris, London: Schirmer/Mosel.
Schardt, A. J. (1931). Feiningers Bilder der Stadt Halle. Jahrbuch der Denkmalpflege in der Provinz Sachsen und in Anhalt, 48–59.
Schiller, F. (1794/1958). Über Matthissons Gedichte. In F. Schiller, Werke. Nationalausgabe, Bd. 22: Vermischte Schriften. Hrsg. v. H. Meyer (S. 265–283). Weimar: Böhlau.
Schmied, W. (2004). Leidenschaft und kühler Blick: vergleichende Betrachtungen über die Moderne in der Kunst. Köln: DuMont.
Schneede, U. M. (2005). Edvard Munch. Die frühen Meisterwerke. München: Schirmer/Mosel.
Schneede, U. M. (2009). Max Beckmann. Der Maler seiner Zeit. München: Beck.
Schütz, S. (1999). Anselm Kiefer – Geschichte als Material. Arbeiten 1969–1983. Köln: DuMont.
Schulz-Hoffmann, C. (1984). Gitter, Fessel, Maske. Zum Problem der Unfreiheit im Werk von Max Beckmann. In C. Schulz-Hoffmann, J. C. Weiss (Hrsg.), Max Beckmann. Retrospektive (S. 15–52). München, Prestel.
Schulz-Hoffmann, C., Weiss, J. C. (Hrsg.) (1984). Max Beckmann. Retrospektive. München, Prestel.
Schuster, P.-K. (2005). Goya. Prophet der Moderne. Köln: DuMont.
Schwander, M. M. (Hrsg.) (2008). Venedig. Riehen/Basel: Foundation Beyeler.
Schwerfel, H. P. (2001). »Ich wollte noch einmal neu anfangen«. Interview mit Anselm Kiefer. Art/Das Kunstmagazin, 7/2001, 14–29.
Seidel, M. (1985). Goya. Glanz und Schrecken des Krieges. Stuttgart: Belser.
Smerling, W. (Hrsg.) (2009). 60 Jahre 60 Werke. Kunst aus der Bundesrepublik Deutschland 1949–2009. Katalog zur gleichnamigen Ausstellung der Stiftung für Kunst und Kultur e.V. Bonn im Martin-Gropius-Bau, Berlin, 1. Mai bis 14. Juni 2009. Köln: Wienand.
Sontag, S. (2003). Das Leiden anderer betrachten. München: Hanser.
Spieler, R. (2002). Max Beckmann 1884–1950. Der Weg zum Mythos. Köln: Taschen.
Spies, W. (2004). Erinnerungsorte. In C. S. Weber (Hrsg.), Anselm Kiefer. Katalog zur Ausstellung »Anselm-Kiefer – Laßt tausend Blumen blühen«. Kunsthalle Würth, Schwäbisch Hall, 16. Oktober 2004 bis 1. Mai 2005 (S. 11–25). Künzelsau: Swiridoff.

Stabenow, C. (1984). Familienbild, 1920 (S. 212 f.). In C. Schulz-Hoffmann, J. C. Weiss (Hrsg.), Max Beckmann. Retrospektive. München, Prestel.

Stabenow, C. (1984a). Vor dem Maskenball, 1922. In C. Schulz-Hoffmann, J. C. Weiss (Hrsg.), Max Beckmann. Retrospektive (S. 214). München, Prestel.

Stang, R. (1979). Edvard Munch – der Mensch und der Künstler. Königstein: Langewiesche.

Weber, C. (2007). Lyonel Feininger: genial – verfemt – berühmt. Weimar: WTV.

Werner, H. (2002). Kabbala: eine Textauswahl mit Einleitung, Bibliographie und Lexikon. Frechen: Komet.

Westheim, P. (1917). Lyonel Feininger. Das Kunstblatt, 1, 65–70.

Wiese, S. von (1978). Max Beckmanns zeichnerisches Werk, 1903–1925. Untersuchungen zur Genese des künstlerischen Stils. Düsseldorf: Droste.

Wilton, A. (2006). William Turner. Leben und Werk. Leipzig: Seemann.

Wolfrath, W. (1924). Lyonel Feininger. Leipzig: Klinkhardt & Biermann.

Wölfflin, H. (1915). Kunstgeschichtliche Grundbegriffe. Das Problem der Stilentwicklung in der neueren Kunst. München: Bruckmann.

Zembylas. T. (2000). Das Subjekt in der Malerei. Anatomie eines sterbenden Mythos. Innsbruck u. a.: Studienverlag.

Zweite, A. (1989). Zweistromland. Betrachtungen über eine Skulptur von Anselm Kiefer. In: Anselm Kiefer. Zweistromland. Katalogbuch anlässlich der Präsentation der Skulptur, London, Anthony d'Offay Gallery, 1989 (S. 65–102). Köln: DuMont.

Abbildung 16: Francisco Goya: *Der 2. Mai 1808* [*El dos de mayo de 1808 en Madrid*, auch: *La carga de los mamelucos en la Puerta del Sol*], um 1814. Öl auf Leinwand, 266 x 345 cm. Museo del Prado, Madrid, Inv.-Nr. 748.

Abbildung 17: Francisco Goya: *Der 3. Mai 1808* [*Los fusilamientos del 3 de mayo de 1808 en la Montaña del Príncipe Pío, Madrid*], 1814. Öl auf Leinwand, 266 x 345 cm. Museo del Prado, Madrid, Inv.-Nr. 749.

Abbildung 18: Edouard Manet: *Die Erschießung Kaiser Maximilians* [*L'Exécution de Maximilien*], 1867/68. Öl auf Leinwand, 252 x 305 cm. Städt. Kunsthalle, Mannheim.

Abbildung 19: William Turner: *Niedergang einer Lawine in Graubünden* [*The Fall of an Avalanche in the Grisons*], 1810. Öl auf Leinwand, 90 x 120 cm. Tate Gallery, London.

Abbildung 20: William Turner: *Die Herrschaften Reisenden bei ihrer Rückkehr aus Italien (mit der Postkutsche) in einer Schneewehe auf dem Mont Tarare, am 22. Januar 1829* [*Messieurs les voyageurs on their return from Italy (par la diligence) in a snow drift upon Mount Tarrar, 22nd of January 1829*], 1829. Aquarell, 54,5 x 47,7 cm. British Museum, London.

Abbildung 21: William Turner: *Ein Dampfschiff vor einer Hafeneinfahrt gibt Signale in einer Untiefe und bewegt sich nach dem Lot. Der Autor befand sich in diesem Sturm in der Nacht, als die Ariel nach Harwich auslief* [*Snow Storm – Steam-Boat off a Harbour's Mouth making Signals in Shallow Water, and going by the Lead. The Author was in this Storm on the Night the Ariel left Harwich*], 1842. Öl auf Leinwand, 91,5 x 122 cm. Tate Gallery, London.

Abbildung 22: William Turner: *Schneesturm: Hannibal überquert mit seinem Heer die Alpen* [*Snow Storm: Hannibal and his Army Crossing the Alps*], 1812. Öl auf Leinwand, 146 x 237,5 cm. Tate Gallery, London.

Abbildung 23: William Turner: *Rom vom Vatikan aus gesehen. Raffael bereitet in Gesellschaft der Fornarina seine Malereien zur Dekoration der Loggia vor* [*Rome, from the Vatican. Raffaelle, Accompanied by La Fornarina, Preparing his Pictures for the Decoration of the Loggia*], 1820. Öl auf Leinwand, 177 x 335,5 cm. Tate Gallery, London.

Abbildung 24: William Turner: *Seufzerbrücke, Palazzo Ducale und Dogana. Venedig: Canaletto beim Malen* [*Bridge of Sighs, Ducal Palace and Custom-House, Venice: Canaletti painting*], 1833. Öl auf Holz. 51,1 x 81,6 cm. Tate Gallery, London.

Abbildung 25: William Turner: *Venedig vom Portikus Madonna della Salute aus gesehen* [*Venice, from the Porch of Madonna della Salute*], 1835. Öl auf Leinwand, 91,4 x 122,2 cm. Nachlass Cornelius Vanderbilt, 1899. Acc.no.: 99.31 © 2010; The Metropolitan Museum, New York.

Abbildung 26: William Turner: *Venedig: Blick nach Norden vom Hotel Europa aus, mit den Türmen von San Marco, San Moise, Santo Stefano* [*Venice: Looking North from the Hotel Europa, with the Campaniles of San Marco, San Moise and Santo Stefano*], 1840. Aquarell, 19,8 x 28 cm. Tate Gallery, London.

Abbildung 27: William Turner: *Venedig, Seufzerbrücke* [*Venice, the Bridge of Sighs*], 1840. Öl, 68,6 x 91,4 cm. Tate Gallery, London.

Abbildung 28: William Turner: *Annäherung an Venedig* [*Approach to Venice*], 1844. Öl auf Leinwand, 62 x 94 cm. National Gallery of Art, Washington, Andrew W. Mellon Collection 1937.1.110.

Abbildung 29: William Turner: *Colour Beginning*, 1819. Wasserfarbe auf Papier, 22,5 x 28,6 cm. Tate Gallery, London.

Abbildung 30: Claude Lorrain: *Hafen bei untergehender Sonne*, 1639. Öl auf Leinwand, 103 x 137 cm. Musée du Louvre, Paris.

Abbildung 31: Claude Lorrain: *Seehafen bei aufgehender Sonne*, 1674. Öl auf Leinwand, 72 × 97 cm. Bayerische Staatsgemäldesammlungen, Alte Pinakothek, München.

Abbildung 32: Edvard Munch: *Das kranke Kind*, 1885/86. Öl auf Leinwand, 119,5 x 118,5 cm. Nasjonalgalleriet, Oslo.

Abbildung 33: Edvard Munch: *Asche*, 1894. Öl auf Leinwand, 120,5 x 141 cm. Nasjonalgalleriet, Oslo.

Abbildung 34: Edvard Munch: *Melancholie*, 1894/95. Öl auf Leinwand, 81 x 100,5 cm. Sammlung Rasmus Meyers, Kunstmuseum Bergen.

Abbildung 35: Edvard Munch: *Der Schrei*, 1893. Öl, Tempera und Kreide auf Karton, 83,5 x 66 cm. Munch Museet, Oslo, Inv.-Nr. MM.M 514.

Abbildung 36: Edvard Munch: *Tod im Krankenzimmer*, 1895. Öl auf Leinwand, 150 x 167,5 cm. Nasjonalgalleriet, Oslo.

Abbildung 37: Edvard Munch: *Tote Mutter und Kind*, 1897/99. Öl auf Leinwand, 104,5 x 179,5 cm. Munch Museet, Oslo.

Abbildung 38: Lyonel Feininger: *Der Rote Geiger*, 1934. Öl auf Leinwand, 100 x 80 cm. Privatsammlung, Cambridge, Massachusetts.

Abbildung 39: Lyonel Feininger: *Gelmeroda XIII*, 1936. Öl auf Leinwand, 100,3 x 80,3 cm. George-A.-Hearn-Fonds, 1942. The Metropolitan Museum of Art, New York.

Abbildung 40: Lyonel Feininger: *Stiller Tag am Meer III*, 1929. Privatsammlung.

Abbildung 41: Lyonel Feininger: *Schwarze Welle*, 1937. Öl auf Leinwand, 48,8 x 72,4 cm. Sammlung Henri Nannen, Kunsthalle Emden.

Abbildung 42: Lyonel Feininger: *Manhattan I*, 1940. Öl auf Leinwand, 100,5 x 80,9 cm. Schenkung Julia Feininger 1964, Museum of Modern Art, New York.

Abbildung 43: Max Beckmann: *Die Nacht*, 1918/19. Öl auf Leinwand, 133 x 154 cm. Kunstsammlung Nordrhein-Westfalen, Düsseldorf.

Abbildung 44: Max Beckmann: *Das Frauenbad*, 1919. Öl auf Leinwand, 97,5 x 66 cm. Staatliche Museen Preußischer Kulturbesitz, Nationalgalerie, Berlin.

Abbildung 45: Max Beckmann: *Die Synagoge*, 1919. Öl auf Leinwand, 89 x 140 cm. Städtische Galerie im Städelschen Kunstinstitut, Frankfurt am Main.

Abbildung 46: Max Beckmann: *Familienbild*, 1920 (Selbstbildnis mit Frau Minna, Schwiegermutter Anni Tube, Sohn Peter, Schwägerin und Verwandte). Öl auf Leinwand, 65 x 100 cm. Schenkung Abby Aldrich Rockefeller 1935, Museum of Modern Art, New York.

Abbildung 48: Max Beckmann: *Vor dem Maskenball*, 1922. Öl auf Leinwand 80 x 130,5 cm. Bayerische Staatsgemäldesammlungen, Staatsgalerie moderner Kunst, München.

Abbildung 49: Anselm Kiefer: *Maikäfer flieg*, 1974. Öl, Emulsion und Acryl auf Rupfen, 220 x 300 cm. Nationalgalerie im Hamburger Bahnhof, Berlin, Sammlung Erich Marx.

◄ **Abbildung 47:** Max Beckmann: *Der Traum*, 1921. Öl auf Leinwand, 184 x 87,5 cm. Nachlass Morton D. May, The Saint Louis Art Museum.

Abbildung 50: Anselm Kiefer: *Varus*, 1976. Öl und Acryl auf Rupfen, 200 x 270 cm. Stedelijk Van Abbemuseum, Eindhoven.

Abbildung 51: Anselm Kiefer: *Märkischer Sand*, 1982. Acryl, Schellack, auf Photographie, eincollagiert auf Rupfen, 255 x 360 cm. Stedelijk Museum, Amsterdam.

Abbildung 52: Anselm Kiefer: *Dein goldenes Haar, Margarethe – Johannisnacht*, 1981. Öl, Acryl, Emulsion, Kohle und Stroh auf Rupfen, 130 x 160 cm. Sammlung Sanders, Amsterdam.

Abbildung 53: Anselm Kiefer: *Dein aschenes Haar, Sulamith*, 1981. Öl, Acryl und Emulsion auf Leinwand, 170 x 130 cm. Sammlung Sanders, Amsterdam.

Bildnachweis

Für die Kunstwerke von Max Beckmann, Lyonel Feininger und Edvard Munch © VG Bild-Kunst, Bonn

Abb. 1   © bpk
Abb. 2   Foto: bpk / Kupferstichkabinett, SMB / Jörg P. Anders
Abb. 3   Foto: bpk / Kupferstichkabinett, SMB / Jörg P. Anders
Abb. 4   Foto: bpk / Kupferstichkabinett, SMB / Jörg P. Anders
Abb. 5   Foto: bpk / Kupferstichkabinett, SMB / Jörg P. Anders
Abb. 6   Foto: bpk / Kupferstichkabinett, SMB / Jörg P. Anders
Abb. 7   Foto: bpk / Kupferstichkabinett, SMB / Jörg P. Anders
Abb. 8   Foto: bpk / Kupferstichkabinett, SMB / Jörg P. Anders
Abb. 9   Foto: bpk / Kupferstichkabinett, SMB / Jörg P. Anders
Abb. 10 Foto: bpk / Kupferstichkabinett, SMB / Jörg P. Anders
Abb. 11 Foto: bpk / Kupferstichkabinett, SMB / Jörg P. Anders
Abb. 12 © Anselm Kiefer / Foto: © Tate, London 2009
Abb. 13 © Anselm Kiefer, Foto: bpk / Nationalgalerie im Hamburger Bahnhof, SMB, Sammlung Marx / Jochen Littkemann
Abb. 14 © Anselm Kiefer / Foto: San Francisco Museum of Modern Art / Private Collection
Abb. 15 © Anselm Kiefer
Abb. 16 © akg-images / Erich Lessing
Abb. 17 © akg-images / Erich Lessing
Abb. 18 © The Bridgeman Art Library
Abb. 19 © Tate, London 2009
Abb. 20 © akg-images / Erich Lessing
Abb. 21 © Tate, London 2009
Abb. 22 © akg-images
Abb. 23 © akg-images

Abb. 24 © akg-images / Erich Lessing
Abb. 25 © 2010, The Metropolitan Museum of Art / Art Resource / Scala, Florence
Abb. 26 © Tate, London 2009
Abb. 27 © Tate, London 2009
Abb. 28 Image courtesy National Gallery of Art Washington
Abb. 29 © Tate, London 2009
Abb. 30 © Giraudon/ The Bridgeman Art Library
Abb. 31 © bpk/ Bayerische Staatsgemäldesammlungen
Abb. 32 Foto: bpk / Hermann Buresch
Abb. 33 Foto: akg-images
Abb. 34 Foto: akg-images / Erich Lessing
Abb. 35 Foto: akg-images/ Erich Lessing
Abb. 36 Foto: bpk/ Scala
Abb. 37 Foto: bpk/ Scala
Abb. 38 Foto: Westermann – ARTOTHEK
Abb. 39 Foto: akg-images
Abb. 40 Foto: © The Lyonel Feininger Project, New York at Moeller Fine Art, New York / Berlin
Abb. 41 Foto: akg-images / Erich Lessing
Abb. 42 Foto: akg-images
Abb. 43 Foto: The Bridgeman Art Library
Abb. 44 Foto: bpk / Nationalgalerie, SMB / Jörg P. Anders
Abb. 45 Foto: bpk / Hermann Buresch
Abb. 46 Foto: akg-images
Abb. 47 Foto: Saint Louis Art Museum / Bequest of Morton D. May
Abb. 48 Foto: bpk / Bayerische Staatsgemäldesammlungen
Abb. 49 © Anselm Kiefer, Foto: bpk / Nationalgalerie im Hamburger Bahnhof, SMB, Sammlung Marx
Abb. 50 © Anselm Kiefer
Abb. 51 © Anselm Kiefer/Foto: Stedelijk Museum, Amsterdam
Abb. 52 © Anselm Kiefer
Abb. 53 © Anselm Kiefer

Wenn Sie weiterlesen möchten ...

Gisela Greve
Bilder deuten
Psychoanalytische Perspektiven auf die Bildende Kunst

Schriften des Sigmund-Freud-Instituts.
Reihe 2: Psychoanalyse im interdisziplinären Dialog, Band 9.

Anhand verschiedener psychoanalytischer Zugangswege lassen sich Kunstwerke aus unterschiedlichen Epochen und Stilrichtungen neuartig deuten. Bilder von Andy Warhol werden beispielsweise mit Hilfe von Formdeutungen, Werke von Joseph Beuys mit einer biographisch orientierten Interpretation verständlicher. Das Phänomen der Reverie, des träumerischen Ahnens – ein alter kunsthistorischer Begriff –, wird in einer Untersuchung der Seerosen-Bilder von Claude Monet mit einer psychoanalytischen Auffassung von Reverie verglichen. Durch einen solchen interdisziplinären Brückenschlag zwischen Psychoanalyse und Kunstwissenschaft werden die eigenen fachinternen Grenzen überschritten und es gelingt ein vertieftes und zugleich erweitertes Verstehen von Werken der bildenden Kunst.

Rainer M. Holm-Hadulla
Kreativität
Konzept und Lebensstil

Kreativität wird als Eigenschaft herausragender Menschen hoch geschätzt und bewundert. Man glaubt, dass schöpferische Individuen aufgrund ihres Talents Neues und Außergewöhnliches spielerisch hervorbringen, dass sie von den Musen geküsst oder von geheimnisvollen Mächten getrieben werden.

Die moderne Wissenschaft verfügt jedoch über Erkenntnisse, die das Geheimnis der Kreativität erhellen. Der Autor beschreibt allgemein verständlich die wesentlichen Elemente der Kreativität: Begabung, Wissen, Motivation, Persönlichkeitseigenschaften und Umgebungsbedingungen. Anschließend werden die fünf Phasen des kreativen Prozesses dargestellt: Vorbereitung, Inkubation, Illumination, Realisierung und Verifikation.

Aus der Analyse kreativer Persönlichkeiten und Prozesse werden Konsequenzen für ihre Förderung in Schule, Beruf, Wissenschaft, Kultur, Wirtschaft und Politik gezogen. Ein fundiertes Verständnis der Kreativität hilft, schöpferische Potenziale in den genannten Bereichen zu entdecken und zu fördern.
In der heutigen Welt mit ihren vielfältigen Herausforderungen ist aber nicht nur die außergewöhnliche, sondern auch die alltägliche Kreativität von großer praktischer Bedeutung. Die Beachtung kreativer Aspekte in Erziehung, Ausbildung, Partnerschaft, Sexualität und persönlicher Entwicklung führt zu einer sinnvollen Lebensgestaltung.

Schriften des Sigmund-Freud-Instituts

V&R

Reihe 2: Psychoanalyse im interdisziplinären Dialog

Band 11: Marianne Leuzinger-Bohleber
Paul-Gerhard Klumbies (Hg.)
Religion und Fanatismus
Psychoanalytische und theologische
Zugänge
2010. 344 Seiten mit 2 Abb. und 1 Tab.,
kartoniert. ISBN 978-3-525-45184-7

Die unheilvolle Dynamik unbewusster Konflikte und religiösen Fundamentalismus ist Thema dieses interdisziplinären Dialogs zwischen Psychoanalyse und Theologie.

Band 10: Klaus Röckerath / Laura
Viviana Strauss / Marianne Leuzinger-Bohleber (Hg.)
Verletztes Gehirn – Verletztes Ich
Treffpunkte zwischen Psychoanalyse und
Neurowissenschaften
2009. 269 Seiten mit 32 Abb. und 3 Tab.,
kartoniert. ISBN 978-3-525-45183-0

Psychoanalytische Konzepte verhelfen zu einem vertieften Verständnis von neurologischen Krankheitsbildern und sind der klinischen Arbeit mit hirngeschädigten Patienten dienlich.

Band 9: Gisela Greve
Bilder deuten
Psychoanalytische Perspektiven auf die
Bildende Kunst
2009. 171 Seiten mit 36 teils farb. Abb.,
kartoniert. ISBN 978-3-525-45182-3

Band 8: Stephan Hau
Unsichtbares sichtbar machen
2., korrigierte Auflage 2009. 326 Seiten
mit 13 Abb. und 10 Tab., kartoniert
ISBN 978-3-525-45181-6

Band 7: Rolf Haubl /
Tilmann Habermas (Hg.)
Freud neu entdecken
Ausgewählte Lektüren
2008. 231 Seiten, kartoniert
ISBN 978-3-525-45167-0

»Die Vielfalt der Perspektiven und der Felder, von denen sie handeln, spiegelt nicht nur die Aktualität und Gegenwärtigkeit der Psychoanalyse wider, sondern in fast nonchalanter Weise auch deren noch immer beispiellose interdisziplinäre Reichweite und Wirkmächtigkeit und macht die Lektüre zu einem reinen Lesevergnügen.« Lilli Gast, Luzifer-Amor

Band 6: Timo Hoyer (Hg.)
Vom Glück und glücklichen Leben
Sozial- und geisteswissenschaftliche Zugänge
2007. 275 Seiten mit 2 Abb. und 2 Tab.,
kartoniert. ISBN 978-3-525-45180-9

Die Sehnsucht nach Glück ist für jeden Menschen eine existentielle Fragestellung, für die eine vielschichtige Betrachtungsweise angemessen ist.

Vandenhoeck & Ruprecht

Schriften des Sigmund-Freud-Instituts

V&R

Reihe 2: Psychoanalyse im interdisziplinären Dialog

Band 5: Ralf Zwiebel /
Annegret Mahler-Bungers (Hg.)
Projektion und Wirklichkeit
Die unbewusste Botschaft des Films
2007. 235 Seiten, kartoniert
ISBN 978-3-525-45179-3

Überblick über die Filmpsychoanalyse, ihre Theorien, Methoden, Deutungsansätze. Filmbeispiele verdeutlichen diese aktuelle Standortbestimmung.

Band 4: Marianne Leuzinger-Bohleber /
Yvonne Brandl / Gerald Hüther (Hg.)
ADHS – Frühprävention statt Medikalisierung
Theorie, Forschung, Kontroversen
2. Auflage 2006. 306 Seiten mit 14 Abb.
und 3 Tab., kart. ISBN 978-3-525-45178-6

»Das Buch gehört ... zum Besten, was man zu ADHS heute lesen kann. Auch, weil es den naheliegenden Vereinfachungen entgeht und stattdessen dem Leser zutraut, den Forschungsstand verstehen zu wollen.« E. von Thadden, Die Zeit
»Es ist zu hoffen, dass diese reichhaltige Publikation dazu beitragen kann, fruchtlose konfrontative Debatten zu überwinden und die ausserordentlich komplizierte Problematik mit der nötigen kritischen Distanz anzugehen.« Schw. Archiv für Neurologie und Psychiatrie

Band 3: Marianne Leuzinger-Bohleber /
Rolf Haubl / Micha Brumlik (Hg.)
Bindung, Trauma und soziale Gewalt
Psychoanalyse, Sozial- und
Neurowissenschaften im Dialog
2006. 295 Seiten mit 5 Abb. und 1 Tab.,
kartoniert. ISBN 978-3-525-45177-9

Nur durch das Zusammenarbeiten von Experten unterschiedlicher Fachgebiete kann das Phänomen zunehmender Aggressivität und Gewaltbereitschaft bei Kindern in seinen komplexen Ursachen analysiert werden und Prävention erfolgreich sein.

Band 2: Klaus Herding /
Gerlinde Gehrig (Hg.)
Orte des Unheimlichen
Die Faszination verborgenen Grauens
in Literatur und bildender Kunst
2006. 300 Seiten mit 70 Abb., kartoniert
ISBN 978-3-525-45176-2

Band 1: Ulrich Moser
Psychische Mikrowelten – Neuere Aufsätze
Herausgegeben von Marianne Leuzinger-Bohleber und Ilka von Zeppelin.
2005. 498 Seiten mit 10 Abb. und 2 Tab., kartoniert
ISBN 978-3-525-45165-6

Vandenhoeck & Ruprecht